STUDIES IN LUTHER – LUTHER STUDIEN

Heinz Bluhm

Professor of Germanic Studies
Boston College

STUDIES IN LUTHER
LUTHER STUDIEN

PETER LANG
Bern · Frankfurt am Main · New York · Paris

CIP-Kurztitelaufnahme der Deutschen Bibliothek

Bluhm, Heinz:
Studies in Luther – Luther Studien / Heinz Bluhm. –
Bern; Frankfurt am Main; New York; Paris:
Lang, 1987.
   ISBN 3-261-03659-1

© Verlag Peter Lang AG, Bern 1987
Nachfolger des Verlages der
Herbert Lang & Cie AG, Bern

Druck: Slatkine Reprints, Genève

The publication of these studies was made possible by a generous grant of Boston College. The author wishes to express his profound gratitude to Professor Donald J. White, Dean of the Graduate School of Arts and Sciences.

Die Herausgabe der vorliegenden Aufsätze wurde durch einen großzügigen Zuschuß des Boston College ermöglicht, wofür der Autor Herrn Professor Donald F. White, Dean of the Graduate School of Arts and Sciences, seinen besten Dank aussprechen möchte.

INHALTSVERZEICHNIS

THE SIGNIFIANCE OF LUTHER'S EARLIEST EXTANT SERMON

The last few decades of research concerning Luther have been clearly characterized by the close attention paid to his early development. Aided by some remarkable discoveries of hitherto unknown early Luther material, scholars have investigated particularly the important period from roughly 1513 to 1517/18, during which the 'new' religion of Luther evolved and reached its first flowering. The largely uncharted years before 1513, however, still remain in comparative darkness, despite Otto Scheel's notable work which, for all its completeness, is peripheral rather than central so far as the figure of Luther himself is concerned. While Scheel has succeeded in recreating the environment, physical as well as intellectual, in which the boy and youth lived and moved, he has been able to tell us but little of Luther's early spiritual development. The sources available to us unfortunately do not permit our going much beyond what Scheel has so competently presented. A few early letters and the marginal notes of 1509/10 constitute practically the whole body of direct Luther records before 1513. This situation is most regettable indeed since we do not really know, aside from the general religious background in which Luther grew up, the all-important specific and personal elements characteristic of his early religion. In other words, wo do not actually know the individual and intimate features of the religion from which Luther developed into the 'new' religion so wholly and unmistakably his own. With the disappointingly small number of early letters and the difficult marginal notes providing only a very sketchy background at best, our first-hand knowledge of those elusive but decisive pre-reformational years is far from satisfactory.

There is, however, in my opinion, one fairly bright ray of light which may illuminate somewhat the prevailing darkness, for a rather important source of direct information concerning the beginnings of Luther has thus far received less attention than it deserves, – the two early sermons which Erich Vogelsang[1] believes with good reason to date from before 1513. While objective external evidence for assigning a definite year is unfortunately lacking, the subjective internal evidence points strongly in the direction of the earliest possible origin of these two sermons, perhaps 1510 or, at the latest, 1512.[2]

If Vogelsang's plausible theory is correct it can be construed to constitute a mayor event in Luther research, and if essentially true, it may be held to be second in importance only to the discovery of the university lectures on Romans. It is my conviction that Vogelsang has 'discovered' precious documents containing the earlist known *connected* presentation of the already then highly individualized religion of Martin Luther. Vogelsang's seemingly successful early dating of these two sermons permits us to take, for the first time, a more than passing glance at the religious development attained by Luther prior to the Dictata super Psalterium. There can be little question that Vogelsang, if right in his basic assumptions, has added extremely significant material to the otherwise disconcertingly meagre sources of our knowledge of Luther before the pivotal year 1513 when the new religion is suggested in the lecture on the first psalm.

In the present paper only the first of these two earliest sermons will be discussed, for since this is in all likelihood the oldest sermon of Luther that has come down to us,[3] it merits analysis. In the absence of any investigations bearing on this subject beyond the brief remarks found in Vogelsang's and Kiessling's[4] studies, it will be advisable to begin with a concise outline of the sermon.

Is is based on Matthew 7,12: "Therefore all things whatsoever ye would that men should do to you, do ye even so to them: for this is the law and the prophets." In the introduction Luther, clearly under the direct or indirect influence of Aristotle, discusses the nature of what men consider to be the good things of life. " Pro p r i m a notandum, quod triplicia sunt bona hominum."[5] The first of the "bona hominum" are merely external: gold, silver, money, servants, property, etc. The second group of goods pertains to the individual himself: health, beauty, reputation, and honor. The third set is spiritual: virtue, charity, faith are among the constituents listed; they are called inner goods because they are said to exist solely in the mind.[5]

After sketching this threefold aspect of human goods Luther proceeds to point out that, with reference to all three, man can behave toward his neighbor in two ways: he can either harm or help him in all three fields. Scripture asks us to be governed by two rules in our conduct in general: we are to depart from evil and to do positive good, these two fundamental precepts applying fully to the three stages of "bona" described above.[6]

The main body of the sermon deals, characteristically enough, with the second rule of "fac bonum,"[7] a rule significantly termed by Luther "doctrina unica."[7] It is with this "extraordinary and unique" second precept that Luther is primarily, almost exclusively concerned in his earliest extant sermon. Again and again he insists that it is not enough, for the fulfilling of his text, to abstain from harming or wronging one's neighbor: "non sufficit ad salutem, quod aliquis proximo suo non nocet aut non malefacit in his tribus bonis, sed requiritur etiam, ut in ipsis ei prosit et benefaciat."[7]

This stern interpretation, with the accent on the doing of positive good, Luther asserts to be inspired and supported by the threefold authority of reason, Scripture, and analogy.

Reason shows that men who alone abstain from harming their fellow-men are like inanimate objects which do not harm anybody, but such a way of life, largely negative, is wholly inadequate: "nec sufficit . . . ad salutem."[7]

8

The Bible insists repeatedly that men do positive good to their neighbors. First of all, the very text of this sermon is said to speak clearly of the duty of "facere" and of the insufficiency of an attitude of mere "non nocere."[7] "Prima est thema, quia dicit: 'quaecunque vultis, ut faciant vobis homines.' Non dixit: 'quaecunque vultis, ut non noceant vobis homines, in iisdem non nocete et eis,' licet et hoc verum sit et oporteat esse, sed non sufficit, sed facere etiam aliis debemus."[7] Whoever is found to limit himself to what might be called a purely abstaining life of negative virtues thereby automatically blocks his own way to salvation: "peccat et non merebitur vitam aeternam."[7] In addition to the text of his sermon Luther quotes, in support of his views, the parable of the rich glutton and Lazarus, which he believes demonstrates his main point that merely keeping from doing ill is utterly inadequate. In Luther's opinion, the rich man was not condemned for harming anyone or for loving expensive food and lavish clothes, but primarily for not helping his neighbor Lazarus. "Et iam satis nos docet ista fabula, quod non sufficit non malefacere aut nocere, sed oportet quoque prodesse et benefacere, nec sufficit declinare a malo sed oportet facere et bonum."[7] Luther's third Biblical passage is the parable of the unprofitable servant who buried his talent in the earth and was therefor cast into outer darkness. As Luther sees it, this servant was not condemned because he had robbed others (which evidently he had not done), but simply because he had not given to others. By not helping our neighbor according to our ability we are guilty of hiding our talent and we are condemned together with the unprofitable servant of the parable: "Sic fiet nobis."[7] Luther believes that for salvation nothing will do short of aiding our fellow-men with all our powers. Only this positive action may be said to constitute the truly Christian life, the "vera vita Christianorum,"[7] the essential nature of which is thereby identified with the actual doing of good deeds for our neighbor. The fourth scriptural passage is the scene of the Last Judgment when Christ will not be concerned with the fact that we have not hurt our neighbor but rather with the really serious offense that we have not helped him: ". . . facere oportet bene, et non solum non facere."[8] Fifthly, Augustine is quoted as his final scriptural (*sic!*) authority: "pasce esurientem: si non pavisti, occidisti."[8] If we neglect to feed a hungry man and, if, as a consequence of our neglect, he dies, we are fully guilty of his death: ". . . tu occidisti, teutonice: ist gleich so viel als hettestu in getodtet."[8] Man is strictly required to love his neighbor as himself. This law he fulfills only by doing for him what he wants him to do for himself: "Haec enim est lex et prophetae, . . ."[8] Methodically applying this principle Luther gives a number of specific applications, of which three are reproduced here as examples:

1. "Doce errantem. Si potuisti et non docuisti, idem est quasi tu ipse seduxisses."
2. "Corripe errantem. Si potuisti et non corripuisti, idem est quasi tu ipse peccare fecisti."

3. "Excusa infamatum. Si potuisti et non excusasti, idem est quasi tu ipse diffamasses."[8]

This systematic development of what he believes is implied in his sermon topic concludes the paragraph devoted to supplying scriptural passages considered relevant by Luther.

Analogies from the Bible and the animal world unite to make up the third authority demanding that man do positive good. First, it is not sufficient for a field on which good seed has been sown not to produce thorns and thistles, but it must bring forth fruit if it wishes to be adjudged good. Man who is the "ager Dei"[8] must do likewise. God has given us "semina sua, id est bona externa, interna, media. Non sufficit, quod ista accepimus et non germinamus spinas, offensiones et tribulos, nocendo proximo, sed etiam fructum, bene ex illis faciendo aliis: sic etiam erimus bonus ager."[9] Secondly, "beasts and irrational animals"[9] observe this law of helping others. When one of them suffers, the others are "naturaliter"[9] sad and come to his aid if at all possible. Only man, rational man, does not assist his neighbor in distress: "Et solus homo, qui rationalis est, suo proximo necessitatem patienti non succurrit, non miseretur. O pudor et scandalum!"[9] In fact, man rather adds to than takes away from his fellow-man's "necessitas."[9] Luther quotes and endorses Seneca's observation that man is the most harmful thing to man. Only a human being can hurt another human being in all three realms of good: he can kill, bring into ill repute, and lead astray spiritually, a highly questionable feat of which neither the vegetable nor the animal kingdom is capable. Furthermore, man is controlled by hatred and envy, by which doubtful qualities he far exceeds the ravages of fire and water, of lion and bear.[9]

With this gloomy picture of the real nature of man Luther has reached the end of the general section stressing the necessity of doing good. By way of illustration he adds six special applications of this universal rule. The tenor is the same as in the general discussion. The outstanding fact of human existence is that man does not care in the least about the law and the prophets. There just is not anything even approaching the Christan life to be found among us: "Ex his nostris moribus intelligitur, quod . . . nulla est quasi vita christiana."[10] The human situation is in reality such that, far from doing positive good, we do not even desist from committing actual evil, thus breaking both scriptural precepts, the lesser of not abstaining from evil as well as the greater of not doing good: "Ecce non solum non facimus bonum, sed nondum declinamus a malo, et ita nullam illarum regularum tenemus, sed omnia per contrarium facimus."[10]

In the sorry plight in which we thus find ourselves it behooves us to place the example of the Lord Jesus before us as a mirror in which the true nature of all our works is fully reflected. Emphatically Luther points out that it is Christ and not Luther who uttered the words of the text: ". . . all things whatsoever ye would that men should do to you, do ye even so to them: . . . this is the law and the prophets." Significantly he remarks that this very brief admonition contains as it were the whole of the Bible: "Ecce in quam brevi verbo habetis omnem scripturam!"[10] This is tantamount to saying that Luther in his moral fervor goes so far as to identify the teaching of the entire Bible with the law. He does not hesitate to draw a conclusion of far-reaching importance. Whoever, upon examining himself in the light of Christ's precept, finds himself to live up to it in every respect may fairly entertain the hope that he will be saved: "Quod si se talem invenerit, speret, quod salvabitur."[10] Whoever finds himself to be falling short of it should straightway amend his life lest he perish: "Si autem non, rogo et moneo, ut emendet se, ne pereat, . . ."[10] In other words, individuals who fulfill Christ's law by doing unto others as they would like them to do unto themselves may justly expect to attain unto salvation and to merit life eternal.

In view of the indisputable fact that alarmingly few people follow the example set by Christ Luther feels impelled to add a grave word of warning. There are many, he says bluntly, both in the world and in the monasteries, who have no intention of changing their sinful ways. Let none assume, he urges, that the mere fact that the number of sinners is legion will in the least prove to be an attenuating circumstance on the day of judgment. The full rigor of the law will not be abated one iota for all the appalling number of culprits.[10]

The third and last section of Luther's sermon deals with three questions asked by some people with reference to the actual meaning of the text. First, is it not enough to wish one's neighbor well in one's heart without specifically helping him? Secondly, is it not sufficient if one neither helps nor harms one's fellow-man, but just lets him go his way? Thirdly, are one's possessions not really one's own, and is one not entitled to use one's property as one sees fit? Needless to say, Luther has for all three fundamentally superfluous questions but one and the same answer: a most decided "no" — "non sufficit."[10] It is required of men to live up fully to the law laid down in the Scriptures and to follow completely the words of our text. Luther rejects all compromise and insists on all the implications of Christ's precept. The latter is, characteristically enough for this early stage of Luther's religious development, the quintessence of "omnis scriptura."[10]

It is obvious from this brief outline that Luther's earliest sermon is quite aptly called by Vogelsang "die eindringlichste Gesetzes- und Gerichtspredigt, die wir von dem jungen Luther haben, . . ."[11] This characterization, however, correct and fitting as it is, does not exhaust the signal importance of this early work. It will be our task in the second part of this paper to attempt to point out the extraordinary significance of this sermon for establishing not only the nature of the personal religion of Luther prior to 1513, but also for determining both why and how he was to transcend it not long thereafter. So far as I am aware, neither Vogelsang nor Kiessling nor anyone else for that matter has thus far undertaken to answer, in a sense even to *ask*, this question of the real significance of Luther's earliest sermon and of its place in the imposing structure of his religious thought.

No student of the religion of Martin Luther can fail to be struck by the gulf which exists between this sermon and practically all other writings to come from his pen. This difference is indubitably not one of degree, but of kind. We are leaving one religious realm for a wholly new one in moving from the earliest sermon to the Lectures on Romans. The real question is: what exactly *is* the difference between these two radically opposed realms of religious thought?

To avoid all possible misunderstanding, let it be said at the outset that the religion expressed in the earliest sermon is both profound and genuine. There can be little doubt that it bears the unmistakable stamp of Luther's genius: despite its general scholastic form the sermon issues from a full heart and is definitely, in Nietzsche's words, written with his own blood. No one can fail to recognize that it is rooted in personal experience, the experience of a keen observer. If its author had written nothing else, this sermon would still be a remarkable document of a stern and uncompromising religious spirit of the highest possible ethical standards.

Let us attempt to analyze the religion of this early sermon somewhat more closely. It is clearly a religion of doing, of positive action. The sermon is intensely moralistic, challenging man's best efforts to attain the goal set by Christ's example. The burden of the entire sermon is its unyielding demand that the law be fulfilled in the most positive manner imaginable. The command "fac bonum" is its very core.

Beyond this rigid insistence on the complete living up to Christ's law the implied assumption that man *can* do so if he but tries hard enough should be noted. Moreover, the accomplishment of good actions, held to be quite within the reach of man, is asserted repeatedly to lead to, and to suffice for, salvation. Really helping one's neighbor in the three fields of human endeavor outlined above is credited with meriting eternal life for the doer. Luther says plainly that assisting one's fellow-man to the degree that one wishes to be assisted by him is in every respect the true Christian life. He goes so far as to maintain emphatically that the law, thus conceived and carried out, is identical with the teaching of the Bible as a whole: "Ecce in quam brevi verbo habetis omnem scripturam!"[10]

Comparing the religion of this sermon with that of the Lectures on Romans, we find a complete change. Instead of the feeling of confidence that man, while unfortunately not willing to live up to the law of Christ, is nonetheless capable of so doing, there is in Romans the full realization that man is utterly incapable of fulfilling the law. It is an inescapable conclusion drawn from this unromantic insight that man can under no circumstances merit eternal life or work out his own salvation since he falls far short of his bounden duty of carrying out Christ's precepts. Furthermore, instead of defining the true Christian life in terms of the good deeds to be constantly and thoroughly achieved, Luther henceforth holds that the genuine Christian life consists exclusively in fiducial faith. Finally, *the whole Bible far from being reducible to the law will then be identified altogether with Luther's comprehensive conception of faith.* In short, a greater contrast can scarcely be found than that existing between the earliest sermon and the first New Testament Lectures. To put it as concisely as possible, the religion of the former is essentially one of work righteousness (generously construed) and merit, whereas that of the latter is completely dominated by the concept of *sola fides*. Faith, which played a minor rôle in the sermon, will soon become the exclusive force imperiously subordinating everything to its domain.

If we now turn from the more or less factual establishment of the essential differences between the religiosity of the sermon and that of the Lectures on Romans to the question as to why and how this fundamental change took place, we should bear in mind that we are considering an extraordinarily difficult matter. The issue before us concerns nothing less than the origin, or at least an important aspect of the origin, of the faith-centered religion of Martin Luther.

In my opinion, Luther's earliest extant sermon contains the highest possible development of a religion of law. It is inconceivable to me how Luther could have gone much beyond the stage attained in this sermon. In other words, Luther, before 1513, had reached the acme of moralistic religion.

It is essential to remember this fact. In order to do justice to the change which was soon to take place in Luther's basic religious convictions it is necessary to view it against the background provided by this sermon. The new religion of 'justification by faith alone' will then be seen to spring from the earlier stage of the religion of works and the law. If it is true, as it undoubtedly is, that only the greatest and deepest representatives of a certain view of life are in a position to overcome it and to scan new horizons, then it is quite clear why and how Luther, having progressed to the utmost boundaries of the religion of law, could advance only by outgrowing it and 'discovering' new vistas of religion. Only a sincere and passionate searcher after religious truth who had completely exhausted the traditional avenues could ultimately find a new approach and 'discover' a new aspect of God.

While it is of course difficult, if not actually impossible, to lay bare the various stages in the evolution of the new conception of religion, a cardinal transitional step can, I believe, be determined with some degree of certainty. It would seem that Luther's keen observation that people, both clergy and laymen, were far from living up to the law of Christ proved to be a decisive experience. It was surely this realization that had led Luther to exclaim in the course of his sermon that the true Christian life, full obedience to the law, was largely nonexistent. Moreover, spiritually utterly honest with himself as he was, Luther must have been painfully aware that he himself also fell seriously short of the ideal he had outlined in his discourse. It is my conviction that it was this uncomfortable insight that proved to be the chief motive force behind his relentless search for a new foundation of the good life, which Luther, for one, was totally unwilling to relinquish after the inherited props had collapsed so far as he was concerned.

Thus, if I read the sermon correctly and if I interpret its implications aright, Luther's religion of *sola fides* was the upshot of the most intense legal and moralistic religion. It is a fact that Luther himself time and again suggested some such origin of his religion of faith when he was under attack for his reputed indifference to good works. Smarting under this unjust accusation Luther was wont to remind his foes of his inexorable insistence on works that were "*grund-*gut" rather than "*schein*gut." The former being both absolutely required of men and beyond their best efforts, he had found, by dint of searching thought and harrowing experience, a 'new' way to 'achieve' them.

While we have of course long known these facts from Luther's reminiscences in his later works, we have not thus far had access to reasonably extensive contemporary source material. This has at last been 'found' by Vogelsang's establishment of the early origin of the sermon under discussion. The great significance of this scholar's discovery of the probable date of our sermon lies in its providing us with hitherto sorely missed contemporary evidence. We now know from an abundant source dating earlier than 1513 basic aspects of Luther's pre-reformational piety. This religion with its emphasis on 'self-righteousness' and its belief in the possibility of 'self-righteousness' was the rich soil from the very excess and fertility of which was soon to emerge the religion of exclusive grace and faith with its God-given righteousness.

NOTES

1 Erich Vogelsang, "Zur Datierung der frühesten Lutherpredigten," Zeitschrift für Kirchengeschichte, L (1931), 112–145.
2 Ibid., 116.
3 Ibid., 115–116.
4 Elmer C. Kiessling, The Early Sermons of Luther and their Relation to the Pre-Reformation Sermon (Grand Rapids, Michigan: Zondervan, 1935), 68–69.
5 WA 4, 590.
6 Ibid., 590–591.
7 Ibid., 591.
8 Ibid., 592.
9 Ibid., 593.
10 Ibid., 594.
11 Loc. cit., 115.

DAS DIESSEITS IN LUTHERS
VON DER FREIHEIT EINES CHRISTENMENSCHEN

Es hat sicher seine guten Gründe, daß Luthers Traktat "Von der Freiheit eines Christenmenschen" eine seiner bekanntesten Schriften geworden ist. Im Gegensatz zu den meisten seiner Frühwerke, in denen Sonderfragen behandelt wurden, geht es hier um das Gesamtproblem christlicher Existenz, wie er sich darüber seit dem Turmerlebnis klargeworden war. Luther selber war sich dieser sein bisheriges Denken zusammenfassenden Bedeutung des Essays wohl bewußt: "Es ist eyn kleyn büchle, sso das papyr wirt angesehen, aber doch die gantz summa eyniss Christlichen leben drynnen begriffen, sso der synn verstanden wirt."[1] Auf diese Weise hätte Luther kaum über irgendeine seiner vorhergehenden deutschen Schriften sprechen können. So gewiß jeder unter ihnen, selbst der kürzesten, eine fest ausgebildete Totalanschauung der *vita christiana* zugrundeliegt, so ist es dennoch wahr, daß bislang immer nur Teilprobleme zur Sprache gekommen waren. Luthers Gesamtbild des christlichen Menschen ist zwar in allen Frühschriften irgendwie enthalten, ohne daß er soweit dazu gekommen war, es einmal frei von Sonderzwecken den Zeitgenossen vorzulegen. In der "Freiheit eines Christenmenschen" faßte er zum ersten Male das Ziel ins Auge, über seine Gesamtanschauung christlicher Lebensgestaltung Rechenschaft abzulegen.

Was dieser berühmten Schrift — abgesehen von der Rolle, die sie im Rahmen des lutherschen Frühschrifttums selber spielt — noch größere Bedeutung verleiht, ist die außerordentliche Stellung, die sie im gemeinchristlichen Raum, zum mindesten im Abendlande, von Anfang an eingenommen hat. Daß sie diese zum großen Teil dem irenischen Ton verdankt, der sie im Unterschied zu so vielen anderen Lutherschriften durchdringt, ist schon lange von der Forschung erkannt worden. Weniger hat man bisher betont, daß die Darstellung des christlichen Lebens, wie sie in diesem Essay zum Ausdruck kommt, an und für sich überkonfessionelle Werte besitzt. Führende römisch-katholische Lutherforscher der Gegenwart, die das religiöse Genie in Luther weithin anerkennen, haben sich besonders günstig über "Von der Freiheit eines Christenmenschen" ausgesprochen.

Dieses Werk Luthers, das zuerst seine Gesamtposition kurz umriß und das von Freund und Feind weitgehend anerkannt wird, soll an dieser Stelle von einem bestimmten Gesichtspunkt aus untersucht werden: Wie bewertet der Luther von 1520, der noch einige Jahre länger die Mönchskutte tragen sollte, das irdische Leben? Wie stellt er sich zum Diesseits? Die Frage läuft darauf hinaus, wie einer der größten Christen des sechzehnten Jahrhunderts über das Verhältnis von Jenseits und Diesseits gedacht hat.

15

Es ist über jeden Zweifel erhaben, daß Luther ein fest im Jenseits verankerter Mensch ist. Sein Sehnen und seine Liebe gelten vor allem dem Jenseits, dem dem göttlichen Heilsplan zufolge unvergleichlich höhere Bedeutung als dem Diesseits zukomme. Diese definitive Bevorzugung des Jenseits hat aber bei Luther keine eigentliche Verachtung des Diesseits zur Folge. Von spätantikem und frühmittelalterlichem *contemptus mundi* kann bei ihm nicht die Rede sein. Das Gegenteil ist eher der Fall. Die tiefe Freudigkeit, die ein wesentliches Charakteristikum des lutherschen Menschen ist, teilt sich auch bis zu einem gewissen Grade seiner diesseitigen Existenz mit. Der Jubel, der Luthers Seele erfüllt, erklingt schon auf dieser Erde. Das richtunggebende Jenseits ist vom weniger wertvollen Diesseits nicht schroff geschieden. In Luthers Diesseits, das keine selbständige Größe ist, ragt als bestimmende Macht das Jenseits in einem fort herein. Jeder Versuch, Luthers Stellung zum Irdischen zu erfassen, muß von dieser Grundtatsache ausgehen, daß eine stete Verbindung zwischen beiden Welten herrscht.

Um Luthers Anschauung vom Weltlichen noch schärfer herauszuarbeiten, ist es ferner wichtig zu wissen, wie er sich die irdische Existenz des Nichtchristen vorstellt. Es ist aufschlußreich, daß Luther die Einstellung des sittlich indifferenten, nur so in den Tag heineinlebenden Durchschnittsmenschen überhaupt nicht berücksichtigt. Die Situation des vor allem für das eigene Ich sorgenden Menschen zieht Luther gar nicht in Betracht, da sie für ihn zum Untermenschlichen gehört, und in der hohen und reinen Region, in der Luthers ethisches Denken sich bewegt, nichts zu tun hat. Dem am Vorteil des Selbst hauptsächlich orientierten Menschen steht er fremd gegenüber. Wer so sehr am Wohlergehen der eigenen Person interessiert ist, daß er an mehr oder minder laute Übervorteilung des Mitmenschen denkt, den überläßt Luther dem weltlichen Arm, dessen Pflicht es sei, gröbere Übertretungen des natürlichen Sittengesetzes zu fahnden und die Bestie im Menschen in Schranken zu halten. Der ehemalige Student der Rechte, der sich mit der Wendung zur Theologie der Welt des um sein eigenes Wohl bekümmerten Dutzendmenschen ein für allemal entriß, kann seiner phlisophischen Verachtung des anfänglichen Studienfaches keinen härteren Ausdruck verleihen, als den Juristen und Meister Scharfhans die Sorge um die Bändigung des primär egoistischen Menschen zu überlassen. Der religiöse Mensch Luther, dem höhere Interessen am Herzen liegen, weist, mit etwas bitter-stolzer Gebärde, die menschlich-allzumenschlichen Streitigkeiten um die Dinge dieser Welt den Juristen zu, die als Juristen – nicht als Christen, was sie selten seien – in solchen egoistisch-ökonomischen Beziehungen aufgingen.

Wenn Luther dem christlichen Menschen den nichtchristlichen gegenüberstellt, so denkt er nicht an den Menschen des 'aufgeklärten' Selbstinteresses sondern nur an das bewußt altruistisch sich betätigende Individuum. Nur die Minderheit derer, die sich ein Gewissen über Wohl und Wehe des Nächsten machen, kontrastiert Luther mit den in seinem Sinne sittlichen Menschen. Der ethisch lebendige Mensch, der jedoch dem Kern des Christentums, aus welchen

Gründen auch immer, fremd gegenübersteht, ist die achtunggebietende Gestalt, an der Luther seinen christlichen Menschen mißt. Solch ein — mit Goethe zu sprechen — edler, hilfreicher und guter Mensch bringt nach Luther sein Leben auf eine Weise hin, die vor den Leuten zwar trefflich aussehen mag, aber dennoch vom eigentlich christlichen Standpunkt aus als völlig unzureichend beurteilt werden müsse. Wie richtet sich dieser 'gute' Mensch, dieser 'seltene Vogel' sein Leben auf dieser Erde ein? Was ist seine Weltanschauung?

Zunächst ist er wohl, jedenfalls im Rahmen des sechzehnten Jahrhunderts, Theist. Er kann Jude oder Türke sein, denen Luther nie ins Auge fallende sittliche Leistungen abgesprochen, die er häufig genug als 'Muster' lauen Christen gegenüber aufgestellt hat. In diese Rubrik fallen auch die sogenannten Christen, deren Gottesbild sich stark verflüchtigt hat und die, zum großen Teil durch die Schuld einer das Wesen des Christentums nicht mehr verstehenden, auf jeden Fall nicht mehr predigenden Kirche, der allgemeinen Weltanschauung der irgendwie theistisch orientierten Menschen sich genähert haben. Beide, definitiv nichtchristliche wie christlich zu sein meinende Nurtheisten, bilden somit mehr oder weniger eine geistige Einheit, die vom Typ des paulinisch-lutherischen Menschen durch einen tiefen Graben getrennt ist.

Das Leben all dieser ernsten Theisten ist an und für sich durchaus nicht zu unterschätzen. Sie sind es, die sehr viel von dem Guten, was auf dieser Erde geschieht, sich zuschreiben dürfen. Sie sind es, die für das allmähliche Besserwerden der Lage des Armen und Erfolglosen in hohem Grade verantwortlich sind. Ihre ethisch-sozialen Bemühungen sind vom menschlichen Standpunkte aller Anerkennung wert. Selbstverständlich hat ihre Wohltätigkeit gewisse Grenzen. Bei allen sozialethischen Handlungen vergessen sie sich selber nicht. Von Ausnahmen abgesehen, die nur die Regel beweisen, lassen sie ihre soziale Fürsorgetätigkeit den eigenen Lebensstandard nicht wesentlich beeinträchtigen. Sie bleiben in ihren bequemen Wohnungen wohnen, nähren und kleiden sich gut und fahren fort, ihren eigenen Wohlstand systematisch zu vermehren. Am Ende eines auf diese Weise verbrachten irdischen Lebens erwarten die meisten von ihnen das ewige Leben, bis zu einem gewissen Grade jedenfalls als Lohn für ihren aufrechten Wandel und ihre sozialen Bestrebungen. Je näher die Christen unter ihnen dem ererbten Christentum stehen, desto mehr werden sie willens sein, das Hinzukommen der göttlichen Gnade von oben als nötigen Faktor zur Erreichung der ewigen Seligkeit anzuerkennen. Bis zu einem gewissen Punkte jedoch sind sie stolz auf das durch eigenes Streben Erlangte und verlassen sich auf ihre guten Taten als irgendwie bei der Schlußabrechnung in die Wagschale fallendes Gewicht, das Gott in seiner Gerechtigkeit nicht außer Acht lassen wird oder kann.

Solcher Lebensauffassung, die Luther unter den Besten seiner Zeit vorzufinden glaubte, stellt er die des wahrhaft christlichen Menschen gegenüber, dessen irdische Existenz recht verschieden von der eben beschriebenen verlaufe. Ehe wir uns aber der Analyse der irdischen Lebensform des lutherschen Menschen zuwenden, müssen wir betonen, wie entsetzt Luther eigentlich ist, daß wahre christliche Existenz, wie er sie versteht, eine fast unbekannte Größe geworden sei. Immer wieder bemerkt er, daß die Gegenwart gar nicht mehr wisse, um was es überhaupt im Christentum gehe. Ein nicht geringer Teil des lutherschen Denkens seit dem Turmerlebnis läßt sich geradezu dahin zusammenfassen, daß er die ihm in der Mönchszelle und auf der Lehrkanzel gewordene Erkenntnis der Eigenart der christlichen Weltanschauung mit den herrschenden Ansichten verglich und das radikale Auseinanderfallen seiner Einsicht und der 'christlichen' Umwelt immer mehr feststellen mußte. Lange glaubte er, daß es genügen werde, einem Jahrhundert, das das Genie seiner Erbreligion anscheinend vergessen habe, dieses wieder ins Gedächtnis zurückzurufen. Wenn man sich nur einmal wieder klar darüber werde, was man eigentlich aufgegeben und verloren habe, so müsse man — wie er selber am eigenen Leibe erfahren hatte — zum 'wahren Christentum' zurückkehren wollen. In der "Freiheit eines Christenmenschen" machte er einen in seiner Art großangelegten Versuch, den christlichen Zeitgenossen einschließlich des Papstes mit beredtem Munde zu zeigen, was eigentlich in den letzten Jahrhunderten geschehen sei und wie man sich immer weiter vom christlichen Mittelpunkte entfernt habe. Gleichzeitig, über alles bloß Negative und Kritisierende hinaus, entwarf er begeistert sein 'neues' Bild vom christlichen Menschen, das allerdings 'neu' nur in dem Sinne sei, daß man es nicht mehr kenne. Unter den weltgeschichtlichen Ausführungen Luthers sollen in diesem Zusammenhang nur diejenigen erörtert werden, die sich spezifisch mit der Stellung des lutherischen Christen zum Diesseits befassen.

Es ist bereits hervorgehoben worden, daß die einzige Form des Menschen, mit der Luther sich überhaupt ernsthaft auseinandersetzt, die des sozialethisch verantwortlichen Individuums ist. Nur für diese Minderheit richtet Luther sein Ideal des echt christlichen Menschen auf, den er wieder wie einst in den klassischen Tagen des Apostels Paulus auf den Thron gesetzt sehen möchte. Ob er sich dessen immer klar bewußt war oder nicht, Luther appellierte an den Verstand und das Gewissen jener wenigen, die es sich sauer werden ließen und innerlich an 'christlicher' Weltanschauung beteiligt waren. Ihm liegt daran, mit festen Strichen zu umreißen, wie der Christ sein Leben auf Erden zu gestalten habe.

Was zunächst eine Grundfrage angeht, die der Mensch sich wohl immer gestellt hat und an der auch Luther hat kaum ganz vorbeigehen können, die Frage nämlich nach einem letzten Sinn des Lebens einschließlich des diesseitigen Lebens, so beantwortet er diese brennende Frage eigentlich überhaupt nicht. Bei der Beurteilung dieser Tatsache darf man nicht vergessen, daß das Christentum als Ganzes kaum eine Antwort hierauf erteilt und daß Luther als christlicher Denker dieser Frage nicht weiter nachgegangen ist. Die Bibel hat nichts zu dieser Frage zu sagen, und Luther, der fast alle weltanschaulichen Antworten in der Bibel fand, hat es dabei bewenden lassen. W i e er sich damit abgefunden hat, läßt sich auf Grund seiner Schriften nicht feststellen. D a ß er sich damit abgefunden hat, liegt auf der Hand, insofern er die Frage nicht berührt oder gar erörtert. Er dürfte sich jedoch leichter damit abgefunden haben als nichtchristliche Denker, da der Gott, der sich ihm in der Heiligen Schrift offenbarte, letztlich ein es mit dem Menschen gutmeinender Gott war. Es war also kaum ein Sprung ins Ungewisse, wenn Luther wie das orthodoxe Christentum überhaupt, trotz des Mangels direkter göttlicher Mitteilung über diesen Punkt, des festen Glaubens sein durfte, daß sein Gott, der ihm seine Liebe in der Erlösung dargelegt hatte, es wohl mit ihm meinte und daß das Leben also einen letzten guten Sinn haben müsse. W a s dieser letzte gute Sinn aber war, das blieb dem Christen unbekannt. Gott, der in der Bibel bei weitem nicht alles offenbart hätte, hätte es nicht für nötig gehalten, den Gläubigen hierüber zu informieren. Der luthersche Gott ist nun einmal weithin ein verborgener Gott, der nur soweit — mit Hebbel zu reden — aus seinen Finsternissen getreten sei, als es für die Menschheit erforderlich war, um über das Wesentliche seines Heilsplans im Klaren zu sein. Als *deus revelatus* hatte der ungeheure, unbegreifliche *deus absconditus* nichts über den letzten Sinn der menschlichen Existenz verlauten lassen. Luther, in dessen Denken über Gott dem *deus absconditus* eine nicht unwichtige Rolle zufällt, fügt sich demütig-vertrauend diesem Sachverhalt. So sehr er vom reinmenschlichen Standpunkt aus begreiflicherweise etwas vom letzten Sinn des Lebens hat wissen mögen, als Christ hat er sich der offensichtlichen Tatsache gebeugt, daß Gott sich hierüber in Stillschweigen gehüllt hat. Er ist eben überzeugt, daß der Erlösergott es nicht schlecht mit dem Menschen meinen kann, und daß der Sinn des Lebens letztlich nur ein guter sein wird. Luther traut Gott, daß es sich im Leben um etwas Sinnvolles handelt, und zwar über die landläufige, vulgärchristliche Idee einer bloßen Prüfungszeit hinaus.

Der Christ bringt also sein Leben in dem Glauben zu, daß es alles andere als sinnlos ist, selbst wenn er den Sinn auf Erden nicht versteht. Mit diesem Wissen oder Nichtwissen, je nachdem man es auffaßt, geht Luther an die Einrichtung der irdischen Existenz des Christen heran. Das einigermaßen Revolutionäre seiner Anschauungen, den damals noch herrschenden mittelalterlichen gegenüber, kommt dabei klar zum Ausdruck. Das Zweistufenwesen der vorreformatorischen Jahrhunderte fällt dahin. Luther setzt an dessen Stelle eine einzige Existenzform des Christen überhaupt, die für alle gültig ist und der keiner, der Anspruch auf den Namen eines Christen erhebt, sich entziehen kann.

Vor der Erörterung der 'neuen' *Einform* des christlichen Lebens sind jedoch ein paar religiöse Voraussetzungen kurz zu behandeln, ohne die die Neuordnung der *vita christiana* nicht leicht verständlich ist. Die Hauptvoraussetzung der neuen Lebensidee ist die Umbildung des Gottesgedankens, die Luther mit seiner hoch- und spätmittelalterlichen Form vollzogen hatte. Der nachaugustinische und vorluthersche Gott war ein Gott, der sich von unten her, vom Menschen beikommen ließ und der menschliches Streben mit in Betracht zog. Wer sich mehr anstrengte, war ihm mehr willkommen. In Übereinstimmung mit dieser

Grundanschauung hatten sich die wirklich ernsten Christen veranlaßt gesehen, einem bloß weltlichen Beruf zu entsagen und den Laienstand aufzugeben. Den ernstesten unter ihnen genügte der einfache Priesterstand mit seinen vielfachen Berührungen mit dem Weltlichen noch nicht, und sie zogen das Ordenskleid an, um sich gänzlich Gott zu weihen und durch möglichst genaue Befolgung der *consilia evangelica* Gott näher zu kommen. Auf diese Weise hatte sich das Lebensideal des strikt religiösen mittelalterlichen Menschen praktisch ausgewirkt. Kein Geringerer als Martin Luther selber war diesen Weg gegangen, als sein Verlangen, auf die gottgefälligste Art zu leben, ihn in das Augustinerkloster führte und zum 'begebenen' Menschen machte.

Diese Ordnung des christlichen Lebens, diesen mittelalterlichen Gradualismus hat derselbe Luther, der sie durchlaufen hatte, von Grund auf verändert. Der Umsturz geschah auf völlig logische Weise. Er begann mit dem 'neuen' Gottesbilde, das Luther von etwa 1512/13 an an die Stelle des damals seit Jahrhunderten herrschenden setzte. Luthers Gott, weithin mit dem spätaugustinischen und besonders mit dem paulinischen identisch, war nicht mehr von unten her, vom Menschen zu erreichen. Er ließ sich nicht beeinflussen durch menschliche Leistung. Statt sich von dem Menschen geben zu lassen, wurde er wieder wie vor mehr als tausend Jahren zum Gebenden und Schenkenden, dessen Wesen eben darin besteht, daß er sich zu den Menschen herabläßt und alles Heraufklettern zu ihm grundsätzlich ablehnt. Ihm kommt es allein darauf an, daß der Mensch seinen, d.h. Gottes Weg zu ihm gehe: der Mensch, der sich an Hand der ernstgenommenen zehn Gebote als Sünder erkannt hat, läßt sich von Gott in seiner Not helfen. Er ist demütig genug, seine Erlösung von Gott anzunehmen, zu empfangen, statt sie, wenn auch nur zum Teil, selbst verdienen zu wollen. Durch dieses 'neue' Gottesverständnis ist der Christ mit einem Schlage in eine neue Situation versetzt, die wichtige Folgen für die Gestaltung seines irdischen Lebenslaufes hat. Sein Verhältnis zu Gott ist dahin geklärt, daß seine Hauptaufgabe die innere Bereitschaft wird, seine ganze Erlösung als Geschenk von oben herab in Empfang zu nehmen. Alle Leistungen und Extraleistungen seinerseits, die ehemals auf die aktive Erwerbung dieser Erlösung gerichtet waren, sind hinfällig und überflüssig geworden. Alle Energien, die der ernste Christ auf die Beeinflussung Gottes durch gute Werke verwandt hatte, haben sich als unnötig, ja verfehlt herausgestellt. Eine Totalneuorientierung des Lebens ist unerläßlich geworden.

Da der lutherische Mensch mit seinem Gott — von Gott her — völlig ins Reine gekommen ist, ist ihm in gewissem Sinne eine große Last von den Schultern genommen. Vor Gott steht er nunmehr frei und unbeschwert da. Seine Kräfte, die ehemals in 'falscher' Richtung aufgebracht waren, sind jetzt für andere Betätigungen freigeworden. Träge oder auch nur müßig kann er nicht sein. Da Gott als solcher seiner Dienste nicht bedürftig ist, so fällt sein Auge auf sich selbst, auf den Mitmenschen und auf das diesseitige Leben überhaupt. Die einstmals auf falsche, ja 'gotteslästerliche' Art, 'vergeudeten' Kräfte erhalten jetzt ihr richtiges, 'gottgewolltes' Ziel: *dem Menschen und damit der Erde, dem Diesseits kommen sie zugute.*

Hier ist ein kritischer Punkt in der Entwicklung des lutherschen Denkens erreicht. An dieser Stelle hat das Mißverständnis Luthers sehr früh eingesetzt, ist durch die nachlutherschen Jahrhunderte gegangen und auch heute noch nicht zur Ruhe gekommen. Es ist daher nötig, bei diesen Gedanken etwas länger zu verweilen.

Nicht viele sind willens gewesen, Luthers Ideengängen sorgsam zu folgen. Es liegt auf der Hand, daß ein an der Oberfläche bleibendes Verständnis Resultate zeitigen kann und auch gezeitigt hat, die Luther nicht gewollt hatte. Nach zwei Seiten hin hat man Luther mißverstanden: die große Zahl derer, die das Christentum nie wirklich ernst genommen hatten, und die sehr viel kleinere Zahl derer, die es sehr ernst genommen hatten, — beide Kategorien haben Luther nicht verstehen wollen oder können.

Nehmen wir zunächst die Kategorie der am Religiösen und am Christentum im besonderen innerlich Unbeteiligten. Es ist die umfangreiche Masse der gewöhnlichen Menschen, die, in welche Religion sie auch zufällig hineingeboren werden, ihren Vorschriften nur widerwillig nachkommen und die sich, soweit es nur irgend zulässig ist, den natürlichen Neigungen überlassen. Sie empfinden die Ansprüche der Religion als Störung der dem Selbst zugewandten Wünsche. Solche Menschen waren von der mittelalterlichen Kirche einigermaßen im Zaum gehalten worden, indem man ihre Furcht vor jenseitig-göttlicher und diesseitig-kirchlicher Strafe benutzte, sie zu einem erträglichen sittlichen Lebenswandel zu führen. In dieser Gruppe war der Appell an verdienstliche Leistungen vielleicht ein Hauptmittel, die Beobachtung elementarer ethischer Verhaltungsmaßregeln ins Werk zu setzten. Als diese Masse hörte, daß Gott für die Erlösung, die sie ja doch auch nicht gerade verwirken wollte, nichts verlangte, daß gute Werke nie und nimmer zu Gott hinführen, da warf sie alle Verpflichtungen von sich ab und wandte sich dem vermeintlichen Befreier zu, der sie von ungern verrichteten Leistungen losgemacht habe. Die große Menge hörte nur, daß ein Joch von ihr genommen sei. Sie empfand nur, daß sie der lästigen Pflichten, die man von ihr verlangt hatte, los und ledig sei. Weiter ging sie mit dem Reformator kaum mit. "Die Freiheit des Christenmenschen" war ihr ein lang ersehnter Freibrief zu uneingeschränktem Egoismus geworden. Man war Luther dankbar, ohne sich um den Neubau der Sittlichkeit, an dem Luther alles lag, weiter zu kümmern. Für sie hatte der deutsche Herkules nur die Ketten zerbrochen, an denen sie schon lange geklirrt hatten.

Dieser breiten Masse gegenüber stand die kleine Zahl der sehr ernsten Christen. Diese waren in ihrem Tiefsten empört, daß der Mönch sich erdreistete, ihr ganz auf Gott und Göttliches gerichtetes Streben in Frage zu stellen. Die wenigen, die oft unter wirklichen Opfern Kirchen und Kapellen gebaut, Altäre und Orgeln gestiftet hatten; die wenigen, die ins Kloster gegangen waren, um mit letzter Energie Gott die Seligkeit abzugewinnen oder, bescheidener, sich

Gott ganz hinzugeben; – alle waren mehr oder weniger entsetzt und in ihrem Heiligsten getroffen. Für sie alle war Luther der freche Mönch, der dem strengen Ordensleben zu entlaufen trachtete, der es sich leicht machen wollte.

Von beiden Richtungen wurde Luther nicht verstanden. Es erübrigt sich zu betonen, daß die wirkliche Meinung des Reformators zu allen Zeiten schwer eingänglich gewesen zu sein scheint. Wenn man bedenkt, daß noch ein Jakob Burckhardt der Meinung sein konnte, daß die Reformation den Menschen das Christentum leichter machte, daß es die Lutherischen waren, die der Strenge des christlichen Lebens nicht mehr folgen wollten; wenn man diese bei weitem nicht vereinzelte Stimme des großen Kulturhistorikers beachtet, dann merkt man erst, wie wenig die Hauptgedanken Luthers je erfaßt wurden und wie verbreitet irrige Ansichten über seine letzten Absichten immer gewesen sind.

Gegenüber solchen schweren Anklagen seitens der Ernsten und solchen verheerenden Wirkungen auf die Nichternsten ist es nötig, Luthers tatsächliche Ziele und Zwecke klar herauszustellen. Was wollte der Wittenberger Professor eigentlich? Wie dachte er sich die Veränderung, die seine Restituierung vergessener paulinischer Gedanken auf die Gestaltung des diesseitigen Lebens haben würde? Daß er an einen gründlichen Wandel dachte, ist nicht zu bezweifeln. Was leider 'Herrn Omnes' und auch Urteilsfähigen nicht klar geworden ist, ist das festumrissene neue Lebensideal, das Luther schon in der "Freiheit eines Christenmenschen" entwarf. Den Einzelheiten dieses 'Programms' wenden wir uns jetzt zu.

Man könnte fast versucht sein, als eine Art Motto an den Anfang des neuen Programms Fausts große Worte zu setzen, daß dieser Erdenkreis noch Raum zu großen Taten gewähre. Allerdings muß man diese berühmten Worte in unserem Zusammenhang umdeuten. Das eigentlich goethesche Ethos haben sie bei Luther natürlich nicht. Luther wollte auf keinen Fall irgendeine Säkularisierung der Kultur, irgendeine Verselbständigung des irdischen Lebens heraufführen. Dennoch treffen die oben angeführten Goetheworte in einem ganz bestimmten Sinn auch auf das Erdenprogramm Luthers zu. Goethe selber hat ihm das auf seine Weise bestätigt, als er einmal feststellte, daß die neuere Menschheit erst seit Luther wieder festen Boden unter den Füßen fühle. Gewiß ist die Geltung dieser Bemerkung auf die ernstesten unter den mittelalterlichen Menschen einzuschränken, die in ihrer Erdenflucht und Himmelssehnsucht dieser Reorientierung bedurften. Die Riesenzahl derer, die nur die altkirchliche Schranke zum freiesten Selbstgenuß niedergerissen haben wollten, kommt theoretisch nicht in Betracht, so sehr sie praktisch auch Luthers Tat ausnutzte und mißbrauchte.

Luthers Plan für die verantwortliche Einrichtung der diesseitigen Existenz des Christen ist eine Art Doppelprogramm: der luthersche Mensch in seinem Verhältnis zu seinem eigenen Leib und in seinem Verhältnis zu seinem Mitmenschen. In der ganzen Darstellung mit ihrem hohen Idealismus spürt man noch den relativ jungen Luther, der allzu naiv die Christenheit mit sich selber identifizierte. Was ihn quälte und beseligte, projizierte er in das Denken der

Mitchristen hinein. Erst später im Leben erkannte er, daß er im Irrtum gewesen sei, als er annahm, jeder denke und fühle wie er.

Die Schilderung des Verhältnisses des Christen zu seinem eigenen Leibe ist eine der Glanzstellen der "Freiheit eines Christenmenschen". Die ganze Intensität des mönchischen Lebensideal schwingt noch mit in diesem Hohenlied auf die Disziplinierung des Leibes. Später hat Luther das asketische Element, das er hier so stark betont, kaum noch mit solcher Leidenschaft vertreten.

"Ob wol der mensch ynwendig nach der seelen durch den glauben gnugsam rechtfertig ist, und alles hatt was er haben soll, . . . So bleybt er doch noch ynn dissem leyplichen lebenn auff erdenn, und muss seynen leyb regiern . . ."[2] Die erste große Aufgabe des durch den Glauben völlig mit Gott versöhnten Christen ist die entschlossene Beherrschung des Leibes. An ein Sich-auf-das-Faulbett-Legen des Leibes hat Luther nicht gedacht, als er der Seele ihre volle Freiheit wiederschenkte. Ganz im Gegenteil, es war ihm ein unerträglicher Gedanke, daß die gottgegebene Freiheit der Seele zu einem Sichgehenlassen des Fleisches führen könne. *In puncto corporis* darf der Mensch "nit müssig gehn, da muss furwar der leyb mit fasten, wachen, erbeytten und mit aller messiger zucht getrieben und geübt sein . . ."[2] Mit Ernst will der junge Luther den Leib 'regiert' haben. Man stelle sich vor, was er von j e d e m Christen verlangt: Fasten, Vigilien, usw. Diese Forderungen, denen nachzukommen wohl kaum eine Erleichterung des Lebens der Vorlutherzeit gegenüber bedeutet, weisen hin auf einen hohen Grad von physischer Selbstdisziplinierung, die der außerhalb der Klostermauern lebende Christ sich freiwillig auferlegt. Ohne auf die Frage katholischer Laienfrömmigkeit an dieser Stelle einzugehen, der Protestantismus, auch in seiner strenglutherischen Ausgestaltung, hat sich soweit von den Jugendideen seines Gründers entfernt, daß er kaum noch etwas mit den Gefühlen, die ihm einst das Leben gaben, gemein hat. Was diesem Luther damals als zu realisierendes Ziel vorschwebte, war, eine fast klösterliche Handhabung des Leibes in die ganze weite Christenwelt hinauszutragen. Eine Art mönchische Lebensform sollte die allgemeinchristliche Norm werden. Der ernste junge Luther wollte gewisse klösterliche Ideale nicht aufgegeben sehen sondern sie im Haus und auf dem Markt befolgt wissen. Jeder Christ und jede Christin unterwerfen sich freiwillig einer rigorosen Disziplinierung des Leibes. Weit entfernt, die Schranken der Selbstbeherrschung niederzureißen, wollte Luther die ganze Christenheit zu einem strengen Leben hinführen.

Gewiß wollte er nicht das Mönchtum seiner Zeit, dem er sehr kritisch gegenüberstand, allgemein befolgt sehen, sondern die Idee eines disziplinierten Lebens, die sich in sehr scharfem Gegensatz zu der damaligen Wirklichkeit befand. Er stößt sich an der übertriebenen Askese. Zwar will er den Leib beherrscht haben, doch soll die Zucht "messig"[2] sein. Nachdrücklich redet er von "mass und bescheidenheit, den leyb zu Casteyen".[3] Der Zweck der 'Übung' sei ja nicht, den Leib zu ruinieren. Im Gegensatz zu solcher verfehlten Absicht, die Luther bekämpft, gehe der auf echte Leibesdisziplinierung bedachte Christ ganz anders vor: "... er fastet, wachet, erbeyt, ssoviell er sieht dem leyp nott seyn, seynen muttwillen zu dempfen."[3] Wie es bisher gegangen sei, dürfe es nicht weitergehen: "zu weyllen zu brechen die köpff und vorterben yhr leybe drüber."[3] Solche Tendenz zur Selbstvernichtung lehnt der Mann, der sie am eigenen Leibe jahrelang erfahren hatte, fest ab und bezeichnet sie von seinem neuen Standpunkt aus als "ein grosse torheyt und unvorstand Christlichs lebens und glaubens".[3] Eng mit dem Bestehen auf Maßhalten in der Askese ist die Frage des Zweckes verbunden, den die strikte Disziplinierung des Leibes für Luther hat. Er wünscht, des Fleisches "muttwillen zu dempfen".[3] Der Leib soll der Seele nicht allzuhinderlich im Wege stehen, er soll vielmehr zu einem sensitiv reagierenden Instrument werden, das rein erklingt, wenn die Seele darauf spielt. Der Zweck des ganzen Treibens und Übens laufe darauf hinaus, daß der Leib "dem innerlichen menschen ... gehorsam und gleychformig werde, nit hyndere noch widderstreb, wie sein art ist, wo er nitt getzwungen wirt".[2] Die Motive, die nach Luther den Leib vermögen sollen, sich in mäßige Zucht zu nehmen zum Zwecke der Angleichung an die Seele, unterscheiden sich von den eigentlich mönchischen. Der luthersche Mensch, der sich diesem asketischen Leben ergibt, ist ein in jedem entscheidenden Sinn total erlöstes Individuum, das der Askese zum Erwerb der Seligkeit nicht bedarf. Die Verdienstidee, die Luther das Mönchsleben unerträglich machte, scheidet als Motiv zur Leibeszucht gänzlich aus. Der asketische Mensch lutherscher Observanz führt ein entsagungsvollhartes Leben ohne jeden Lohngedanken, der alles entwerten würde. Gott gegenüber, der dem Menschen das unverdiente Geschenk der Erlösung gemacht hatte, ist nichts als grenzenlose Dankbarkeit und unaufhörliches Lob am Platze. Der luthersche Mensch, zu dessen Wesen es gehört, daß er wirklich weiß, was er empfangen hat, setzt "alle seyn lusst darynn, das er widderumb mocht gott auch umbsonst dienen ynn freyer lieb".[2] Da findet er aber "ynn seynem fleysch eynen widerspenstigen willen, der wil der welt dienen und suchen, was yhn lustet".[2] Der Gott unendlich dankbare Mensch will und kann das "nit leiden",[2] es treibt ihn, der Seele den widerspenstigen Leib gleichförmig zu machen, und so legt er sich "mit lust an seynen halss, yhn zu dempfen und weren ..., denn die weyl die seel durch den glauben reyn ist ..., wolt sie gern, das auch also alle ding reyn werden, zuvor yhr eygen leyp ..."[5]

Was also das Verhältnis zum eigenen Leibe angeht, so legt Luther ihm eine eiserne Disziplin auf, in der aber Maß zu halten ist. Der Leib soll das willige Instrument der Seele werden, und zwar aus dem überströmenden Gefühl der Dankbarkeit gegen den Erlösergott heraus. Solche Askese mutet Luther allen Christen zu. Jeder Christ hat harte, aber verständige Leibeszucht zu üben.

War dies die neue Lebensgestaltung des Christen als Einzelwesen, so hat er als Sozialwesen ebenfalls die Aufgabe gründlicher Neuorientierung. Auf wenigstens so radikale Weise wie bei der Ausdehnung der Askese auf alle Christen als Individuen wird die Christenheit in ihrem Gemeinschaftsleben umgebaut. Der tägliche Umgang des Christen mit dem Nichtchristen oder Mitmenschen überhaupt wird in Bahnen gelenkt, die bis dahin nur von Ausnahmechristen betreten waren. Will Luther den individuellen Christen zur richtig verstandenen 'mönchischen' Existenz erheben, so will er ihn in seiner Sozialexistenz zu etwas wie der urchristlichen Liebesgemeinschaft zurückführen.

Im diesseitigen Leben des Christen gibt es nach Luther kein vorsichtiges Abwägen dessen, was dem Selbst und was den anderen zukomme. Statt dessen strömt die eigene Habe dem andern zu. Alles, was nicht zu den nötigsten Bedürfnissen des Menschen gehört, wird dem Nächsten ohne Vorbehalt mitgeteilt. Man behält nur, was zur Fristung des Lebens gehört. "Sihe also mussen gottis gutter fliessen auss eynem yn den andern und gemeyn werden".[6] In allem, was er unternimmt soll seine Meinung "nur dahynn gericht seyn, das er andernn leutten damit diene und nütz sey".[7]

Fragt man nach den Gründen für solch strikte Lebensgestaltung, so erfährt man, daß der wahre Christ eigentlich gar keine irdischen Bedürfnisse hat. Er hat sein Genügen an der Tatsache seiner Erlösung: Daraus folgt mit unerbittlicher Logik, daß er keine weiteren Wünsche besitzt. Sein ganzes Leben und Schaffen tritt jetzt in den Dienst der Mitmenschen, "weyl ein yglicher fur sich selb genug hatt an seynen glauben, und alle andere werck und leben yhm ubrig seyn, seynem nehsten damit auss freyer lieb zu dienen".[8] Luther fühlt, daß Gott den Christen "mit seynen uberschwenglichen guttern . . . ubirschuttet hatt",[8] und der Christ will "widerumb frey, frölich und umbsonst" dem Nächsten tun, was ihm "nott, nützlich und seliglich"[9] ist. Auf diese Weise fließe "auss der lieb ein frey, willig, frolich lebenn dem nehsten zu dienen umbsonst".[9] Kein Wunder, wenn Luther in die stolzen Worte ausbricht: "Also sehen wir, wie eyn hoch edliss leben sey umb ein Christlich leben".[9] Man versteht aber auch seine Klage, daß diese Lebensauffassung "leyder nu ynn aller welt nit allein nyderligt, sondernn auch nit mehr bekandt ist noch gepredigt wirt".[9] Ihm war inzwischen klar geworden, daß die Zeit aus den Fugen gegangen und daß er geboren sei, sie wieder einzurenken, d.h. als Instrument Gottes auf Erden sich dieser Aufgabe zu unterziehen, denn aus eigener Vernunft und eigenen Kräften hätte Luther solche Mission nie unternommen.

Die diesseitige Existenz des Menschen ist klar und übersichtlich geordnet. Den widerwilligen Leib zu disziplinieren und dem Mitmenschen alles, was nicht zur Notdurft des eigenen Lebens erforderlich ist, zukommen zu lassen, und zwar beides aus dem überwältigenden Gefühl unendlicher Dankbarkeit gegen Gott — darin erschöpft sich das dem 'Äußerlichen' zugewandte Leben des lutherschen Menschen. Einzelheiten über das Verhalten zum Nächsten hat Luther in dieser kurzen Schrift nicht gegeben. Ihm kam es hier nur auf die Darlegung des Prinzips an, aus dem die verschiedenen Handlungen hervorzugehen hätten.

Von unserm Standpunkt aus ist man überrascht, daß jeder Hinweis auf das sogenannte Kulturleben fehlt. Kein Wort fällt über Kunst und Wissenschaft, von denen man doch weiß, daß Luther sie auf seine Weise hochgeschätzt hat. Der Grund für Luthers Nichterwähnen solcher wertvollen diesseitigen Bestrebungen liegt nicht so sehr darin, daß er sie ignoriert, als vielmehr darin, daß sie eigentlich nicht in die *vita christiana qua vita christiana* gehören. Sie fallen in das weite Gebiet der Vernunft, auf dem die Christen auf derselben Grundlage mit Juden, Heiden und Türken operieren, deren Leistungen in Kunst und Wissenschaft Luther immer anerkannt hatte. An eine spezifisch christliche Kunst – abgesehen von christlichen Gegenständen – und an eine spezifisch christliche Wissenschaft hat Luther nie gedacht noch hat er sie befürwortet. Ihm sind diese hohen Kulturgüter allgemeinmenschlich gewesen, und er hat sie als solche geehrt. Einer Abkapselung der Christen in Dingen, die sie mit allen Kulturmenschen gemein haben, hat er nicht das Wort geredet. Der luthersche Mensch ist Bürger zweier Welten nicht nur in dem Sinn, daß er im Himmel und auf Erden zuhause ist, sondern auch in dem andern Sinn, daß er auf der Erde sowohl natürlicher, vernunfts- und phantasiebegabter Mensch ist wie auch übernatürlicher, offenbarungsgläubiger Christ. Als erster nimmt er teil an allgemeinmenschlichen Gütern, denen er nicht nur nicht abschwört, sondern die er kräftig fördert, soweit sie nicht seinen primären, ethischen Verpflichtungen widersprechen.

Bei aller Hochachtung vor Kunst und Wissenschaft wie vor allen guten Äußerungen der Vernunft hat Luther diesen Mächten zwar mit beachtenswerter Offenheit gegenüber gestanden, sie aber nie als gleichwertig mit religiösen Offenbarungswahrheiten angesehen. Zwischen Religion einerseits und Kunst und Wissenschaft andererseits bestand für Luther eine *differentia specifica*, die zu verwischen er nicht im Sinne hatte. Obwohl Luther den Christen nie für so arm und beschränkt gehalten hat, daß er neben seinem ungeheuren religiösen Sonderbesitz sich nicht auch am menschlichen Allgemeinbesitz beteiligte, so hat er für seine Person sich nie an hohe und höchste Kulturgüter verlieren können, wie es im nichtchristlichen Bereiche selbstverständlich oft geschieht. Für Luther ist das Wissenschaftlich-Ästhetische fraglos dem Religiösen untergeordnet. Das bedeutet z.B., daß das, worauf der ältere Goethe u.a. so stolz war, nämlich die wissenschaftlich-ästhetischen Bestrebungen der Epoche, im geistigen Raum Martin Luthers nur eine sekundäre Rolle spielen können. Kulturgüter sind für Luther Vorletztes, nicht Letztes, wie Friedrich Schiller sich 250 Jahre später unter ganz anderen Voraussetzungen mit gutem Recht entschied.

Dieser Tatsachenbestand führt zu einer wichtigen Überlegung. In Luther selber waren Kräfte wohl so reich wie die, über welche Goethe verfügte, vorhanden. Wenn Luther es für gut befunden hätte, sie dem Diesseits außer im Ethischen auch im Wissenschaftlich-Ästhetischen hemmungslos zufließen zu lassen, so wäre gar nicht abzusehen, was er auf Erden zuwegegebracht hätte. Die Frage ist nur: wie sind die gewaltigen Energien verbraucht worden, die ihm in schier unerschöpflichem Maße zur Verfügung standen? Ein großer Teil dieser Kräfte wurde natürlich in dem unselbstisch-sittlichen Leben verzehrt, das ihm die Hauptaufgabe des Christen erschien. Daß Luther im Praktisch-Ethischen es sich viel saurer hat werden lassen als die meisten Gleichbegabten, braucht kaum hervorgehoben zu werden. Die meisten Kräfte, über die er gebot, hat Luther wohl der religiösen Kontemplation, aus der allein seine Reformation hervorging, dem immer neuen staunenden Sichversenken in die 'Heilstatsachen' gewidmet. Wenn jemand, mit vielem Rechte, auf die eigentlich geschichtliche Leistung Luthers als seine Haupttat hinweisen wollte, so wäre da vor allem geltend zu machen, daß das, was allein die historische Tat der Reformation geistig möglich machte, eben die dahinterstehende und sie immer begleitende Gottes- und Christusschau gewesen ist, in der Luther nicht nur den besten Teil seiner Tage sondern auch — wie er uns selbst versichert — seine Nächte zugebracht hat. Sind je *vita contemplativa* und *vita activa* in letzter Personalunion verbunden gewesen, so sicherlich bei Luther: bei ihm ist die Kontemplation der reiche Boden, aus dem seine historischen Leistungen hervorgegangen sind.

All die reichen Kräfte, die Luther, wäre er säkularisierter Mensch wie Goethe gewesen, auf das Diesseits verwendet hätte, gingen auf im Verkehr mit Gott: *deo inserviendo consumptus est.* Erst das vertiefte Lutherverständnis des zwanzigsten Jahrhunderts hat uns die Augen geöffnet für die Höhe der lutherschen Gottesanschauung. Rudolf Otto, Friedrich Heiler, Karl Holl und neulich wieder Walther Köhler haben in Luthers mythischem Denken über den *deus absconditus* Tiefen erblicken gelehrt, die ihn immer mehr in seiner eigentlichen Größe als *theologus theologorum* erkennen lassen. Zwar hat er sich im allgemeinen mit dem *deus revelatus* begnügt und darin Antwort auf manche Fragen gefunden, aber darüber hinaus ist er in seinen Nächten dem transzendenten *deus absconditus* auf steilen Höhen nachgewandelt.

Die fesselnde Frage also, wie Luther seine herrlichen Kräfte, die das Diesseits nicht aufzehrte, verbraucht hat, wird so beantwortet werden müssen, daß er dem Wunder der Erlösung nachgegangen und daß er den wesentlichen Aspekten Gottes, die er nicht offenbart hat und die Luther oft gequält haben, näherzukommen versucht hat. Wenn man dem noch hinzufügt, daß er spät im Leben einmal verraten hat, daß er mehr von Zweifeln geplagt worden sei, als man für möglich halten werde, so ist wohl genug gesagt, womit Luther — außer den bestimmten historischen Taten — seine irdische Lebenszeit voll ausgefüllt und was sein Innerstes Tag und Nacht beschäftigt hat. In den Tischreden hat er einmal bemerkt, daß, wenn man seinen Leib nach dem Tode sezieren werde, an Stelle seines Herzens ein zusammengeschrumpfter Lappen gefunden werden würde: so habe er sein Herz mit Sorgen höchster und letzter Art verzehrt. Diese Gottessorge war die eigentliche Arbeit Martin Luthers im diesseitigen Leben. Mit ihr verglichen haben seine historischen, persönlich karitativen und künstlerisch-wissenschaftlichen Leistungen, ungeheuer wie sie in ihrer Totaliät sind, weniger sein innerstes Mark verbraucht. Nur aus dem Kreisen um Gott sind seine anderen Taten geboren.

Die schönste Zusammenfassung seiner irdischen Existenz hat man bei einem so wortgewaltigen Mann wie Luther bei ihm selbst zu suchen. Ihm, dem wie nur wenigen gegeben war, von seinem Leid und seiner Lust zu sagen, drängten sich gegen Ende der "Freiheit eines Christenmenschen" diese herrlichen Zeilen in die Feder:

> "eyn Christen mensch lebt nit ynn yhm selb, sondern ynn Christo und seynem nehstenn, ynn Christo durch den glauben, ym nehsten durch die liebe: durch den glauben feret er uber sich yn gott, auss gott feret er widder unter sich durch die liebe und bleybt doch ymmer ynn gott und gottlicher liebe, . . .".[10]

Nur eins fehlt diesem sonst so prächtigen 'beschluss': das Bittere, das Nächtige, das *amarum aliquid* kommt hier noch nicht zum Ausdruck. Doch das gehört nicht eigentlich in den engeren Rahmen dieses Aufsatzes, der den jüngeren Luther behandelt. Im älterwerdenden Luther jedoch und besonders im alten und ganz reifen, der heute noch kaum bekannt ist, erklingen auch die Diskorde, die Luther in seiner Totalerscheinung erst die volle menschliche Größe erteilen und auch dem modernen Menschen näher bringen können.

ANMERKUNGEN

1 Martin Luther, *Werke*, Kritische Gesammtausgabe (Weimar: H. Böhlau, 1883 ff.), VII, 11.
2 WA, VII, 30.
3 WA, VII, 31.
4 WA, VII, 32.
5 WA, VII, 30–31.
6 WA, VII, 37.
7 WA, VII, 34.
8 WA, VII, 35.
9 WA, VII, 36.
10 WA, VII, 38.

MARTIN LUTHER IN LETZTER SELBSTSCHAU

Bei der erneuten Lektüre von Luthers letzter großen Schrift "Wider das Baps-tum zu Rom vom Teufell gestifft" (1545) ist mir aufgefallen, wie verhältnis-mäßig viel dieser letzte Luther über sich selbst und sein Werk zu sagen hat. Ich habe mir daraufhin alle seine deutschen Schriften und Briefe des Jahres 1545 und des Januar und Februar 1546 angesehen, und mich will dünken, daß das Gefundene der Zusammenstellung wert ist. Jeder Lutherforscher wird ohne weiteres zugeben, daß wir über den älteren Luther seit dem Bauernkrieg oder jedenfalls nach Augsburg längst nicht so im Bilde sind wie über den jüngeren Luther. Vielleicht darf man sogar behaupten, daß schon der Luther nach Worms einigermaßen im Schatten des jüngeren Titanen steht. Überhaupt wäre zu sagen, daß die Erforschung des alten Luther immer noch ziemlich in den Anfängen steckt. Verglichen mit unserem heutigen Wissen über den *jungen* Luther ist unser Bild vom *alten* Luther dürftig und recht unbefriedigend, in jedem Sinne Stückwerk. Bei diesem Stande der Erforschung der Welt des alten Luther dürfte somit der gegenwärtige Versuch nicht völlig überflüssig sein. Mich jedenfalls hat das, was der mehr als sechzigjährige über sich selbst und sein Werk verrät, außerordentlich fasziniert. Vielleicht sollte ich noch vorausschicken, daß ich mich auf die *Schriften* und *Briefe* beschränke, also die von anderen redigierten *Predigten* und *Tischreden* nicht berücksichtige, um so auf Grund definitiv ge-nuiner Lutherworte einigen letzten Spuren des Reformators nachzugehen.

Zunächst ist es sicher wertvoll, sich einmal zu vergegenwärtigen, auf welche *Ereignisse* in seinem Leben der alte Mann überhaupt zu sprechen kommt. Was sah er als wichtig genug an, um es in für damalige Verhältnisse hohen Jahren zur Sprache zu bringen. Daß dies nicht notwendig das Wichtigste von *unserem* Standpunkte zu sein braucht, liegt auf der Hand, vor allem weil fast alles, was Luther geschrieben hat, somit auch die Aufzeichnungen der Jahre 1545 und 1546, aus besonderen Anlässen geschrieben ist, wie Herder als erster richtig gesehen hat: d.h. eine reine, zweckfreie Selbstschau, wie wir sie etwa von Nietz-sche oder Goethe besitzen, haben wir von Luthers Hand nicht. Dazu war er, wie er bis in die letzten Tage hinein klagt, stets zu überlastet. Bei dem Mangel einer *über* den Dingen stehenden *Apologia generalis pro vita sua*, heißt es also wohl oder übel vorliebnehmen mit den Brocken, die von des Meisters Tische gefallen sind. Um solche Brocken handelt es sich auch lediglich bei den Selbstäußerungen des letzten Jahres. Aber noch diese Brocken sind *so* aufschlußreich, daß mein Entschluß, sie einmal zusammenzutragen, vielleicht auch von anderen gebilligt werden dürfte.

Das Früheste, auf das Luther im letzten Lebensjahre in den deutschen Schriften und Briefen zu sprechen kommt, ist *vor*reformatorischen Datums, allerdings
immerhin aus einer Zeit, zu der er selber schon dem päpstlichen Verkauf von
Privilegien und Immunitäten (WA 54, 269, 35) einigermaßen kritisch und miß-
trauisch gegenübergestanden hätte. Luther redet hier von der römischen Feil-
haltung der "Botterbrieve, Eyerbrieve, Milchbrieve, Kesebrieve, Fleischbrieve,
Ablasbrieve, Messebrieve, Ehebrieve," (WA 54, 269, 32f.). Dies alles hätte seitens vieler keinen rechten Glauben gefunden, wie hohe Geldsummen sie dennoch dafür bezahlt hätten: "ich [habe] der[er] viel gesehen ... die auff solchen
kauff und losgeben des Bapsts nicht hetten gebawet, wenn sie auch die Welt
solten verdienet haben" (WA 54, 270, 10ff.), d.h. wenn sie auch mit unendli-
chen Zahlungen erworben wären (270, Fußnote 2). Das Interessanteste an diesem vorreformatorischen Zweifel an der Berechtigung des Papstes zu "marckt
und kram . . . in aller Welt," einträglicher als der "marckt zu Venedig oder
Antorff" (269, 30f.), — das Interssanteste daran ist eben, daß der alte Luther
die Behauptung aufstellt, sich denen angeschlossen zu haben, die sich ablehe-
nend dazu äußerten. Die wichtigen Worte lauten: *"Bin selbs auch einer gewest"*
(270, 10). Luther besteht also in seinem letzten Lebensjahr darauf, früh an
päpstlichen Ablaßeinrichtungen Kritik geübt zu haben, längst ehe er das Wort
ergriff und sein historisches "Nein" aussprach. Leider geht Luther, der dies
eben nur im Vorübergehen erwähnt, nicht näher auf den Zeitpunkt seiner
Frühkritik ein. Wir müssen sie also unbestimmt im vorreformatorischen Raum
lassen, wie gern wir sie auch zeitlich näher festlegen möchten.

Die chronologisch nächststehende Reminiszenz, die im Gegensatz zu der
vorhergehenden aber zeitlich ziemlich fest umrissen ist, gehört Luthers mön-
chischer Zeit an. Sie fällt im Zusammenhang mit seiner Befürwortung der Bitte
einer Schwägerin von Johann von Staupnitz, "Margaretha Staupitzin, nachge-
lassene[r] wietfraw," (Briefe 11, 61, 33f.) an den Kurfürsten, ihr, "die von
aller welth verlossen" sei, "von freunden und kindern" (Br. 11, 61,2) "bey-
standt und hulff thun" (61, 3) zu wollen. Luther, an dessen Adresse unzählige
Bitten solcher Art gerichtet wurden, setzte sich für Margarethe von Staupitz
mit warmen Worten ein, obwohl Johann von Staupitz bei der alten Lehre geblieben war und sich von Luther gewandt hatte bis zu dem Schritte, daß er den
Augustinerorden verließ und auf seine alten Tage Benediktiner wurde. Doch
Luther ließ sich jetzt in solcher Notlage diese bittere Enttäuschung nicht anfech-
ten — ihm hatte seinerzeit unendlich viel daran gelegen, daß sein hochverehrter
Dr. Staupitz sich damals zu ihm bekannte, wohl noch mehr als seine alten
Erfurter Lehrer Trutvetter und Usingen — doch Luther ließ die "gute alte
Matron" (67,2) das selbstverständlich nicht entgelten. Im Gegenteil, er fand
herzliche Worte für die "verlassen, alte Widwe" (67,4). Das in unserem gegenwärtigen Zusammenhang Wichtigste ist natürlich, was er über sein *frühes* Verhältnis zu Staupitz (über das spätere verliert er kein Wort) sagt. Dieser Mann
steht so hoch in seinem Gedächtnis, und er verdankt ihm so viel, daß er bereit

ist, – er schreibt dies einundzwanzig Jahre nach Staupitz' Tode (1524) – jedermann zu helfen, der in Staupitz' Namen sich an ihn wendet: "ich erkenne mich schuldig, allen denen zu dienen, welchen ers von mir foddern wurde, wo er itzt hie lebete" (67,8f.). Und warum? Staupitz hat Epoche in seinem Leben gemacht, er impfte gewissermaßen das erste Reis in reformatorischen Dingen, jedenfalls so stellt Luther es jetzt dar: "... doctor Staupitz, welchen ich rhümen mus (wo ich nicht . . . undanckbar . . . sein wil), das er erstlich [d.h.: als erster] mein Vater ynn dieser lere [d.i. der Reformation] gewest ist . . ." (67, 7f.). Wie man sich auch immer zu dem *initium Lutheri reformatoris* stellen mag, wann und wie es geschehen sei, *eines* ist klar: der alte Luther, weniger als ein Jahr vor dem Tode, preist den Generalvikar der Augustiner, um dessen vernehmliches "Ja" zu seiner Lehre er wenigstens so leidenschaftlich gerungen hat wie Nietzsche um des verehrten Jacob Burckhardt Zustimmung. Auf Grund dieser Stelle kommen wir nicht umhin, in Johann Staupitz zum mindesten einen Anreger *Lutheri reformatoris* anerkennen zu müssen.

Die nächste Erinnerung Martin Luthers im letzten Lebensjahr betrifft die folgenreiche, hochwichtige Reise nach Rom. Über das genaue Datum ist sich Luther allerdings selber nicht ganz klar. Er verlegt sie – mit einem Fragezeichen – in das von der Forschung seither ebenfalls angenommene Jahr 1510: "Anno Domini (ist mir recht) 1510 war ich zu Rom" (WA 54, 219, 3). Dort will er Übelstände gesehen haben, die schon damals ernsten Christen großes Ärgernis gaben. Rom, anstatt den Glauben seiner Besucher zu stärken, hätte ihn untergraben. Luther beruft sich dabei zunächst auf Leute, die auch da gewesen seien: "fast alle, die von Rom wider komen, bringen mit sich . . . einen Epicurischen glauben" (WA 54, 219, 31ff.). An diese scharfe, aber zu seiner Zeit nicht ungültige Bemerkung knüpft Luther etwas in Rom Selbstgehörtes: "Und ich selbs zu Rom höret auff den gassen frey reden: Ist eine Helle, so stehet Rom drauff." (WA 54, 219, 34–220, 1). Das war und blieb Luthers feste Überzeugung bis zum Ende, wovon gerade seine letzte große Schrift, der dies Zitat entnommen ist, beredtestes Zeugnis ablegt.

Bei all dieser Kritik hat Luther aber nie vergessen, ganz im Gegenteil immer mit Nachdruck darauf hingewiesen, daß er "im Bapstum" groß geworden sei und auch seine Ausbildung in ihm erhalten habe. Warum Luther das wohl so oft erwähnt? Man müßte einmal die vielen in Frage kommenden Aussagen sammeln und auf den jeweiligen Zusammenhang genau achten, in dem sie fallen. Erstens schien Luther daran zu liegen zu zeigen, daß er voll und ganz aus der anderthalbjahrtausendjährigen Gesamttradition der Kirche stamme. Irgendwie war er wesentlich daran interessiert, bei jeder Gelgenheit zu erinnern, daß auch er aus dem Schoß der Großkirche hervorgegangen war. Zweitens glaube ich, daß er seine volle Berufung, *vor* der Reformation, auf die *lectura in Biblia* gesichert wissen wollte, um vor allem daraus sein Recht, seine Pflicht zur Kritik ebendieser Kirche, die ihm dieses Amt übertragen hatte, herzuleiten. Traditionsverbundenheit und Kritikberechtigung als ein einst voll anerkanntes, hoch angesehenes und früh zu Amt und Würden gekommenes Mitglied dieser Kirche — dies dürften zwei Hauptgründe sein, weshalb Luther immer wieder auf dies Thema zurückkam. So auch wieder oder noch im letzten Jahre seines Lebens: ". . . ich Doctor Martinus . . . bin in des Bapsts schule . . . erzogen und Doctor Theologie [= theologiae] worden" (WA 54, 286, 6f.). Ja, mehr als das, er sei "ein gelerter guter Doctor gerhümet" (286, 7). Luther bekennt frischweg, er sei "auch also gewest" (286, 8), d.h. "ein gelerter guter Doctor." Damit will er natürlich auch dem gegnerischen Vorwurf das Wasser abgraben, als sei er eigentlich nicht recht bekannt gewesen mit der römischen Theologie, als hätte er bei dem Aufbau des eigenen Systems nur so aus dem Stegreif gesprochen. Dagegen behauptet er noch am Lebensende, daß er sehr wohl über die gegnerische Stellung orientiert gewesen sei. Er, Martin Luther, wisse, *woher* er theologisch-geistesgeschichtlich stamme und *warum* er die alte Position, in die er hineingeboren war, verlassen und eine neue bezogen habe, die doch nur die alte, wirklich echte und wahre sei. Die *Gegner* seien die Neuerer, nicht er. Als geschworener Doktor hätte er eben nur den Weg zurück zur wahren *via antiqua* wiedergefunden: ". . . ich Doctor Martinus . . . bin in des Bapsts schule . . . erzogen und Doctor Theologie geworden, Ja ein gelerter Doctor gerhümet, auch also gewest" (286).

Was würden wir nicht geben, wenn Luther sich dazu verstanden hätte, genauer oder überhaupt nur auf irgendeine Weise über sein großes Quinquennium zu sprechen, über die fünf stillen Jahre von 1512 bis 1517 vor dem Ausbruch des Sturms. Darüber hat er aber im letzten Lebensjahr nichts zu sagen. Gerade diese so wichtige Epoche großartigen inneren Wachsens und Reifens, die ihm das unversiegliche Rüstzeug für seine danach einsetzende und nie wieder aufhörende *vita activa et activissima* reichte, bleibt im Dunkeln. Die Jahre von 1512 bis 1517, die eine so große Rolle in der Lutherforschung der ersten Hälfte des 20. Jahrhunderts gespielt haben und voraussichtlich weiter spielen werden, — von diesem grundlegenden Jahrfünft zieht der Alte nicht den Schleier.

Das nächste, worauf er zu sprechen kommt, ist dann das Hauptereignis des Jahres 1517. Er weiß jetzt, wo er in der Geschichte des Papsttums sich gründlich umgesehen hat — des älteren Luther intensive Beschäftigung mit Profansowohl wie mit Kirchengeschichte ist außerordentlich — der Luther von 1545 weiß unendlich mehr über das Historische als der junge Mann von dreiunddreißig, der die geschichtliche Situation, in der er lebte und pflichttreu wirkte, noch gar nicht überschauen konnte. Aus rein religiös-sittlicher Entrüstung griff er 1517 in die unselige Ablaßsache ein, ohne auch nur zu ahnen, was für bedenkliche Geldgeschäfte zwischen der Kurie, dem Erzbischof zu Mainz und den Fuggern dahinter steckten. Die erschreckende Verderbnis der spätmittelalterlichen Kirche hätte er damals sich noch gar nicht in ihrem vollen Ausmaße vorstellen können, ja er würde sie kaum geglaubt haben, wenn man ihm davon gesagt hätte. Sein Protest von 1517 stammte ganz aus dem *hic et nunc*, und selbst dies *hic et nunc* hätte er noch nicht einmal völlig durchschaut. Jetzt aber wisse er um die letzten *finanziellen* Verflechtungen *der* Dinge, die ihn auf den Plan riefen mitten aus den Studien, denen er mit ganzer Seele hingegeben war und die er nur höchst ungern unterbrach.

Eine Kleinigkeit ist es, die Luther jetzt, im Jahre 1545, an die ganze fatale Sache erinnert. In dem langen Sündenregister, das er in seiner letzten Großschrift dem Papsttum vorhält, kommt er auch auf den päpstlichen Verkauf des Palliums an die Kirchenfürsten zu sprechen als auf eine nicht einmal besonders anrüchige Gepflogenheit seiner "Hellischheit" (207, 14; passim). Da fällt ihm ein, daß es ja gerade ein solcher Palliumsverkauf war, der die Reformation vom Zaune brach. Damals sei er sich über diesen Zusammenhang nicht klar gewesen. Damals wußte er nur, daß seine Beichtkinder Ablaßzettel vorwiesen und seiner als ihres Beichtigers nicht weiter zu bedürfen behaupteten. Bei der Erwähnung des Palliums muß er an seine Anfänge denken, wie er eigentlich durch eine solche Palliumssache in die Weltgeschichte eingetreten sei.

Der Zweiundsechzigjährige hat sich im Verlauf seiner mächtigen Letztschrift, in der es nur so sprüht und blitzt und in der der Alte noch einmal seine unerhörte sprachliche Meisterschaft zeigt, in leidenschaftliche Begeisterung hineingeredet: "Sihe, Sihe, wie wallet mein blut und fleisch, wie gern wolt es das Bapstum gestrafft sehen. So doch mein geist wol weis, das keine zeitliche straffe hie zu gnug sey, . . . Der armen Römischen Kirchen und allen Kirchen unter dem Bapstum kan weder geraten noch geholffen werden, das Bapstum und sein Regiment . . . werden denn weg gethan, und ein Rechter Bischoff widerumb zu Rom eingesetzt, der das Euangelion rein und lauter predige oder verschaffe zu predigen, und lasse die Kronen und Königreiche mit frieden, welche jm nicht befolhen sind zu regirn, . . . Und sey ein Bischoff andern Bisschoven gleich, nicht jr Herr, noch jre . . . güter raube, oder mit Pallien . . . beschwere. Man kan wol Bisschoff sein zu Rom und in aller Welt, ob man nicht das Pallium verkeuffe." (WA 54, 292, 20ff.).

Dies ist der Moment, wo Luther seine eigenen, wie er *jetzt* weiß, so eng mit dem *Pallium* verknüpften Anfänge einfallen. Der zweimalige Gebrauch dieses Wortes hat ihn darauf gebracht. So fährt er reminiszierend fort: "Und weil ichs *Pallium* gedencke, mus ich die Historien sagen, was es hat gewirckt. Dieser hadder, der sich zwischen mir und dem Bapst hat erhaben, hub sich uber dem Pallio an. Pallium ist ein henffen oder flechsen faden, gestrickt und gewirkt als ein Creutz, das man hinden und fornn uber die Casel werffen kan, wie die Creutze an den Caseln gemeiniglich sind, ist etwa dreier finger breit, Soll alles und alles bey VI oder VII lawen pfennig oder eins schwert grosschens werd sein, so köstlich ding ists. Solche segenet der Bapst auff dem Altar zu Rom, . . . Darnach verkeuffet ers den Bisschofen, einem höher denn dem andern, darnach die Bistum gros und reich sind. Vorzeiten gabens die Bepste umbsonst . . . Hernach haben sie . . . geld darauffgelegt . . . Nu sagt man, das Pallium zu Mentz koste 26 000 gülden, So theur ist der hanffaden zu Rom. Etlich meinen, man bringes nicht unter 30 000 gülden von Rom. Solch Pallium kondte der Bischoff nicht bezalen. Da lies er mit dem ablas etliche Beuteldrescher ausgehen, der leute geld zu erheben, das nicht sein war, Die machtens so grob, das ich dawider muste predigen und schreiben. Also hat sich das spiel gehaben uber einem henffen faden." (WA 54, 293, 18ff.)

Das nächste große Ereignis, auf das Luther aber nur ganz kurz zu sprechen kommt, ist der Reichstag zu Worms, vier Jahre nach den 95 Thesen. Dieser Höhepunkt seines Auftretens durfte gewiß nicht fehlen in einer Schlußselbstschau. Dazu hatte dies europäische Ereignis viel zu sehr Epoche gemacht, in seinem eigenen Leben wie im Leben der Nation und des Imperiums, als daß nicht jedenfalls im Vorübergehen darauf hingewiesen würde. Durch sein ganzes breites Schrifttum ziehen sich Bemerkungen der Art, daß er den Mächtigsten der Welt gegenüber gestanden habe, ohne sich zum Widerruf bringen zu lassen. Noch 1545 faßt er sein Wormser Auftreten knapp zusammen: "Es gehet nu in das vier und zwentzigst Jar, das zu Worms der erst Reichstag unter . . . Keiser Carolo gehalten ward." Diesem einleitenden Satz schließt sich dann der stolze Hinweis auf seine eigene Rolle dabei an: "Daselbs ich auch persönlich für dem keiser und gantzen Reich stund" (WA 54, 207, 31ff.). Gerade in der grandiosen, schier irreduziblen Kürze der Formulierung liegt die elementare Wucht dieser Aussage: "Daselbs ich auch persönlich für dem keiser und gantzen Reich stund."

Noch knapper ist die letzte Erwähnung eines weiteren großen Ereignisses der Geschichte, an dem er beteiligt war: "unser Confessio anno XXX zu Augspurg für dem Keiser und gantzem Reich" (WA 54, 288, 5f.). Man beachte den Übergang vom *ich* der vorhergehenden Reminiszenzen zum *unser* dieser letzten. Darin liegt ein gut Stück Stolz: ich habe Anhänger gefunden! Das, was ich in der einsamen Mönchszelle errungen und im Hörsaal und von der Kanzel verkündet habe, das hat Widerhall gefunden. Mein Geist, wie es in einer früheren Schrift heißt, hat sich etwas beweiset! Aus diesem beglückenden *"unser"* hört man einen tiefen Stolz.

Diese Feststellung des lutherschen Stolzes (den er selber des öfteren mit dem paulinischen verglichen hat) führt uns fast von selbst zum Hauptteil dieser Darstellung der Selbstschau des letzten Luther. Was hat der müde alte Reformator, nach den bestimmten historischen Reminiszenzen von 1510, 1517, 1521 und 1530, über *seine Gesamtleistung als denkender und handelnder Mensch* zu sagen? Man muß nämlich Denken und Handeln bei Luther zusammennehmen, was an und für sich schon eine große Leistung im deutschen Raum ist, ist doch Luther einer der wenigen überragenden Deutschen, bei denen der Faden zwischen Denken und Handeln und Handeln und Denken nicht zerrissen war.

Wie sieht dieser Ausnahmedeutsche die eigene Leistung, die Summe der eigenen Leistung am Ende? Jeder Lutherleser weiß von den schwermütigen Anwandlungen des Alternden, wie er mehr als einmal es fast bedauerte und bereute, seinen Deutschen, denen er doch von Herzen zugetan war, die christliche Freiheit nach ihrer langen römischen Gefangenschaft gebracht zu haben. Es lag ihm schwer auf der Seele, daß der Einfluß der neuen Lehre auf das Leben doch recht gering zu sein schien, ja daß oft es tatsächlich eher schlimmer als besser geworden sei. Bedenken dieser Art ließen ihn schon lange nicht mehr los. So ist es denn kein Wunder, wenn der alte Doktor mit einiger Skepsis auf die Lebensarbeit zurücksah. Bis in sein allerletztes Jahr hinein dauerten *diese* Anfechtungen, die manchmal kaum weniger mitnehmend waren als die spezifisch religiösen, denen er ja auch bis zum Schluß ausgesetzt war, denn die Vorstellung von einem verknöcherten, in massiver religiöser Sicherheit dahinlebenden alten Luther ist genau so wenig zutreffend wie die vom vermeintlichen Olympier Goethe.

Was bleibt? Diese Frage hat der letzte Luther sich ernstlich vorgelegt. Das Große an seiner Antwort ist, daß er sich nichts vormacht. Er sieht der wirklichen Lage nüchtern ins Auge. Was er sieht, soweit der Blick reicht, ist alles andere als befriedigend. Die *Masse* Christen*mensch* hat sich seinem wirklichen Wollen entzogen. Darüber ist er sich jetzt, wo es zu Ende geht, völlig klar. Er drückt es so aus: "Der . . . hauffe gehet den weyten weg zur hellen, den konen wyr nycht halten" (Briefe 11, 160, 2f., 3. Aug. 1545). Das einzige, was ihn bei diesem niederschlagenden Sachverhalt zu trösten scheint, ist der Blick auf die Geschichte: "Elias muste sieben tausend lassen from seyn vnter dem gantzen volck Israhel, des wohl vber zehen hundert tausend waren" (*ibid.*). Das wären, wenn wir Luther beim Worte nehmen, 0,7%! Wahrlich das, was Luther an dieser Stelle einen *grex pusillus* nennt. Zwischen den Zeilen ist natürlich zu lesen, daß der junge Stürmer und Dränger unendlich mehr erwartet hatte. Aber er hatte im weiteren Studium der Geschichte und bei größerem Nachdenken einsehen gelernt, wie schmerzlich diese bittere Einsicht auch war, daß er nie hätte viel mehr erwarten dürfen. Der ganze Blick auf Erfolg sei verfehlt gewesen. Dennoch wollte etwas in ihm nie schweigen, das auf mehr Wirkung gerechnet hatte.

Angesichts solcher erschütternden Tatsachen, daß es auf lutherischer Seite kaum besser aussah als auf der römisch gebliebenen, mußte sich Luther auf einen anderen Grund stellen, um das Haupt nicht in Sack und Asche verhüllen zu müssen. Er reckt sich denn auch zu seiner ganzen Größe empor, wenn er darauf besteht, daß ihm dennoch etwas Ungeheures gelungen sei. Ihm sei sogar die *Hauptsache* gelungen, ohne die jeder andere Erfolg letztlich auf schwachen Füßen stünde. Er habe *das Fundament* restauriert. Er habe die *Lehre* gereinigt und in ihrem unverdunkelten Glanze wiederhergestellt. Er habe die *fons et origo* der lauteren Wahrheit wieder freigelegt. Er habe die *Möglichkeit* zu *wahrhaft* sittlichem Leben wiederentdeckt nach jahrhundertelangem Vergrabensein. Luther ist überzeugt — und von dieser Überzeugung läßt er sich nichts rauben bis zum letzten Atemzuge —, die *differentia specifica* des Christentums von den anderen Religionen wieder an das Licht des Tages gebracht zu haben. Man möchte fast den Titel eines Hauptwerkes der französischen Romantik zitieren: Luther ist der Meinung, *le génie du Christianisme*, natürlich in ganz anderm Sinn als Chateaubriand es meinte, wiedergefunden zu haben.

Dies ist nicht der Ort, auf diese Überzeugung Luthers näher einzugehen. Was uns *hier* lediglich interessiert, ist die *Selbsteinschätzung* der Lebensleistung seitens des ältesten Luther. Dieser bekennt stolz und selbstbewußt: Bei aller weithin unbefriedigenden Gestaltung des Lebens — das seinige eingeschlossen —, in dem, worauf es ankommt, sei die neue Kirche voran. Oder, um Luther zu zitieren: "Ein vorteil haben wir, ders thut, nemlich: Gottes wort haben wir, . . . rein und lauter" (WA 54, 405, 1f.). In der Grundlage fühlt sich Luther, der sonst *so* desillusionierte, als unüberwundener und unüberwindlicher Meister. Wo die Basis recht ist, da würden sich *Leben* und *sittliche Existenz bis zu einem gewissen Punkte* doch noch bessern. Eines ist ihm klar: "Es ist *alles* umb die *Lere* zu thun" (WA 54, 405, 33). An diesen Fundamentalsatz des letzten Luther schließt sich ein gewaltiger, leidenschaftlich hervorgebrachter Passus, der an die herrlichsten, den Sinn des ganzen Luther auf knappstem Raume zusammenfassenden Stellen seines Gesamtschrifttums erinnert. Wer das Folgende wirklich erfaßt in seiner großartigen Summierung, der versteht die innere Logik des Gedankenbaus genuin lutherscher Weltanschauung: "Es ist alles umb die Lere zu thun. Wo die recht ist, So ist alles recht, Glaube, Werck, Leben, Leiden, gute und böse tage, essen, trincken, hungern, dursten, schlaffen, wachen, gehen, stehen etc. Wo die Lere nicht recht ist, da ists umbsonst, alles verlorn, und alles gentzlich verdampt, Werck, leben, Leiden, fasten, beten, almosen, kappen, platten, Und was der Bepstlichen Kirchen heiligkeit mehr ist." (WA 54, 405— 406) Bei dieser schier unwiderstehlich hervorquellenden Aneinanderreihung von Worten, deren jedes einzelne eine separate Abhandlung erforderte — so prägnant sind alle in ihrer bloßen Andeutung — bei diesem ununterdrücklichen Heraussprudeln einer Welt von Ideen, fühlt man sich unwillkürlich an eine ähnliche, auch aus größter innerer Anteilnahme fließende Aufzählung erinnert, die in der hinreißenden Jugendschrift "Von der Freiheit eines Christenmenschen" an markanter Stelle steht. Die große Frage, was die Seele alles am Worte Gottes habe, außer dem es kein ander Ding gäbe, weder im Himmel noch auf Erden, darin sie lebe, — diese Luther allezeit zutiefst bewegende Frage hatte er vor einem Vierteljahrhundert *so* beantwortet, in glänzender, den Leser mitreißender Sprache, die heute noch so herrlich klingt als wie am ersten Tag: "So mussen wir nu gewiss seyn, das die seele kan allis dings emperen on des worts gottis, und on das wort gottis ist yhr mit keynem ding beholffen. Wo sie aber das wort hatt, sso . . . hat sie in dem wort gnugde, speiss, freud, frid, licht, kunst, gerechtickeyt, warheyt, freyheit und allis gutt überschwenglich." (WA 7, 22, 9ff.) Diese innere Lebendigkeit der Darstellung, die aus immer in Staunen versetzender Erlebnisfähigkeit stammt, hat sich der letzte Luther bewahrt. In ihm brausts und sprudelts bis ans Ende. Da ist von Vergreisung nichts zu spüren, da hat sich nichts zum Starren gewaffnet. Der "alte feiste Doktor," wie er sich selbstironisierend nennen kann, ist immer noch der Ergriffene, der tief das Ungeheure fühlt, der nie mit dem Phänomen der *fides* fertig geworden ist.

Doch — hart im Raume stoßen sich die Sachen. Der wunderbare Passus über die reine Lehre, deren volle Wiederherstellung seine Hauptleistung sei, wenn es nun schon einmal aufs Loben ankomme — diese Worte innerer Fülle stehen in nächster Nachbarschaft zu der erschütterndsten, bitteren Anklage der unerquicklichen sittlichen, will sagen *un*sittlichen Wirklichkeit. Luther redet hier *nicht* über die Gegner, er redet über das eigene Lager, über Menschen, die zu seiner Partei gehören. Die Vielen, Allzuvielen nehmen Lehre und Wort ja gar nicht ernst und "erzeigen sich undanckbar gnug" (WA 54, 404,26). Und nun folgt ein Katalog der Laster, ein Register der Sünden, ein furchtbares *j'accuse* der eigenen Umwelt, die er hat heraufführen helfen, die er allein heraufgeführt hat. Luther graut es vor den Kräften, die er entbunden, die er nie entbinden wollen: "So ist der Geitz und Wucher solch ein dicker, fetter, herrlicher grosser Gott, das man auch hört, wie Hirten und geringer leute, wenn sie eine summa gelts, funffzig oder hundert gulden, haben, flux damit in den handel lauffen, und XV, XX floren gewin suchen und nemen. On was noch die klage ist uber die Handwercker, uber die Werckleute, uber Gesinde und Nachbar, Bawr und Burger, da man nichts sihet denn eitel mutwillen auffs höhest gestiegen, Schinden, Schetzen [= bewuchern], Ubersetzen [= übervorteilen], Stelen, Teuschen, Triegen und Liegen, Das wol zu wundern ist, wie uns die Erde noch tregt." (WA 54, 404, 27–35)

Der alte Luther ist ergrimmt, er kann es eigentlich nicht fassen, daß die Welt Welt geblieben ist, daß er sie *nicht* aus den Angeln gehoben hat, daß sich tatsächlich *nichts* im Praktisch-Alltäglichen durch ihn geändert hat. Er ist zutiefst verwundet, daß das Menschlich-Allzumenschliche um ihn her seinen ungestörten Gang nimmt, als wäre nichts geschehen, als wäre dem Volke, das in Finsternis saß, nicht ein wunderbares Licht erschienen. Einige wenige hatten den Glanz gesehen, die Masse war gleich wieder zur Tagesordnung übergegangen. Diese Einsicht gehört zu den erschütterndsten, der sich der alte Luther nicht mehr verschließen durfte und auch nicht verschloß. In seiner letzten Selbstschau spielt sie darum auch eine so große Rolle.

In seinem lieben Wittenberg, dem er so zugetan war wie Wagners Hans Sachs seinem lieben Nürnberg, fand er Zustände, die ihn derartig empörten, daß der alte bis auf den Tod kranke Mann, ein halbes Jahr vor dem Sterben, die Stadt, in der er seit langem ansässig geworden, die mit seinem Namen auf das engste verknüpft war, die fast ihm allein ihren Weltruhm verdankt, – daß der alte Mann ihr den Rücken kehren will. Von Zeitz aus schreibt er an seine Frau einen seiner bewegendsten Briefe. Wie muß es in Luther ausgesehen haben, der sonst in allen persönlichen Dingen das Herz nie auf der Hand trug, daß er entschlossen war, die letzte Lebenszeit nicht mehr in seiner in mehr als dreißig Jahren zur Heimat gewordenen Stadt verbringen zu wollen: "Ich wolts gern so machen, Das ich nicht durfft wider gen Wittenberg komen. Mein Hertz ist erkaltet, Das ich nicht gern mehr da bin." Luther will alle Zelte in Wittenberg abbrechen: "Wolt auch, das du verkauffest garten und hufe, haus und hof, so wolt ich m. g^{ten} herrn das grosse haus wider schencken, . . . Nur weg und fort aus dieser Sodoma . . . ich bin der Stad mude und wil nicht widerkomen, . . . ich will . . . vmb her schweiffen, und ehe das Bettelbrot essen, ehe ich mein arm,

alte letzte Tage mit dem vnordigen wesen zu Wittemberg martern und verun-
rugigen wil." (Briefe 11, 149–50)

In Wittenberg und Torgau, wo der Kurfürst Johann Friedrich weilte, brach
große Bestürzung aus, als man von Luthers drohendem Wegzuge hörte. Der kur-
fürstliche Leibarzt Ratzeberger wurde sofort beauftragt, den Alten zu besänf-
tigen und zur Rückkehr zu bewegen. Luther wurde in Merseburg, wohin er von
Zeitz gefahren war, "die Abstellung sittlicher Mißstände zugesagt," und zwar
"nomine Ecclesiae et Rei publicae" (Briefe 11, 149). Jedermann beeilte sich,
Luther zu versichern, daß "alle dazu helfen wollen, daß solch Aergernis abge-
stellt werden soll" (160). Johann Friedrich schrieb ihm umgehend, er hätte zu
seiner Trauer gehört, 'Als solt euch zu Wittemberg allerlei beschweren, Darumb
Ir daselbst hinfort nicht gern soltet sein wollen" (Briefe 11, 162, 26ff.). Solche
Nachricht habe er, Johann Friedrich, "In warheit In rechtem bekummernuss
. . . vornehmen." Luther wurde zum Kurfürsten nach Torgau eingeladen, welche
Einladung er endlich annahm, nachdem er zuvor noch länger in Merseburg ge-
weilt und in Halle und Leipzig gepredigt hatte. Erst am 18. August, an die
drei Wochen seit seinem Drohbriefe, traf er wieder in Wittenberg ein, zur unend-
lichen Beruhigung der Gemüter.

Ich habe diese letzte Krise verhälnismäßig eingehend dargestellt, um Luthers
tiefen Schmerz über die Nichtbeeinflussung des Lebens durch seine Lehre zum
Ausdruck zu bringen. So überzeugt er war, daß seine Lehre recht sei, so sehr
störte es ihn, daß ein gar zu großer Abstand zwischen Lehre und Leben zu ver-
zeichnen war. Um der Wichtigkeit der Sache willen muß betont werden, daß
der alte Luther keine sittliche Vollkommenheit erwartete. Er hatte einen viel
zu tiefen Blick in das menschliche Herz getan, um auch nur daran zu denken.
Eins seiner Lieblingszitate aus dem Psalter, das er nie müde wird anzubringen,
lautet: *Omnis homo mendax*. Er drückt es im letzten Lebensjahr so aus, daß
menschliches *Leben* einfach nicht "so heilig, rein und lauter" (WA 54, 405, 4)
sei als die *Lehre*, die er wiederhergestellt habe. Mit lapidaren Worten, die an
Klarheit nicht zu wünschen übrig lassen, sagt er das: "welchs ist unmüglich"
(WA 54, 405, 4f.). Aber – und dies ist der springende Punkt – zwischen der
von ihm voll und ganz anerkannten Unmöglichkeit einer vollständigen Ent-
sprechung von Lehre und Leben und der auch in lutherischen Landen herrschenden Zuchtlosigkeit besteht doch eine gar zu große Kluft. Luther glaubt
fest an eine relative Meisterung des Lebens, an eine in jedem menschlichen Sinne
annehmbare sittliche Führung, die zu erreichen, um die jedenfalls sich zu bemühen ihm eine unerläßliche Forderung an die Menschen ist. Er für seine Person
sei es zufrieden, wenn menschliches Leben der Lehre nur "als nah und so ferne
es sein solte und köndte" (WA 54, 405, 5) entspräche. Er bleibt aber bei seiner
Grundüberzeugung, daß der Glaube, wenn er recht und rein ist, "*kan* nicht
sein on früchte und gute Werck." Was aber in Wittenberg und sonstwo vor sich
geht, ist eben das Resultat wesentlicher Glaubenslosigkeit. Das enge Band zwischen echtem Glauben und dem *mit Notwendigkeit* daraus folgenden guten

Leben hat Luther nie aufgegeben. Er hat nie bezweifelt, daß der wahre Glaube ein "eitel geschäftig" Ding sei, wie er es schon vor Jahrzehnten formuliert hatte. Die neue Gefahr, die er heraufkommen sieht, ja deren Ankunft er schon miterlebt hat, ist der Zusammenbruch der *fides* selber, woraus dann natürlich — für die *Masse*, die keinen anderen Halt hätte — das virtuelle Aufgeben der *bona opera* folge. In solcher Sicht der Dinge tritt selbst "der alte Heide" Aristoteles wieder als Semibundesgenosse auf, nur daß dieser eben als Philosoph kaum in den Gesichtskreis der breiten Menge trete. Die Säkularisierung Europas, die vor Luther begonnen, der Rom selber die Tore weit geöffnet hatte und die Luther ja nur zeitweilig zum Stehen gebracht hat, wie Nietzsche ihm grollend zugestehen mußte — diese historische Säkularisierung, im grob materiellen sowohl wie im feinen Sinne des Wortes, brach herein, noch ehe Luther sich ins Grab legte. Die Ironie der Geschichte ist dabei, daß dieselbe römische Kirche, die zu seinen Lebzeiten so grenzenlos verweltlicht war, daß Luthers großer Protest immer zurecht bestehen wird, sich auf ihr eigentliches Wesen besann und ihre eigene Reformation noch im 16. Jahrhundert in die Wege leitete. Vielleicht ist sogar die restaurierte, auf ihre Art reformierte römische Kirche, deren Regeneration ohne Luthers Reformation wohl nicht so schnell und energisch eingetreten wäre, Luthers *größte* Leistung oder, wenn das zuviel gesagt ist, — und es *ist* zuviel gesagt — seine *zweit*größte Leistung, sodaß Nietzsche meinen konnte, Rom hätte allen Grund, Martin Luther Denkmal über Denkmal zu setzen!

Mit der ergreifenden Klage also, daß die von ihm geschaffene Welt aus den Fugen gegangen sei, geht das Leben Luthers auf die Neige. Er ist schwerkrank, bis auf den Tod müde, und schleppt sich nur noch so durch die letzten Tage, durch "sein letztes Leben," wie er sich ausdrückt. Einen Monat vor dem Ende klagt er, wenn ich aus einem lateinischen Brief vom 17. Januar 1546 noch zitieren darf, er sei "senex, decrepitus, piger, fessus, frigidus, ac iam monoculus" (Briefe 11, 263), bemühe sich aber mit letzter Kraft seine zahllosen Pflichten zu erfüllen: "Quasi nunquam egerim, scripserim, dixerim, fecerim, ita obruor scribendis, dicendis, agendis, faciendis rebus" (Briefe 11, 264–4). Der dies schreibt, ist in täglicher Erwartung des Endes. Man lasse ihm aber keine Ruhe zur wirklichen Arbeit, zu seiner Streitschrift gegen die Pariser und Löwener Theologen. Allerlei Allotria bringe man ihm. Selten ist der Wunsch nach dem *procul negotiis*, um wirklich arbeiten zu können, sehnsüchtiger ausgesprochen als von Luther weniger als vier Wochen vor dem Tode: "Dies breves et negotia tardant mihi opus" (Briefe 11, 266,22) — *negotia*, das sind die Fratzen des täglichen Lebens, wie sie der alte Goethe von sich fernzuhalten suchte, als er den zweiten Faust abzuschließen bemüht war.

Im vergeblichen Ringen um wahre Muße, um eine nietzschisch gesehene Muße, die ja nur Zeit zur Freiarbeit ist, verebbten die letzten Tage. Doch *negotia* führten den Sterbenden noch in seine Geburtsstadt Eisleben, um einen Streit der Grafen von Mansfeld zu schlichten, mitten im härtesten Winter. Von dieser aus Pflichtgefühl und Liebe zu seinem "Vaterland," (Briefe 11, 287,27), im alten Sinn dieses Wortes, – von dieser gegen alle ärztliche Warnung angetretenen Reise, die ihren Zweck denn auch erreichte, kehrt er nicht mehr als Lebender nach Wittenberg zurück. *Sic transiit* "Martinus LutheR D.", wie er seinen letzten Brief vom 7. Februar 1546 unterschrieb. Ganz in der Frühe des 18. Februar war es dann vorbei – vorbei? Doch wohl nur, wenn Mephisto recht haben sollte.

Despite the immense scholarly work done on Luther for more than four hundred years, there are still major lacunae in our knowledge of the man. Among these, few are more regrettable than our altogether inadequate picture of the aging Luther. With all our intensive study of the younger Luther, we have tended to neglect the Reformer's ideas – especially the more personal and intimate ones – in the last years of his rich life, when his thinking on fundamental problems of human existence achieved ever greater depth and clarity.

In view of the vastness of the sources available to us, including, besides the writings published by himself, those university lectures and sermons edited by his friends, his extensive correspondence, the *Table Talk*, and important book inscriptions, it may be expedient to limit ourselves for the purposes of an essay to the writings of a single year. I have chosen to have a closer look at Luther at the age of sixty, from November 10, 1543, to November 9, 1544, to be quite exact.

Besides restricting myself to one year in the life of the old Luther, I have selected for this examination only one of the innumerable ideas found on nearly every page of his works: the aging Reformer's view of the non-Christian life.

Sexagenarian Luther, Christian thinker *par excellence*, unflinchingly faced the problem of the non–Christian life and profoundly analyzed its nature. Though himself decidedly in the camp of Christian orthodoxy, Luther was keenly if not painfully aware of the large and, in its best representatives, rather impressive world of non-Christians living *before, during*, and in all probability, *after* his own time. But Luther was not merely fully and constantly aware of these "outsiders"; he also felt their very existence to be a personal problem both irritating and challenging, and, since he knew that some of these non-Christians were among the finest and noblest of people, their existence constituted one of his major temptations – a deeply disturbing and upsetting *Anfechtung*. It should not be forgotten that Luther the bulwark, the mighty fortress, of Christian faith, was at the same time increasingly troubled by an ever-active and ever-challenging *anti-Luther* anxiously and irrepressibly stirring within his own breast. An essay on Luther's view of the non-Christian life has to come to terms early with the anguished cry of

Zwei Seelen wohnen, ach, in meiner Brust

emanating from Luther's lips as from the lips of Goethe's Faust, eben though the nature of the conflict was different.

How does the old Luther, much more complex in his intellectual make-up than is sometimes realized, respond to the undeniable fact of living in a world only a part of which is Christian in any sense, and an even smaller part "Lutheran," *i.e.*, Christian in his sense? To begin with, he has few if any illusions left about the state of the world, the world which he knew so well from long and close personal observation as well as from his wide reading of both sacred and secular literature. He quite realized that the world had once been non-Christian and that much of it still was and probably would remain so. It goes without saying that Luther regrets this "fact" immensely. He is particularly unhappy because of the greatly disappointing situation in his own time and place. His hopes for genuine re-Christianization had run high earlier in his career, but the advancing years had brought disappointment upon disappointment concerning the state of things in general and even within the Christian church, the new no less than the old. The world in which he was destined to live out his life paid little more than lip service to the Christian religion while becoming increasingly non-Christian in thought, word, and deed. In short, Luther was sadly aware that in a still nominally Christian world he was literally surrounded by rampant paganism on all levels of Western society.

Luther cannot easily be accused of oversimplifying the picture so far as the paganism of his environment was concerned. He realized it ran the whole gamut from the sternest Stoicism through the most refined Epicureanism all the way down to the coarsest materialism, practiced alike by prince and peasant, by burgher and beggar.

In view of the Reformer's close observation of, and deep concern about, the world in which he lived, as well as his extensive knowledge of the past and his realistic assessment of the probable future, it is of more than passing interest to examine the whole picture of the non-Christian way of life as it presented itself to the aging Luther, the major figure of sixteenth-century Christianity.

Before discussing the details of this picture we should take a preliminary look at the old Luther's fundamental thinking about the human situation as a whole. What is the condition of man, *i.e.*, the condition of pre, extra-, and, for that matter, post-Christian man so far as Luther was willing and able to project the last category?

Luther has a down-to-earth, utterly realistic view of human life as such, that is to say, as lived outside the framework of Christian revelation. Non-Christian man lives in complete darkness as to both his origin and his destiny. Even the wisest and most learned, Luther feels, do not know whence man comes and whither he goes. While there is no dearth of theories on these ultimate questions, they are just theories and do not provide definite or reliable information, certainly not the kind which Luther craved and which he found in Christian revelation.

This fact has troubled many a serious thinker since Luther. Readers of Schopenhauer need not be reminded of this philosopher's relentless analysis of the nature of human life, with its untold misery, from which art alone allows man to escape momentarily, only to return him to his normal state of malaise. Even Albert Schweitzer, a man with some claim to taking Christian precepts seriously, was deeply disturbed by the unfathomable mystery of existence and the prevalence of suffering: "daß die Welt unerklärlich geheimnisvoll und voller Leid ist" (*Aus meinem Leben und Denken* [Leipzig, 1932]. p. 189). Luther fully knew the inner agony caused by this ignorance of the meaning of life. Even when man has succeeded in making some sort of peace with life as it is, there remains at the bottom of his heart, Luther is convinced, a restlessness and melancholy because of the apparently insoluble enigma of human existence on this earth. Luther, widely read in ancient and contemporaneous authors, was painfully conscious of the basic human plight.

The ultimate fact of life for Luther as a late medieval man was surely the inevitability of death. Death, as Luther deeply experienced it, is the inexorable end of the tragedy of natural human life. Natural man's incessant effort to prolong human life in one way or another, by physical medicine or by sophisticated philosophy, and his total failure to overcome death reveal both his powerful desire for continuing life and his manifest inability to achieve this aim. Luther minces no words in setting forth the inexorable lot of natural man: The non-Christian, in his sober thinking, has no way of escaping death. As a graduate of a distinguished medieval university and as a lifelong student of the classics, Luther is of course very much aware that certain ancient philosophers, especially Socrates, Plato, Cicero, and others, taught the immortality of the soul.[1] But he rather doubts that these pagan authors ultimately and constantly believed their own assertions or that they succeeded in convincing others. He also points out emphatically that none of these writers believed in the resurrection of the body, which, they assumed, dies without the slightest hope of immortality. When questioned about the fate of the body after death, philosophers, Luther maintains, have no answer whatsoever: *da ist niemand daheim.* [2]

Man therefore lives out his days of sorrow and affliction in utter darkness as to the why, whence, and whither of existence. To Luther, man's pain over his fundamental ignorance of the meaning of life is very real and permanent. Even if man thinks he has made some sort of truce with the human condition, there always remain with him a gnawing dissatisfaction, never to be completely silenced, and an enduring unhappiness about the insoluble enigma of existence, ending as it inevitably does in still more mysterious death.

As the old Luther looks at history and at the world in which he himself lives, he finds two principal reactions to life on the part of non-Christians. There is first of all the very large contingent of people who have decided to make the best of what they hold to be a bad bargain. While life lasts they will eat, drink, and be merry. The second, much smaller, group is made up of the ethically sensitive, who are determined to live sternly and responsibly even though they too ultimately live without metaphysical guarantees and support, without hope of heavenly reward. No matter how unruffled their outward appearance, no matter how bold a front they put up, they actually live lives of quiet or not-so-quiet desperation. Let us look at both groups more closely as the aging Luther presents them on the basis of his wide reading and close observation.

The first group, regrettably made up of the majority of men and women, Luther was in the habit of calling Epicureans, using the word of course in the medieval sense. These range from the coarsest and crudest to the most refined and elegant enjoyers of the "good" things of life. They are found in all strata of society, from emperors, kings, and princes via burghers, patricians, and plebeians, down to peasants and the very poor, not excluding beggars. Luther does not spare anybody's feelings when it is a question of describing the life of the mighty of this earth. Just as in the Peasant War and its aftermath he excoriated the princes along with the peasants, so in his old age he does not hesitate to include the *Fürsten und grossen Hansen* along with the rabble (*der grosse Haufe*) as indulging in *ein Sauleben*.[3] The world is overrun with people who live more or less like pigs: *porcina vita*.[4] They overeat, overdrink, and overindulge in sex. Luther realizes that these vices usually recede as old age overtakes people. But he has observed that the great vice of miserliness does not diminish with the years but rather remains — if it does not indeed grow — till death finally removes man from the scene of all these deplorable activities.

Besides these coarse vices there is an overabundance of pride and arrogance everywhere. There is first of all what he calls *Frauen- und Narrenstolz*,[5] which he defines as excessive delight in beauty and youth, two qualities that do not last long, being "stuff that won't endure." To this is added what Luther chooses to term *Bauernhoffahrt*,[5] by which he means inordinate pride in money, possessions in general, power, and the like.

Though Luther is infinitely sad over the happy-go-lucky behavior of most of humanity, never failing to admonish people to amend their lives, he leaves this unending task primarily to the dedicated preachers of morality who, fortunately, abound in any age, his own included. Luther is actually more deeply troubled by the small minority who strive for the good life as seen and recommended by Aristotle, Cicero, Seneca, the best Jews, the best "papists," and the left wing of the Reformation, all of whom he regards as basically "non-Christian." Not that Luther is wholly unimpressed or unmoved by the very real efforts of these *paucissimi*, but he is unable and altogether unwilling to give them any kind of "Christian" status. Differing fundamentally from Zwingli and other humanist reformers, he claims that all of them are essentially and ultimately outside authentic Christian existence. He even regards them as a very subtle, because largely unrecognized, menace to the true Christian estate.

But while severely criticizing this tiny minority, Luther pays them the compliment of admitting that they are sincerely concerned with the attainment of justice and wisdom. They are at least trying and, by implication, even partially succeeding in living an upright life so far as their follow men can judge. They *are*

44

concerned with acquiring wisdom and they *are* exercising justice, virtues high in the scale of human civilization. True, they are apt to be rather proud of their achievement, but theirs is after all a *r a r a superbia* nonetheless. And, looking about him at the world he lives in, Luther is constrained to admit that the number of the "just" and "wise" — those so judged by human standards — has even materially declined in his lifetime. This is — again humanly speaking — a very serious situation. It is an indication of the ever more pervasive "epicurea-nism" of the age. In other words, Luther is convinced that the Epicurean major-ity is constantly on the increase and the small minority of the ethically concern-ed is continually and disturbingly reduced. And he sees no end to this alarming process. He feels compelled to predict that the future of the world looks black indeed. This prediction is made with the realization that the Christian religion, as Luther interprets it, plays no vital role in his age and is likely to be playing a progressively diminishing role in the future, if there is much of a Christian future at all, which Luther the Christian is very much disinclined to believe. With the rapid disappearance of men of the caliber and stature of Socrates, Scipio, Cato (*sapientes*), and of the saintly (*sanctissimi coram hominibus sicut decet et oportet*), it is no wonder that the outlook for whatever future there may be is dark. The life of the non-Christian world, with constantly diminishing excep-tions, is, to use Luther's phrase again, *ein Sauleben.*[6] It has always been so, is so now — only worse — and will grow still worse in the future.

If this is a picture of the life of the non-Christan world — and Luther insists that it *is* true — every effort, he also insists, should be made by duly constituted government to make the best of a bad and worsening situation. The "best" means of having law and order present so far as humanly possible is to enforce civil justice by the severest measures. Luther ranges himself squarely on the side of orderly government trying its utmost to preserve its own laws. There is no doubt in Luther's mind that its most strenuous efforts will meet with but a modicum of success. Government can at most keep the situation from getting totally out of hand. If the government were to hang every thief, the country would soon be denuded of people. Judges *qua* judges must judge without mercy, any charitable actions they may perform as private citizens notwithstanding. But even with the greatest possible severity on the part of judges, parents, and even executioners, the incessant growth of the wicked cannot easily be stopped. Even death by fire, sword, and drowning appears to be ineffectual as a means of dis-suasion from crime. In addition to misdeeds and misdemeanors of all sorts, Luther notes the prevalence of indolence and laziness. His harsh advice is not to provide for incorrigible beggars but to chase them across the border. Even among people who are not actually criminals, Luther finds that one person takes advantage of another as far as he can, just short of being actually jailed for his acts.

Luther fully faced this disillusioning fact of the condition of human society, and he threw the full weight of his personality on the side of maintaining law and order, hoping that the "good" people of this earth might be permitted to live out their days protected from the worst offenders against public morality. This desperately needed protection would extend alike to the few outwardly just and wise (*coram hominibus*), i.e., the best non-Christians, and to the still smaller number of the truly just and wise (*coram deo*), i.e., the genuine Christians as defined by Paul and by Luther himself.

While we are not concerned with the latter group in this essay, it is important to dwell a little longer on the former, the serious and ethically concerned non-Christians, and particularly to inquire more searchingly into the reason why Luther considers this tiny group to be such a major threat to true Christians.

It is being realized more and more in our day how much thought Luther gave to the subtle and yet profound difference between the best humanistic and the authentically Christian way of life. To him, as to Paul before him, there was an unbridgeable gulf between these two modes of existence. Luther was firmly convinced that never the twain would meet in the same person. It was not a question of "both . . . and" but decidedly and unalterably of "either . . . or." This was the Reformer's starting point (whether as early as 1513 or several years later does not matter very much), and his finishing point too.

Concerned as he was with the full identity of the Christian religion, one of whose major spokesmen he considered himself to be, Luther recognized more clearly than his contemporaries and almost all his predecessors (except Paul of course and, possibly, Augustine) that the difference between high paganism and Judaism on the one hand and Christianity on the other was one not of degree but of kind. Christianity was the totally other religion. There was no gradual ascent from humanism to religion, but a complete break, necessitating not a mere climb but a determined leap.

Luther did not know this when he entered the monastery, or even for perhaps a decade after. But once he realized it, he was consumed by a desire to communicate this "discovery" to the whole world while at the same time thinking through, for himself first and foremost, all the implications of his "new" insight.

This unending process of reflecting day and night on the ultimate meaning of Christian revelation could not but lead him to a head-on collision with high humanism, both ancient and Renaissance, as well as high extra-Christian religions such as Judaism and Mohammedanism. He even attacked Christian Scholasticism in all its stages, together with other anti-Pauline and anti-Augustinian forms of Christian thought. All these he condemned as essentially alien to his own and Paul's interpretation of the heart of the Christian religion, concerned as he ever was with its *differentia specifica* from all other attempts to come to terms with the mystery of existence.

Where was the clash? It was most assuredly not in the fundamental objection to evil and evildoers in the traditional meanings of these words, shared alike by religion and philosophy, for Luther too was an inveterate foe of mani-

46

fest sin and immoral behavior; he was in full agreement with previous and contemporaneous supporters of the decalogue and of natural law.

But he was unshakably convinced that there was infinitely more to the genius of Christianity. And he was equally sure that this ultimate identity of the Christian religion was anything but easy to grasp. He was never ashamed to admit that it was like an eel that always threatened to, and often did, slip through even his own alert hands. But he never really let it escape for long. Even when he lost it momentarily, he invariably regained it, only to lose it again and then recapture it, in a never-ending struggle.

This battle — for such it was — was waged on the highest level envisionable. It had to do with responsible man's striving toward high ethical goals, goals shared by Plato, Aristotle, Cicero, Seneca, and leading Jewish thinkers as well as by the preponderant majority of earnest Christians.

Strangely, almost incredibly, it was in this elevated area of deep ethical concern that Luther felt impelled to pronounce a resounding "No!" and a mighty "J'accuse". Why?

The simplest answer to this very difficult question is that any and all extra-Christian analyses of the human situation, whatever their solutions, are altogether inadequate. Worse than that, they lull unsuspecting man into a moral security totally unwarranted in the face of the stark reality of all-pervasive sin.

Thus the best of moral men deceive themselves and, what is just as dangerous, deceive others because of their very sincerity. Incredible as it may sound, the very few (*paucissimi*) who are honestly pursuing moral truth as they see it and preaching and teaching the arduous life are, from Luther's exalted point of view, Christianity's most dangerous, in fact its mortal, enemies. Their apparently noble aims destroy the essence of Christianity. They fool themselves into believing they can accomplish their high-minded desires of and by themselves or with the aid of divine grace as the old church held. They are ultimately ignorant of *Christus Redemptor* no matter how much they may try to emulate and follow *Jesum exemplum vitae moralis*. In Luther's irreducible view, it is only Christ the Redeemer and not Jesus the moral example who provides the one viable answer to man's predicament. The morally concerned and active present the best they have to God, or else to their own humanistic consciences, whichever happens to be their final authority or highest court of appeal, and expect it to be acceptable. Luther is far from disagreeing that unexceptionable moral behavior is quite attainable so far as the judgment of one's fellow men is conccerned (*coram hominibus*). But he is utterly sure that such people fall short of the glory they should have before God (*coram deo*). Their self-analysis, he claims, has not been searching enough; it has not laid them sufficiently low to accept finding themselves on the receiving end of the indispensable grace of God. It goes without saying that Luther is quite aware that he is approaching human actions from what he takes to be the Christian God's point of view. He also knows that non-Christians — a term which includes, for him, nominal Christians — refuse to be bound by what Luther believes to be true and thorough (*gründlich*) Christian standards. There can be no doubt that Luther as a Christian thinker judges the highest forms of non-Christian existence on the basis of his own ethical values. He does not hesitate to impose an absolute, revealed set of criteria upon a non-Christian world. Or does he?

We are now approaching what is perhaps the most exciting part of this investigation. Was he really completely sure of himself when he presumed, as it were, to speak for God? It is true that he thought so most of the time, but it is equally true that he experienced many an hour of grave doubt as to whether the *verbum Dei* w a s ultimately and irrefutably the *verbum Dei*. These times constituted his highest and most troublesome *Anfechtungen*.

It is important to realize the nature and extent of Luther's doubt, ever recurring and ever suppressed, but always present. Luther never questioned the intrinsic value or the permanent applicability of the highest ethical teachings of the Bible, both the Old and the New Testment. He readily granted that Jesus was a major teacher of the moral life. What he was apt to doubt was whether this Jesus was really the Christ, the *Redemptor mundi* from the awful facts of sin and death. Strange as it may seem, he was sorely tempted by what the radical reformers in his wake were teaching – that Jesus of Nazareth was not the Christ in the orthodox sense. Needless to say, Luther invariably, no matter how long or how hot the inner battle raged, emerged victorious in the end: Christ did remain Christ for him; Christ was indeed *Christus Redemptor*. But his faith in that, for him, supreme fact of history never went unchallenged by himself. One may well believe his frequent assertions that he himself had thought through every idea the radicals had expressed. He too knew that water used in baptism surely looked like water and that bread and wine used in the sacrament of the altar appeared to be bread and wine. He insisted that he had been tried in the fire in which the radicals had been tried and in which they had been found wanting. But he always announced at the same time that he had gained the upper hand in his most intense temptations, no matter how close he had come on many an occasion to discarding orthodoxy and throwing in his lot with the left wingers, who were certainly most reasonable men, conscientiously and tenaciously following the *lumen naturale* – what he frequently called the most precious jewel given to man for his abundant use. When talking about the "new" or "second" Reformation going on about him, Luther spoke as a man who had experienced it all before.

The least that can be said is that he seriously faced the issue of Jesus as non-Christ. In fact he faced it so fully that he honestly considered major implications of the collapse of the orthodox view of *Christus Redemptor*. Assuming, then, for the sake of argument at any rate, that Jesus was but a teacher of morality, what was Luther's reaction to this fundamental but not unexpected revolution in basic thinking about Christ – a revolution that he had certainly experienced within himself?

48

His reaction was perhaps surprising. It surely differed from that of the radical Reformers. These generally clung to the man Jesus with strength, determination, and probably also conviction. Not so Luther. The aging Luther was not particularly interested in the man Jesus, in Jesus as a mere human being. He did not see anything especially impressive about his moral teaching. He would not settle for anything less than the Christ of Paul and Augustine – a divine Christ. But since he did entertain anguished doubt concerning the superhuman nature of Jesus, he had to come to terms, even if only during his most painful *Anfechtungen*, with a merely human Nazarene.

It is exciting to see what the mature Luther would have done if his idea of *Christus Dei filius unigenitus* had actually collapsed. The fact is that, if Luther *had* to give up Christ the Lord, the second person of the Holy Trinity, he would have "abandoned" Jesus the man too. Although he would have surrendered his religious world only with the greatest reluctance (he never did surrender it of course), he would have done so if he had not been ultimately convinced of its final truth. The basic question is: What would he have put in its place? His answer in surprising enough: He would have become a moral *philosopher* rather than an "unorthodox" *theologian*. Far from clinging to a *human* Jesus as so many of his Protestant contemporaries and successors did, he would have given up Jesus altogether and resolutely thrown in his lot with the best of the ancients.

It was not for nothing that sixteenth-century Luther was ultimately still an educated Roman so far as his own education was concerned. Latin was his other language. Roman philosophy, literature, and historiography as well as whatever elements of the Greek tradition were part of the Roman tradition – all this grand concourse of the best that had been said and thought in the ancient world would constitute his inner refuge, his new universe of discourse. Aristotle, Cicero, and Seneca would become his guides of life, the captains of his ship. A Roman of the fifteenth and sixteenth centuries, he would hold high the banner of the greatest minds of this tradition. The classical Roman view of the world would become his own fundamental philosophy of life. His collapsed world of absolute *faith* would be replaced by the world of absolute *reason*. He would have to undo the work of St. Augustine and reenthrone reason, dethroned by the greatest of the Church Fathers. All Christian fiduciary accretions would have to be dropped as improper foreign matter. Philosophy would once again become the sole guide of life. Compromise would be unacceptable to hard- and straight-thinking Luther.

It would be either the whole of Christian faith relegating reason (in things divine) to the background of merely human affairs, or discarding Christian faith altogether and restoring philosophy to its full pristine and pre-Christian Greek and Roman glory. It was all as clear and simple as that.

Would Luther under these circumstances remain even a theist? Perhaps he would insofar as Seneca and Cicero and Aristotle were some sort of theists. But he would quite understand the position of classical atheists such as Epicurus and Lucretius. It could very well be that Luther would occupy a place somewhere between theism and atheism. If he inclined more toward theism in general, he would surely have hours or at least moments when an atheistic attitude would seem more realistic in view of all the pain and suffering and tragedy abroad in the world.

Besides this probable personal approach to existence, Luther would strongly argue in favor of law and order in the social, political, and economic dimensions of life. Without law and order there would be nothing but a constant *bellum omnium contra omnes*. Since it would be desirable to construct a human world where the good must be protected as much as possible from the wicked, Luther would consider a benign strong government as imperative. The arts and sciences would flourish only if protected by benevolent, duly instituted civil power. And all kinds of knowledge, utilitarian as well as non-utilitarian, would be necessary if men were to build a humanly meaningful earthly life for themselves. Without outside aid, *i.e.*, extra-terrestrial aid and comfort, they would depend completely on their own resources. It would be absolutely requisite to "cultivate their gardens," our earth, on which we exist for a short time, through which we pass only once, which we should leave a better place than we found it when we arrived here without our having been consulted whether we wanted to put in an appearance or not. In other words, Luther would in all likelihood presubscribe to Nietzsche's plea to put on a determined, illusionless *Erdenkopf*. What in itself appeared to rational men meaningless would have to be given meaning. There would have to be order and law; otherwise there would be disorder and chaos, and the *experimentum hominis in terra* would soon end in total disaster. Men could and most probably would even return to the animal level from which they had so painfully and so partially risen by what they mistook to be divine guidance but what turned out to be human ways of trial and error. In short, Luther the theologian would become Luther the philosopher and humanist, a much sadder but a wiser man.

In the course of time, however, what was first sadness would evolve into a feeling of tempered hope. Not that an underlying sense of sadness would ever disappear, because men's lostness in an inexplicable universe would not be easily resolved. There would remain, in the recesses of his soul, an ineradicable *amarum aliquid*. With that he would *have* to live, and with that he *would* live, perhaps with a certain degree of pride in facing up to realities of the human situation, which is so questionable and yet calls forth all that is noble and heroic in man.

How could Luther, Christian arch-conservative that he was, ever be expected to be capable of such radical readjustment and transformation? The answer is really very simple. His whole thought structure was erected on the apparently unassailable and permanent base of an inspired Bible, a divine rather than a human document. If this seemingly impregnable fortress could ever be taken, or any of its outer or inner fortifications breached, Luther's carefully and painfully built and conscientiously maintained intellectual edifice would be brought down.

No matter how hard and perseveringly he fought each and every inroad made by the left wingers and humanists as well as Jews upon his stronghold, he must have had second thoughts from time to time, especially as the sixteenth century wore on. He knew full well that his whole theory of life rested squarely upon the revealed Bible. But there were others who were far less sure than he was of the special divine character of the Bible. It is just possible that one or more of them could eventually have made a dent upon his notion of the nature of the Bible. Assuming that they had, he would be the first to reconsider and re-think his whole intellectual position. If it were not true that God sent his only-begotten son into the world to save the world; if Christ were only Jesus, a moral leader; Luther would feel the ground begin to give way under his feet, and it would be incumbent upon him to built anew, on another ground, on human ground — firmer than the quicksands of the abandoned divine — a true — *terra firma*.

Thus it all depended upon his relation to the Bible, upon his conception of what it was and what it contained. If it was not divine in the sense in which he had understood it to be divine, he of all intellectually honest men would have felt constrained to surrender his erstwhile position. The most exciting thing about all this is that he would not try to save the pieces as so many of his "Protestant" and humanistic contemporaries did. Christianity as a mere moral force seemed totally inadequate in his opinion. He for one would resolutely resort to the best *"Welt"anschauung* of the ancients. Aristotle and Seneca, to mention but two, would be restored as the guides to the good life. Christianity would become an interesting interregnum between the collapse of the Graeco-Roman world and its rebirth in the fifteenth and sixteenth centuries. This strange interlude of 1500 years would have ended for him. Martin Luther, Christian *par excellence* while it was intellectually honest and possible to be Christian, would become an educated Roman again, haunted to be sure by the religion of his fathers but unwilling and unable to abide by it once the Bible, the only basis of its incredible message for him, had been found to be a merely human document. Martin Luther, the Reformer of the Christian Church, would emerge, toward the end of his life, as Martin Luther, man of the Renaissance of the Greek and Roman intellectual and moral achievement.

This secular strain in Luther's thinking was hidden and was usually suppress-ed. But it was powerful — so powerful that he would have let it shape his life and thought thenceforth if he had ever found it necessary to abandon theology. It never came to that because Luther, despite innumerable *Anfechtungen*, in-variably reconvinced himself that the Bible *was* the inspired, revealed word of God assuring him that Jesus *was* the Christ. Absolutist that he was, Luther was interested only in full orthodoxy. *Orthodox oder nichts*, orthodox or no Christian at all, was his severe watchword.

Thus Luther's final view of non-Christian existence culminates in the possibility of himself becoming a non-Christian philosopher if he had been unable to adhere to full Christian orthodoxy. As it was, he turned out to be one of the last men of genius who did adhere to it, even if with almost irrepressible misgivings.

NOTES

1   *Enarratio capitis noni Esaiae*, 1546 (Weimar Edition, 40III, p. 608).
2   *Ibid.*, (Weimar Edition, 40III, p. 609).
3   *Predigt am dreizehnten Sonntag nach Trinitatis* (Weimar Edition, 49, pp. 547–554), passim.
4   *Ibid.*
5   *Ibid.*
6   *Ibid.*

BEDEUTUNG UND EIGENART VON LUTHERS SEPTEMBERTESTAMENT. ZUM 450. JUBILÄUM

Eine Analyse von Römer 3, 19–31

Es gibt wenig genaue Analysen von Luthers Übertragung wichtiger Stellen des Neuen Testaments. Der Zweck dieser Arbeit ist, eine solche Analyse eines der berühmtesten Passus des Paulinischen Corpus zu versuchen, und zwar in der Erstform seiner Gestaltung im Septembertestament von 1522. Die Luthersche Übersetzung ist dabei zu untersuchen in Verbindung mit Erasmus' zweiter Ausgabe des griechischen Neuen Testaments von 1519, mit der darin enthaltenen Revision seiner lateinischen Übersetzung und selbstverständlich mit der Vulgata. Es werden jeweils verglichen:

TE = Griechischer Text des Erasmus von 1519
ÜE = Lateinische Übersetzung des Erasmus von 1519
Vg = Vulgata
ST = Septembertestament Luthers von 1522

Römer 3, 19

TE: Οἴδαμεν δὲ, ὅτι ὅσα ὁ νόμος λέγει, τοῖς ἐν τῷ νόμῳ λαλεῖ, ἵνα πᾶν στόμα φραγῇ, καὶ ὑπόδικος γένηται πᾶς ὁ κόσμος τῷ Θεῷ.

ÜE: Scimus autem, quod quaecumque lex dicit, his qui in lege sunt, dicat: ut omne os obturetur, & obnoxius fiat totus mundus deo,

Vg: Scimus autem quoniam quaecumque lex loquitur iis, qui in lege sunt, loquitur: ut omne os obstruatur, et subditus fiat omnis mundus deo:

ST: *Wyr wissen aber / das / was das gesetz saget / das sagets denen / die vunter dem gesetz sind / Auff das aller mund verstopfft werde / vnd alle welt sey Gott schuldig /*

Luthers Übersetzung dieses Verses geht über die Vulgata hinaus. Das letzte Wort "schuldig" kann nicht auf Grund des "subditus" der Vulgata erklärt werden, welches mit "vndertenig" in allen vierzehn hochdeutschen Vorlutherbibeln und mit "vndertan" in den spätmittelalterlichen Gothaer und Salzburger Hand-schriften der Paulinischen Briefe wiedergegeben wird. Die Wiclifische englische Fassung hat ganz ähnlich "suget to God".

Während das Luthersche "schuldig" wahrscheinlich auf dem griechischen "ὑπόδικος" beruht, auf jeden Fall damit übereinstimmt, könnte es aber auch aus zwei anderen Quellen stammen, Faber Stapulensis' *Epistole Pauli Apostoli* (Paris, [1]1512 und [2]1515) und Erasmus' lateinischer Übersetzung, wie sie in seinen Ausgaben des griechischen Neuen Testaments von 1516 an enthalten ist.

Seit Luther seine Römerbriefvorlesung 1515 begonnen hatte, war es sein Bemühen gewesen, dem griechischen Urtext so nahe wie möglich zu kommen. Vor dem Erscheinen der Erstausgabe des Erasmischen Neuen Testament im Jahre 1516 waren die beiden lateinischen Ausgaben der Paulinischen Episteln von Faber Stapulensis die einzigen gedruckten Veröffentlichungen, die über die Vulgata hinausgingen. Als Luther über das dritte Kapitel des Römerbriefes las, war die neue Erasmische Ausgabe noch nicht zugänglich. Sie erreichte ihn erst, als er beim neunten Kapitel war.

Was R 3, 19 angeht, wußte Luther, daß in Fabers Erstausgabe von 1512 die Worte "obnoxius" und "debitor" in den Anmerkungen als richtige Übersetzungen von "ὑπόδικος" angegeben waren, wenn auch das ungenügende "subditus" der Vulgata im Text selber weiter stand. Drei Jahre später war Faber dann kühn genug, "obnoxius" auch in den Text selber aufzunehmen und "subditus" gänzlich fallen zu lassen. Ob diese zweite Ausgabe Fabers von 1515 sich in Luthers Händen befand, als er das dritte Kapitel in der Vorlesung behandelte, ist fraglich. Auf jeden Fall lag ihm die erste Ausgabe vor. Ohne Zugang zum griechischen Text selbst zu haben, erlaubte ihm schon die erste Ausgabe Fabers, die Vulgata hinter sich zu lassen. So interpretierte er in den Glossen das "subditus" der Vulgata als "debitus et obnoxius sive peccator" (WA 56, 35, 18). Dabei intensivierte er Fabers "debitus" und "obnoxius" durch die Hinzufügung von "peccator". Diese Intensivierung setzte er in den Scholien fort, wo er zwei weitere Worte gebrauchte, "reus" und "iniustus" (56, 247, 18–20), die beide das "peccator" der Glossen unterstreichen. Als Luther etwa zwei Jahre vorher denselben Vers in den *Dictata super Psalterium* zitiert hatte, hatte er noch das herkömmliche "subditus" gebraucht. Es liegt auf der Hand, daß er erst bei der Vorbereitung auf die Römerbriefvorlesung über die Vulgata hinausging.

Als Luther sechs Jahre später die Übersetzung des Neuen Testaments unternahm, wußte er schon, daß "subditus" Pauli härterem Ausdruck nicht genügte. Fabers Auslegung wurde sicher noch verstärkt durch Erasmus' gleiche Übersetzung durch "obnoxius" in der neuen lateinischen Übertragung des griechischen Textes. So wird Luther wohl kaum lange gezögert haben, das griechische Wort mit "schuldig" wiederzugeben im scharfen Gegensatz zu dem "vndertenig" und "vndertan" seiner deutschen Vorgänger.

Von diesem einen, allerdings sehr wichtigen Wort abgesehen, ist die Übersetzung der Vulgata von R 3, 19 richtig, so daß Luther keine anderen Probleme in diesem Vers antraf. Auf zwei weitere Dinge sollte aber noch hingewiesen werden. Luther änderte die Präpositionen "ἐν" und "in" in den griechischen und lateinischen Vorlagen zu "vnter". Der Grund dafür ist sowohl literarisch wie theologisch. Erstens ist "*in* dem Gesetz" einigermaßen unidiomatisch im Deutschen. Zweitens drückt der Ausdruck "vnter dem gesetz" besser und deutlicher, jedenfalls im Deutschen, Luthers Grundüberzeugung aus, daß die ganze Welt unter dem Gesetz steht.

Noch ein vierter Punkt wäre in Luthers Übertragung dieses Verses zu beachten, die Wiederaufnahme des ersten "das": "Wyr wissen aber / das / was das gesetz saget / das sagets denen . . ." Diese Hinufügung eines zusätzlichen "das" rührt wahrscheinlich von Luthers Bemühen um eine glattere Fassung her. Wenn man den Vers ohne das dritte "das" liest, sieht man sofort, daß diese Einschiebung, der nichts im Griechischen und Lateinischen entspricht, ein natürlicheres Deutsch zeitigt. Der Sinn wird dadurch nicht verändert. Es ist ausschließlich eine Sache des Stils, des guten Deutsch.

Römer 3, 20

TE: διότι ἐξ ἔργων νόμου οὐ δικαιωθήσεται πᾶσα σάρξ ἐνώπιον αὐτοῦ. Διὰ γὰρ νόμου ἐπίγνωσις ἁμαρτίας.

ÜE: propterea quod ex operibus legis non iustificabitur omnis caro in conspectu eius. Per legem enim agnitio peccati.

Vg: Quia ex operibus legis non iustificabitur omnis caro coram illo. Per legem enim cognitio peccati.

ST: *darumb, das keyn fleysch durch des gesetzs werck fur yhm rechtfertig seyn mag / Denn durch das gesetz / kompt nur erkenntis der sund.*

Wenigstens drei Dinge sind in dieser aufregenden Übersetzung zu beachten. Erstens der Wechsel vom einfachen Futur "δικαιωθήσεται" zu einer Modalkonstruktion, "rechtfertig seyn mag". Dadurch intensiviert Luther den Paulinischen Satz. Er sagt mit letzter Deutlichkeit, daß es dem Menschen unmöglich ist, durch Werke des Gesetzes gerechtfertigt zu werden. Etwas von der seelischen Not, die Luthers Erfassen der Paulinischen Lehre voraufging, ist in dem emotionell betonten "mag" enthalten. Der Hintergrund für diese hochindividuelle Übertragung ist in der Erörterung dieser Stelle in der Römerbriefvorlesung zu finden mit ihrem leidenschaftlichen Angriff auf den ununterdrückbaren Wunsch des Menschen, durch die Werke des Gesetzes, jedenfalls bis zu einem gewissen Grade, gerechtfertigt zu werden (WA 56, 253, 20–255, 19). Pauli weniger leidenschaftliche Aussage, daß kein Fleisch auf diese Weise gerechtfertigt wird, ist ersetzt durch Luthers Notschrei, daß es unmöglich ist, auf diese Weise gerechtfertigt zu werden.

Zweitens fügt Luther das Verbum "kompt" ein. In der griechischen und lateinischen Fassung gibt es gar kein Verbum; ein "ist" ist wohl zu ergänzen. Luthers verdeutlichendes "kompt" stammt aus literarischen wie auch aus theologischen Überlegungen. Es liegt auf der Hand, daß irgendein Verbum im Deutschen nötig ist, um einen vollständigen Satz zu bilden. Ein "ist" hätte genügt und hat tatsächlich den Übersetzern der King James Bibel genügt: "for by the law is the knowledge of sin". Luther aber ging weiter als das handgreifliche "ist". Überzeugt, daß die Erkenntnis der Sünde aus dem Gesetz kommt, und sicher, daß Paulus dies meint, ist Luther kühn genug, das ausdrücklich zu sagen. Übrigens hatte er bereits vor sechs Jahren das gleiche Wort, "venit", in der Römerbriefvorlesung gebraucht: *"Per legem* sc. fit vel venit *cognitio . . . peccati"* (WA 56, 36, 1 f). Es ist nicht uninteressant festzustellen, daß die revidierte englische Bibel (Revised Standard Version) das "ist" der King James Bibel in ein "comes" abgeändert hat: "through the law comes the knowledge of sin".

Die dritte Veränderung, die Luther in diesem Verse vornimmt, ist zweifellos die bei weitem wichtigste und tiefgreifendste, nämlich die Einfügung von "nur": "durch das gesetz / kompt nur erkenntis der sund."

Dies zusätzliche "nur" ist nun nicht bloß eine Intensivierung des Paulinischen Textes, sondern wohl eine wirkliche Veränderung dessen, was Paulus sagt. Statt es bei der Paulinischen Aussage, daß das Gesetz zur Erkenntnis der Sünde führt, bewenden zu lassen, sagt Luther (oder läßt er Paulus auf Deutsch sagen), daß das Gesetz *nur* zur Erkenntnis der Sünde führe. Mit anderen Worten: alles, was das Gesetz tut oder tun kann, ist, den Menschen dahin zu bringen, daß er erkennt, er ist ein Sünder. Dies erschöpft die Bedeutung des Gesetzes, wie Luther an dieser Stelle Paulus überträgt. Der letztere läßt sozusagen die Frage offen, ob das Gesetz auch noch etwas anderes bewerkstelligen kann. Während Luther die Funktion des Gesetzes definitiv begrenzt, tut Paulus nichts der Art, sondern führt in dieser Verbindung lediglich *einen* Dienst an, den das Gesetz leistet, vermutlich einen von mehreren Diensten. Auf jeden Fall hindert nichts den Leser daran, diesen Schluß zu ziehen, den er bei Luthers Übertragung bestimmt nicht ziehen kann. Während Paulus andere Gebrauchsmöglichkeiten des Gesetzes nicht ausschließt, tut Luther das in diesem Zusammenhang durch die Einfügung des Wortes "nur".

Wie hatte Luther diese Stelle in der älteren Römerbriefvorlesung ausgelegt? Nachdem er dort gesagt hatte, "cognitio peccati fit vel venit per legem", führt er den Sinn der "cognitio" weiter aus. Er tut dies, indem er erklärt, was das Gesetz nicht vermag. Es führt nicht zur "remissio peccati" oder zur "iustificatio". Sein Zweck ist vielmehr, diejenigen, die nicht wissen, was Sünde ist — "peccatum ignorantes" — zur Erkenntnis ihrer Sünde zu bringen (WA 56, 36, 1—3). Wenn man die Natur der Sünde nicht kennt, ist es durchaus möglich, stolz auf seine Leistung zu sein wegen unausreichenden Verständnisses dessen, was es heißt, das Gesetz zu erfüllen. Nur ein gründliches Wissen um die Sünde demütigt den moralischen Stolz des Menschen. Luther drückt das 1515 so aus: "At quid ergo lex? Vt humiliet superbos" (WA 56, 36, 10).

Es ist wichtig, Notiz davon zu nehmen, daß Luther in dieser Verbindung nicht das lateinische Äquivalent für "nur" gebraucht. Es ist sicher nicht uninteressant, daß dies aber in einer der wichtigsten Quellen Luthers vorkommt. In der *Glossa ordinaria* steht an dieser Stelle: "ex lege non est iusticia, quia tantum cognitio peccati, non consumptio" (WA 56, 36). Während in Luthers Auslegung das "nur" implizit steckt, ohne explizit lateinisch dazustehen, ist es schwarz auf weiß in der *Glossa ordinaria*, "tantum". Im Falle Luthers erscheint das Wort erst im Septembertestament von 1522. In der *Glossa ordinaria* war das Wort lediglich in der Auslegung zu finden; der Vulgatatext selber blieb unverändert. Im Gegensatz dazu wurde es bei Luther in den Text eingebaut. Das war ein sehr kühner Schritt, dessen letzter Sinn doch wohl ist, daß Luther virtueller Mitverfasser dieser wichtigen Stelle mit Paulus geworden ist. Ob er sich dessen voll bewußt war oder nicht, Luther gesellt sich dem Autor als Koautor bei. Ging er nicht sogar noch weiter, indem er den Mann, den er offiziell nur in eine andere Sprache übertrug, geradezu "korrigierte"? Luther war sich seiner Sache so sicher, daß er 1522 in seiner formellen Bibelübersetzung es wagte, Paulus zu sagen, wie er sich hätte ausdrücken sollen, zum mindesten, wie er sich ausgedrückt hätte, wenn er deutsch geschrieben hätte.

Drei Jahre nach der Römerbriefvorlesung und vier Jahre vor dem Septembertestament machte Luther seine Auffassung dieser Kernstelle sonnenklar. Er antizipierte seine Übersetzung von 1522 durch die folgende lateinische Umformulierung der Paulinischen Worte: "Per legem nihil nisi cognitio peccati" (WA 1, 398, 13f.). Es ist kaum möglich, das deutsche "nur erkenntnis" genauer im Lateinischen wiederzugeben als durch "nihil nisi cognitio". Luther behauptet, daß die Hauptaufgabe aller Zehn Gebote sei, dem Menschen seine vergangenen und gegenwärtigen Sünden zu zeigen. Der Akzent ist unmißverständlich auf in letzte Tiefen gehender Selbsterkenntnis als dem unumgänglich ersten Schritt zu wahrer Besserung.

In der Zeit unmittelbar vor der Veröffentlichung des Septembertestaments drückte sich Luther in gelegentlichen deutschen Zitaten unseres Verses genau so unmißverständlich aus, wie er es 1518 auf Lateinisch getan hatte: "Durchs gesetz haben wyr nit mehr denn erkenntnis der sund" (WA 8, 283, 12). Ferner, ". . . durch das gesetz nit mehr geschicht [Variante: kömpt], denn erkenntniss odder erfarung der sund" (WA 10 I 1, 338, 20f.). (Die in dieser Arbeit angeführten gelegentlichen deutschen Bibelverszitate sind einem von meinen Assistenten hergestellten unveröffentlichten Register der biblischen Zitate in allen deutschen Schriften Luthers entnommen.) Und in der letzten großen Genesisvorlesung macht Luther noch einmal seine Auffassung Paulinischer Gedanken kristallklar: "Lex enim nihil aliud facit, quam ut revelet aut vivificet peccatum" (Beleg zur Zeit nicht zur Hand).

Es liegt auf der Hand, daß der Interpret Luther mit dem Übersetzer konform geht und umgekehrt. Das letztere erforderte den größeren Mut. Doch wann wäre Luther je vor den letzten Konsequenzen seiner Überzeugung zurückgeschreckt?

Römer 3, 21

TE: Νυνὶ δὲ χωρὶς νόμου δικαιοσύνη θεοῦ πεφανέρωται, μαρτυρουμένη ὑπὸ τοῦ νόμου καὶ τῶν προφητῶν.

ÜE: Nunc uero absque lege iusticia dei manifestata est, dum comprobatur testimonio legis ac prophetarum.

Vg: Nunc autem sine lege iustitia. Dei manifestata est: testificata a lege et Prophetis.

ST: *Nu aber ist / on zuthun des gesetzs / die gerechtickeyt die fur got gilt / offinbart / betzeuget durch das gesetz vnd die propheten.*

Dies ist ohne Zweifel einer der berühmtesten Verse in Luthers deutscher Bibel. Er ist ganz Luther. Zwei außerordentliche Übertragungen kommen in diesem einen verhältnismäßig kurzen Verse vor.

Die erste ist "on zuthun des gesetzs", eine bemerkenswerte Erweiterung der beiden griechischen Worte "χωρὶς νόμου". Sie sind in der Vulgata durch "sine lege" und in Erasmus' neuer lateinischer Übersetzung durch "absque lege" wiedergegeben.

Luthers Übertragung ist offensichtlich viel freier als die seiner von ihm als Konkurrenten anerkannten lateinischen Vorgänger (seine deutschen Vorgänger waren keine Rivalen in Luthers Sicht). Das einfache "sine" der Vulgata drückt wohl kaum den Vollsinn des griechischen "χωρὶς" aus, das Karl Weizsäcker durch "*außerhalb* des Gesetzes" und die Revised Standard Version durch "*apart* from the law" übersetzen. Auch das Erasmiche "absque lege", zumal wenn es mit dem vorausgehenden "uero" zusammengenommen wird, ist eine adäquatere Übertragung der eindringlichen griechischen Formulierung als die Vulgata.

Luthers "on zuthun des gesetzs" ist noch emphatischer als Erasmus' "uero absque lege". Man kann es ruhig sogar als eine Intensivierung des Originals ansehen. Das Gesetz ist total unbrauchbar und unwirksam, was die Erlangung der Gerechtigkeit vor Gott angeht. Diese göttliche Gerechtigkeit wird erreicht ohne die geringste Mitwirkung, ohne die Hilfe, "on zuthun" des Gesetzes, welches gar keine Rolle in dieser Hinsicht spielt.

Es ist nun gewiß richtig, daß das "sine lege" der Vulgata tatsächlich dasselbe sagt. Aber irgendwie ist es nicht ganz so akzentuiert wie das Erasmische und besonders das Luthersche Wortgefüge. Erasmus' und Luthers ungewöhnliche, augen- und ohrenfällige Formulierungen besitzen mehr Durchschlagskraft als das an und für sich nicht unfalsche "sine lege". Insofern der Paulinische Grundgedanke der Totalaußerkraftsetzung des Gesetzes in Sachen der Rechtfertigung im nachaugustinischen und vorlutherschen christlichen Denken unterbetont gewesen war, fühlte sich Luther höchstwahrscheinlich veranlaßt, ihn besonders herauszustellen. Wenn das sein Ziel in der Fassung dieser Stelle im Septembertestament war, so ist er ihm sicher nahegekommen, wenn er es nicht völlig erreicht hat.

Das "on zuthun des gesetzs" war ein integraler Bestandteil der Lutherschen Theologie seit dem Turmerlebnis. In der Römerbriefvorlesung hatte er diese Paulinische Zentralübersetzung nachhaltig dargelegt: "sine necessitate legis habendae, i.e., sine adiutorio legis et operum eiusdem" (WA 56, 36, 3f.). Es muß ihn gefreut haben, grundsätzlich übereinzustimmen mit der Interpretation der *Glossa ordinaria*, "sine legis imperio vel auxilio", wie mit Faber Stapulensis' "sine adiuvantibus operibus legis" (WA 56, 36). Luthers deutsche Fassung von 1522 ist sicher im Zusammenhang mit seiner eigenen lateinischen Wendung von 1515, "sine adiutorio legis", zu sehen, die ihrerseits dem "auxilio" der *Glossa ordinaria* und Fabers "adiuvantibus" nicht unähnlich ist. Auf solchem Hintergrund erscheint die Lutherübertragung fast als eine natürliche und sicher nicht vor den Kopf stoßende, selbst den Konservativen kaum schockierende Verdeutschung des Paulinischen "χωρὶς νόμου".

Noch berühmter als diese Stelle ist eine zweite außerordentliche Übertragung innerhalb des 21. Verses: "die gerecktickeyt die fur got gilt". Wie die erste ist auch die zweite wieder eine sprachliche Erweiterung der in Frage kommenden Paulinischen Worte "δικαιοσύνη θεοῦ", die die Vulgata und Erasmus beide wörtlich mit "iusticia dei" übersetzen. Wenn behauptet werden kann, daß bei Luthers Übertragung von "χωρὶς νόμου" einige seiner Vorgänger ihm Hilfestellung geleistet hatten, so zeigte sich keine helfende Hand bei der Verdeutschung von "δικαιοσύνη θεοῦ". Was diese Kernworte angeht, stand Luther ganz allein, ohne Unterstützung früherer oder zeitgenössischer Übersetzer und Ausleger.

Es sieht so aus, daß die weltberühmten Worte von der Gerechtigkeit, die vor Gott gilt, Luthers eigene, ganz persönliche Errungenschaft sind. Zwei Dinge sind bei dieser erstaunlichen Übertragung vor allem zu beachten. Da ist zunächst die Umwandlung des Genitivs in einen Relativsatz – ein von Luther häufig im Neuen Testament angewandtes Stilmittel. Zweitens die Eigenart gerade dieser Umgestaltung. Es ist klar, daß die Übertragung des Genitivs "θεοῦ" durch den Nebensatz "die fur got gilt" der Lutherischen Interpretation der Gerechtigkeit Gottes sprachlich genau entspricht. Schon 1515 hatte Luther in der Römerbriefvorlesung die "iustitia dei" als die Gerechtigkeit ausgelegt, "qua Deus iustificat nos" (WA 56, 36, 4f.). Alles, was bei der Übersetzung sieben Jahre später geschah, war die Umsetzung dieser Auffassung in die deutsche Sprache. In der Weißglut des Ringens um die adäquate sprachliche Formulierung gelangen ihm die unvergleichlichen Worte "die fur got gilt". Sein ganzes Leben lang suchte er neue deutsche und lateinische Ausdrücke für die zugrunde liegende Idee von der göttlichen Gerechtigkeit. Noch 1545, weniger als ein Jahr vor seinem Tode, fiel ihm eine weitere Fassung dieser Stelle ein: "iustitia Dei, id est, qua nos Deus acceptat, Paulus ad Romanos 3 declarat" (WA 39 II, 389, 16–18).

Religiöse Urtiefe und literarisches Urgenie gingen Hand in Hand bei Martin Luther. Ihm war gegeben, seine Grundeinsichten auf unvergeßliche Weise sprachlich zu gestalten. Seine Übertragung von Römer 3, 21 ist eins der großartigsten und überzeugendsten Beispiele seiner genialen Sprachgewalt.

Römer 3, 22

TE: δικαιοσύνη δὲ θεοῦ διὰ πίστεως Ἰησοῦ Χριστοῦ εἰς πάντας, καὶ ἐπὶ πάντας τοὺς πιστεύοντας, οὐ γάρ ἐστιν διαστολή.

ÜE: Iusticia uero dei per fidem Jesu Christi in omnes, & super omnes eos qui credunt. Non enim est distinctio.

Vg: Iustitia autem Dei per fidem Jesu Christi in omnes, et super omnes, qui credunt in eum: non enim est distinctio.

ST: *Ich sage aber von solcher gerechtickeyt fur got / die da kompt / durch den glawben an Jhesum Christ / zu allen vnd auff alle / die da glewben. Denn es ist hie keyn vnterscheyd /*

Luthers Übertragung dieses Verses ist länger als der Paulinische Text. Der Hauptgrund dafür ist wohl, daß er den knapp formulierten Inhalt des Urtextes klarer herauszustellen bemüht ist. Paulus spricht ganz gedrängt von der "Gerechtigkeit Gottes durch den Glauben Jesu Christi". Der Leser der vorhergehenden Verse ist gewiß darauf vorbereitet, daß auch dieser Vers irgendwie durch Luther mitschöpferisch gestaltet werden wird. Es steht nicht zu erwarten, daß Luther es bei der einfachen "Gerechtigkeit Gottes" und dem einfachen "Glauben Jesu Christi" bewenden lassen wird. Luther setzt denn auch tatsächlich an die Stelle der Paulinischen Genitive Präpositionalkonstruktionen, die kaum besonders überraschen, so wichtig sie auch an und für sich sind. Die Lutherformulierungen "gerechtickeyt fur got" und "glawben an Jhesum Christ" machen dem deutschen Leser den Sinn der für ihn gar zu kompakten Paulinischen Worte völlig klar. Es gibt ferner einen Präzedenzfall innerhalb der hier analysierten Römerbriefverse für die Einfügung von "die da kompt" zwischen "gerechtickeyt fur got" und "durch den glawben an Jhesum Christ". In Vers 20 hatte Luther bereits ein fehlendes Verbum bei Paulus ergänzt: "durch das gesetz *kompt . . . erkenntnis . . .*" Luthers sprachliche Erweiterung in beiden Versen ändert nichts am Sinn, sondern arbeitet ihn vielmehr so klar wie möglich heraus. Wenn gar zu wörtlich wiedergegeben, wären derartige Stellen einfach zu undurchsichtig für den deutschen Leser.

Aber Luther ist noch nicht zufrieden mit diesen Erweiterungen. Um sicherzugehen, daß die Benutzer seines deutschen Testaments einen noch klareren Text vor sich haben, stellt Luther dem 22. Vers ein paar einleitende Worte von sich aus voran. Anstatt wie Paulus mit dem bloßen Substantiv "δικαιοσύνη" zu beginnen, führt Luther an diesen Grundbegriff mit hinzugefügten eigenen Worten heran: "Ich sage aber von solcher (gerechtickeyt) . . ." Diese Worte ändern den Sinn der Stelle in keiner Weise; sie unterstreichen ihn nur und legen ihn mit Nachdruck dar.

Warum fühlte sich Luther im Gegensatz zu allen früheren Übersetzern ins Lateinische, Deutsche, Englische und andere Sprachen veranlaßt, ja genötigt, zu solchen außergewöhnlichen sprachlichen Mitteln zu greifen? Die Anwort auf diese durchaus berechtigte Frage ist sicher darin zu suchen, daß der Grundsinn der Paulinischen Gedankenwelt Luther in seinen Studenten- und frühen Mönchsjahren unbekannt gewesen und erst dem jungen Professor klargeworden war. Nachdem er ihn aber einmal gefunden hatte, konnte er nicht anders, als ihn den anderen mitzuteilen, zuerst den Studenten in lateinischer, dann dem Volke in deutscher Sprache. Auf Luther treffen die Goetheschen Verse voll und ganz zu:

> Warum sucht' ich den Weg so sehnsuchtsvoll,
> Wenn ich ihn nicht den Brüdern zeigen soll?

Auf Grund dieser Erwägungen fügte Luther noch ein weiteres Wort Vers 22 hinzu, und zwar gegen Ende des Verses. In den Paulinischen Satz "οὐ γάρ ἐστιν διαστολή" baut Luther das Wörtchen "hie" ein: "Denn es ist hie keyn vntscheyd." Unbedeutend, wie diese ganz kurze Einfügung auf den ersten Blick zu sein scheint, ist sie doch in Wirklichkeit sehr nützlich und klärend. Was für andere Unterschiede auch immer zwischen den Menschen bestehen mögen, "hie" gibt es keinen Unterschied, d.h. in der Situation des Menschen vor Gott, wie der nächste Vers deutlich macht. Und Luther verbindet tatsächlich den letzten Teil von Vers 22 mit Vers 23, indem er ihn zum ersten Satz eines neuen Paragraphen macht und damit zum integralen Bestandteil von Vers 23 statt Vers 22.

Römer 3, 23

TE: πάντες γὰρ ἥμαρτον, καὶ ὑστεροῦνται τῆς δόξης τοῦ θεοῦ.

ÜE: Omnes enim peccauerunt, ac destituuntur gloria dei.

Vg: Omnes enim peccaverunt, et egent gloria Dei.

ST: *Denn es ist hie keyn vnterscheyd / sie sind alle zumal sunder / vnnd mangeln des preyses den got an yhn haben solt /*

Zu Vers 23 hat Luther eine sehr wichtige Randbemerkung geschrieben, die wie folgt lautet: *"merck diß / da er sagt / Sie sind alle sunder etc. ist das hewbtstuck vnd der mittel platz dißer Epistel vnd der gantzen schrifft. Nemlich / das alles sund ist / was nicht durch das blut Christi erloset / ym glauben gerechtfertiget wirt, Drumb fasse disen text wol. Denn hie ligt darnyder aller werck verdienst vnd rhum / wie er selb hie sagt / vnd bleybt alleyn lautter gottis gnad vnd ehre."*
Diese hochbedeutende Marginalie macht es völlig klar, daß Luther Vers 23 nicht nur als Kern und Stern des Römerbriefes, sondern der ganzen Schrift ansah. Man muß sich aber fragen, ob Luthers Wertschätzung vielleicht nicht mehr auf seiner Interpretation und Übertragung der ersten Hälfte des Verses als auf Pauli eigenen Worten beruht; denn es gibt hier einen nicht unbeachtlichen Unterschied zwischen dem Paulinischen Text und der Lutherschen Übersetzung: "πάντες γὰρ ἥμαρτον" ist doch wohl nicht ganz dasselbe wie "sie sind alle zumal sunder". "Alle haben gesündigt" dürfte kein so harter und strenger Ausdruck sein wie Luthers "sie sind allzumal Sünder". Selbst wenn "πάντες" per definitionem jedermann ohne Ausnahme meint, sind Luthers Worte "alle zumal" eine weitere sprachliche Verschärfung des Gedankens. Der Übersetzer unterstreicht gewissermaßen doppelt und dreifach, was der Autor geschrieben hat.
Vor allem ist natürlich der Wechsel vom Paulinischen Verbum "ἥμαρτον" zur Lutherschen Nominalkonstruktion "sie sind . . . sunder" zu beachten. "Gesündigt haben" ist weniger umfassend als "Sünder sein", welches letztere doch wohl einen Dauerzustand bezeichnet. "Gesündigt haben" schließt nicht aus, daß es Zeiten geben mag, wo der Mensch keine Sünde begeht; "Sünder sein" dagegen ist eine Allgemeinaussage über die Natur des Menschen. Luther legte dieses kompromißlose Menschenbild schon 1515 in der Römerbriefvorlesung vor, wo er bei der Behandlung des "Omnes enim peccaverunt" der Vulgata diese Worte als "facti sunt et reputati peccatores coram Deo" (WA 56, 37, 8f.) auslegt. Es ist diese Auffassung, die der deutschen Übersetzung im Septembertestament zugrunde liegt.
Damit hat Luther den Paulinischen Ausspruch wesentlich verschärft. Man kann behaupten, daß, was Luther hier vornimmt, über bloße Intensivierung hinausgeht und auf eine neue, düsterere Menschenauffassung hinausläuft. Die Frage könnte durchaus wieder gestellt werden, ob Luther letzten Endes doch nicht mehr Mitverfasser als nur Übersetzer ist. Er durchbricht die Bande des-

sen, was man gewöhnlich unter Übersetzen versteht. Irgendwie treffen Nietzsches Worte auf Luther zu: "Sie hätte selber singen sollen, die neue Seele." Auch Nietzsches weiterer Gedanke, daß sie es gekonnt hätte, ist auf Luther anwendbar.

Die zweite Hälfte des Verses enthält noch größere Probleme. Es geht wieder um eine aufregende Luthersche Übertragung eines Genitivs, "τοῦ θεοῦ", "dei". Die griechischen Worte "ὑστεροῦνται τῆς δόξης τοῦ θεοῦ" hatte die Vulgata durch "egent gloria Dei" und Erasmus durch "destituuntur gloria dei" übersetzt. Anstatt eines einfachen "des Preises Gottes" findet sich bei Luther ein ausführlicher Relativsatz, dessen Sinn allerdings wohl nicht völlig klar ist: "des preyses den got an yhn haben solt." Bedeutet er, daß der sündige Mensch nicht in der Lage ist, Gott so zu preisen, wie es Gott gebührt? Oder bedeutet er, daß Gott sich des Menschen nicht so rühmen kann, wie er, Gott, sollte oder möchte?

In der Römerbriefvorlesung hatte Luther die Worte "egent gloria dei" auf diese Weise erklärt: "carent, vacui sunt *gloria dei* qua ex Deo et in Deo gloriari possint" (WA 56, 37, 9f.). Das *Scholion* entwickelte dies so weiter: "non habent, quo possint gloriari in Deo et de Deo" und "Non habent Iustitiam, de qua apud Deum gloriari possint" (WA 56, 261, 16f. 12f.). Die Menschen sind "pleni gloria sua" und nicht, wie sich daraus ergibt, "gloria dei". Diese Interpretation widerspricht der Übersetzung im Septembertestament wie auch noch im Dezembertestament, ehe sie in den folgenden Ausgaben des Neuen Testaments abgeändert wurde. Da Luthers Römerbriefinterpretation sich so drastisch von der Übersetzung in den ersten beiden Ausgaben des Neuen Testaments unterscheidet, fragt man sich, ob diese frühen Übersetzungsversuche von 1522 nicht durch die Eile zu erklären sind, mit der das Septembertestament hergestellt und das Dezembertestament revidiert wurde. Dieser möglichen Erklärung steht aber doch wohl ein Vorseptembertestamentzitat dieser Bibelstelle im Wege, in dem die Septembertestamentfassung vorweggenommen wurde: "Mangelln des preyszes, den gott von yhn habenn soll" (WA 10 I 2, 198, 29f.). Luther spricht hier klar genug aus, daß Gott von den Menschen nicht den Preis oder das Lob erhält, den oder das er haben sollte. Übrigens ist ein interessantes Wort in diesem Zitat die Präposition "von", die einen besseren Sinn ergibt als das "an" im Septembertestament.

Römer 3, 24

TE: δικαιούμενοι δωρεὰν τῇ αὐτοῦ χάριτι, διὰ τῆς ἀπολυτρώσεως τῆς ἐν Χριστῷ Ἰησοῦ.

ÜE: Iustificantur autem gratis per illius gratiam, per redemptionem quae est in Christo Jesu.

Vg: Justificati gratis per gratiam ipsius, per redemptionem, quae est in Christo Jesu.

ST: *vnd werden on verdienst gerechtfertiget / aus seyner gnad / durch die erlosung / so durch Christo geschehen ist /*

Gleich den vorhergehenden Versen steigert auch Vers 24 den Sinn der Paulinischen Worte. Das "δωρεάν", von der Vulgata und von Erasmus richtig mit "gratis" wiedergegeben, erscheint bei Luther besonders betont als "on verdienst". In der Römerbriefvorlesung war "gratis" bereits durch "sine meritis et operibus" erklärt worden. (WA 56, 37, 12). Dabei wäre zu erwähnen, daß schon bei Lyra ein "sine meritis nostris" in dieser Verbindung vorkommt. Spätaugustinisches Denken lebte somit weiter im Mittelalter, bis es von neuem mit Macht in Luthers Auslegung und Übertragung an den Tag trat.

Weiter überrascht es kaum, daß Luther ebenfalls Pauli kompakte Worte "διὰ τῆς ἀπολυτρώσεως τῆς ἐν Χριστῷ Ἰησοῦ" ausführlicher gestaltete: "durch die erlosung, so durch Christo geschehen ist". Das Paulinische "ἐν" und das "in" der Vulgata und des Erasmus werden in Luthers Händen zu einem kräftigeren "durch" und der lateinischen Übersetzer einfaches "est" zu einem nachdrücklicheren "geschehen ist". Man glaubt zu spüren, daß Luther einfach nicht anders konnte, als das ganze Heilsschema vollkommen und unmißverständlich in deutscher Sprache wiederzugeben. Dieser ausgebauten Übertragung von 1522 ging eine noch ausgebautere Auslegung in der Römerbriefvorlesung vorauf: "a peccatis ipse solus redemit" (WA 56, 37, 14). Die Hinzufügung von "solus" unterstreicht noch die Ausschließlichkeit der Erlösung allein durch Christus. Man wundert sich fast, daß Luther sich zurückhielt, ein "allein" oder ein "nur" seiner Übersetzung hinzuzufügen. Wenn er sich auch in seiner formellen Übersetzung davon zurückhielt, so ließ er sich aber in einem gelegentlichen Vorseptembertestamentzitat von 1521 gehen: "Wyr seyn . . . rechtfertig worden umbsonst und ausz lautter barmhertzickeit" (WA 7, 377, 2f.). Die Worte "ausz lautter barmhertzickeit" gehen über des Septembertestaments einfaches "aus seyner gnad" hinaus. Die Luthersche Akzentuierung in Vers 24 ist unverkennbar. Sie bedeutet Aufhellung des kompakten Verses für den gemeinen Mann.

Römer 3, 25

TE: ὃν προέθετο ὁ θεὸς ἱλαστήριον, διὰ τῆς πίστεως ἐν τῷ αὐτοῦ αἵματι, εἰς ἔνδειξιν τῆς δικαιοσύνης αὐτοῦ, διὰ τὴν πάρεσιν τῶν προγεγονότων ἁμαρτημάτων, ἐν τῇ ἀνοχῇ τοῦ θεοῦ.

ÜE: quem proposuit deus reconciliatorem, per fidem interueniente ipsius sanguine, ad ostensionem iusticiae suae, propter remissionem praeteritorum peccatorum, quae deus toleravit.

Vg: quem proposuit Deus propitiationem per fidem in sanguine ipsius, ad ostensionem iustitiae suae propter remissionem praecedentium delictorum in sustentatione Dei.

ST: *wilchen gott hat furgestellet zu eynem gnade stuel / durch den glauben ynn seynem blut / da mit er die gerechtickeit / die fur yhm gilt / beweyse / ynn dem / das er vergibt die sund / die zuuor sind geschehen vnter gotlicher gedult / die er trug /*

Dies ist ohne Zweifel einer der komplizierteren Verse in unserer Römerbriefstelle. Die Luthersche Übertragung ist nicht nur spannend, sondern auch zum Teil verunglückt. Da ist zunächst die interessante Übersetzung von "ἱλαστήριον" durch das ganz konkrete "gnade stuel", wahrscheinlich nahegelegt durch "θρόνος τῆς χάριτος" aus H 4, 16.

Schon in der Römerbriefvorlesung hatte Luther das abstrakte "propitiationem" der Vulgata zugunsten des konkreten "propitiatorium" ("melius propitiatorium") zurückgewiesen (WA 56, 37, 16). Dies stammte sicher aus Faber Stapulensis, dessen Formulierung dem Urtext, zu dem Luther damals noch keinen Zugang hatte, näherkam als die Vulgata. Jedenfalls ist Luthers Gnadenstuhl eine recht anschauliche Übertragung. Übrigens können wir den studentischen Nachschriften entnehmen, daß Luther tatsächlich Faber Stapulensis als "Grecus" bezeichnete (WA 57 I, 40, 5f.). Dies Wort findet sich nicht in Luthers eigenem Manuskript, weil er es für sich selber nicht benötigte. Aber als er sich an die Hörer wandte, fand er es wohl ratsam, ihnen zu erklären, woher das in der Vulgata nicht enthaltene "propitiatorium" herrührte. Wir können Luthers Studenten nur dankbar sein, daß sie mitschrieben, was er tatsächlich sagte, besonders wenn es über das hinausging, was in seiner Präparation stand.

Zwischen der Auslegung von 1515 und der Übersetzung von 1522 gibt es nicht weniger als vier gelegentliche Zitate dieser Stelle in Luthers deutschen Schriften: 1517: ". . . tzu eym propitiatorio, Ro. III, das ist, tzu eynem throne der gnadenn" (WA 1, 203, 13); 1518: "zu aim propiciatorium, das ist zu ainem gnadenthron, . . ." (WA 1, 703, 20); 1522: "tzu eynem gnadenthron" (WA 10 I 1, 125, 4f.); 1522: "tzum gnadenthron" (WA 10 I 1, 720, 6f.).

Angesichts des ganz vorzüglichen "Gnadenthron" wundert man sich eigentlich, warum Luther das wohl nicht ganz so gelungene "Gnadenstuhl" gebrauchte, als er am Septembertestament arbeitete.

Die nächste beachtenswerte Stelle in Luthers Übertragung dieses Verses ist prinzipiell nicht völlig neu. Das griechische Präpositionalgefüge "εἰς ἔνδειξιν τῆς δικαιοσύνης αὐτοῦ" wird in einen Nebensatz umgewandelt, "da mit er die gerechtickeit . . . beweyse". Innerhalb dieser Stelle sind wir auf die besondere Behandlung, die der Genitiv *"αὐτοῦ"* in dem Passus *"τῆς δικαιοσύνης αὐτοῦ"* erfährt, bereits vorbereitet: "die gerechtickeit, die fur yhm gilt". Dasselbe war schon in Vers 21 geschehen und, was das angeht, ebenfalls bereits im 17. Vers des ersten Kapitels.

Der letzte Teil dieses langen Verses 25 ist vielleicht am schwierigsten zu verstehen und darum auch zu übertragen. Luther hatte seine Mühe damit und scheiterte tatsächlich an den letzten Worten. Zunächst verwandelte er eine Präpositionalkonstruktion in einen Nebensatz: *"διὰ τὴν πάρεσιν τῶν προγεγονότων ἁμαρτημάτων"* wurde übertragen wie folgt: "ynn dem / das er vergibt die sund / die zuuor sind geschehen", wobei die letzten drei Worte ihren Ursprung klar verraten. Ihre Quelle ist der griechische Text allein; denn weder der Vulgata "praecedentium" noch selbst Erasmus' "praeteritorum" ergeben ohne weiteres Luthers "zuuor sind geschehen", eine Übertragung direkt aus dem griechischen *"προγεγονότων"*.

Die Schlußworte des 25. Verses führten zu einer wirklichen Entgleisung Luthers im Septembertestament. Zuerst, und zwar überraschenderweise, übersetzte er das Präpositionalgefüge *"ἐν τῇ ἀνοχῇ τοῦ θεοῦ"* durch ein solches im Deutschen, wobei er allerdings den Genitiv *"τοῦ θεοῦ"* adjektivisch, "gotlicher", wiedergab: "vnter gotlicher gedult". Wenn er hier aufgehört hätte, wäre alles in Ordnung gewesen. Ohne vorzüglich zu sein, wäre das Resultat durchaus annehmbar gewesen. Aber Luther fügte einen Relativsatz hinzu, ein Vorgehen, das auf den ersten Blick nicht nur eigentümlich, sondern geradezu unverständlich ist. Diese Worte scheinen keine Grundlage im griechischen Text zu haben. Und doch gibt es eine verhältnismäßig einfache Erklärung. Diese findet sich in Erasmus' zweiter Ausgabe des Neuen Testaments von 1519, in der er seine frühere Übersetzung des Versschlusses radikal änderte. In der ersten Ausgabe von 1516 hatte er die griechischen Worte *"ἐν τῇ ἀνοχῇ τοῦ θεοῦ"* recht wörtlich mit "in patientia dei" übersetzt, welche Übersetzung sich von der der Vulgata nur durch den Gebrauch des Substantivs "patientia" anstatt "sustentatione" unterschied. In der zweiten Ausgabe von 1519 jedoch entschied er sich für eine ganz freie Übertragung dieser Stelle "quae deus toleravit", wobei das "quae" sich auf "praeteritorum peccatorum" bezieht. Der zu schnell arbeitende Luther übertrug anscheinend nicht nur das griechische *"ἐν τῇ ἀνοχῇ τοῦ θεοῦ"* in "vnter gotlicher gedult", sondern auch zusätzlich die neue Erasmische Übersetzung "quae deus toleravit" in "die er trug". So dürfte es gekommen sein, daß er dem "vnter gotlicher gedult", das für sich allein genügt hätte, noch den überflüssigen Nebensatz "die er trug" zufügte. Man kann nur schließen, daß Luther entweder momentan eingeschlafen sein dürfte oder in der riesigen Eile, mit der er vorging, den *lapsus calami* nicht bemerkte!

Römer 3, 26

TE: πρὸς τὴν ἔνδειξιν τῆς δικαιοσύνης αὐτοῦ, ἐν τῷ νῦν καιρῷ, εἰς τὸ εἶναι αὐτὸν δίκαιον, καὶ δικαιοῦντα τὸν ἐκ πίστεως Ἰησοῦ.

ÜE: ad ostendandam iusticiam suam, in praesenti tempore: in hoc, ut ipse sit iustus: & iustificans eum qui est ex fide Iesu,

Vg: ad ostensionem iustitiae eius in hoc tempore: ut sit ipse iustus, et iustificans eum, qui est ex fide Iesu Christi.

ST: *das er zu disen zeyten beweysete die gerechtickeyt / die fur yhm gilt / Auff das er alleyne gerecht sey / vnd rechtfertige den / der da ist des glawbens an Ihesu.*

Auch dieser Vers trägt unverkennbar Luthersche Züge in seiner deutschen Fassung. Da wären zunächst wieder einmal Auflösungen präpositionaler Konstruktionen in Nebensätze. "πρὸς τὴν ἔνδειξιν" wird "das er ... beweysete", und "εἰς τὸ εἶναι" wird "Auff das er ... sey". Weiter ist es kaum noch eine Überraschung, "τῆς δικαιοσύνης αὐτοῦ" durch "die gerechtickeyt, die fur yhm gilt" wiedergegeben zu sehen. Daß der Genitiv "Ἰησοῦ" in "πίστεως Ἰησοῦ" mit "an Jhesu" übersetzt wird, dürfte fast schon erwartet werden.

Aber alle diese characteristischen Lutherübertragungen werden durch eine außerordentliche Hinzufügung in den Schatten gestellt, eine Hinzufügung, die nicht weniger bedeutsam ist als die besser bekannte in Römer 3, 28. Mit selbst für Luther erstaunlicher Kühnheit setzt er vor "gerecht" ein "alleyne". Es genügt ihm anscheinend nicht, Gott als gerecht im allgemeinen bezeichnet zu sehen, weil das die Möglichkeit offen ließe, daß auch ein anderes Wesen so gekennzeichnet werden könnte. Um solchem Mißverständnis vorzubeugen, sagt er *expresso verbo*, daß Gott allein, daß nur Gott gerecht ist: "Auff das er alleyne gerecht sey . . ." Zwei Dinge entsprechen hier einander: Der Mensch in seiner grundsätzlichen Ungerechtigkeit, die er von sich aus niemals überwinden kann, findet sich am entgegengesetzten Ende der Gerechtigkeit, die nur Gott besitzt. Zum Glück für den Menschen jedoch ist Gott den reinmenschlich unglaublichen Weg gegangen, dem Menschen die Gerechtigkeit mitzuteilen, die vor Gott gilt. Um den Grundgedanken des allein gerechten (und implizit allein gerechtmachenden) Gottes mit letzter Klarheit herauszustellen, ging Luther in seiner "Übertragung" so weit, das schwerwiegende Wörtchen "alleyne" einzufügen. Luther hat also wieder einmal kräftiger unterstrichen und herausgearbeitet, was Paulus an dieser Stelle sagt. Der Reformator ist eben mehr als Nurübersetzer.

Selbstverständlich hatte Luther schon in der Römerbriefvorlesung dies Gottesbild betont. Die Vulgataworte "ut sit ipse iustus" hatte er wie folgt interpretiert: "solus Deus per naturam cognoscatur esse" (WA 56, 38, 12f.). Dieser

Gott, der allein gerecht ist, schenkt auch allein die Gerechtigkeit: ". . . a solo Deo Iustitiam nostram querendam . . ." und "per eum solum Iustificarentur omnes" (WA 56, 38, 24. 29). Es gibt keine frühen Zitate dieser Stelle in den deutschen Schriften, aber in einem lateinischen Zitat aus den noch früheren *Dictata super Psalterium* steht diese bemerkenswerte Formulierung: "iustus solus et preter eum nullus, sed omnes iustificans" (WA 4, 417, 26f.). Hier ist das Wort "solus" noch verstärkt durch die Worte "preter eum nullus".

Es ist unbestreitbar, daß Luthers kühner Hinzufügung von "alleyne" im Septembertestament eine ganz bestimmte Gottesanschauung voraufging. Die "Übertragung" von 1522, die darauf beruht, ist kein plötzlicher Einfall. Sie war vielmehr das unvermeidlich-unentrinnbare Ergebnis theologischer Grundansichten, von Paulus inspiriert, aber von Luther schärfer und mächtiger ausgedrückt, als der Apostel an dieser Stelle getan hatte. Luthers Verhältnis zu Paulus ist nun einmal das des Mitdenkers, sogar Vertiefers.

Römer 3, 27

TE: Ποῦ οὖν ἡ καύχησις; ἐξεκλείσθη. διὰ ποίου νόμου; τῶν ἔργων; οὐχὶ ἀλλὰ διὰ νόμου πίστεως.

ÜE: Ubi igitur gloriatio? Exclusa est. Per quam legem? Operum? Non, imo per legem fidei.

Vg: Ubi ergo gloriatio tua? Exclusa est. Per quam legem? Factorum? Non: sed per legem fidei.

ST: *Wo ist denn nu deyn rhum? er ist außgeschlossen / durch wilch gesetz? durch der werck gesetz? Nicht also, sondern durch des glawbens gesetz.*

Endlich ein Vers, der keine größeren Probleme enthält. Nicht daß er ohne Luthersche Hinzufügungen ist, aber diese Hinzufügungen sind weit weniger bedeutsam als die in den vorhergehenden Versen. Die erste Hinzufügung zum griechischen Text dürfte sogar auf die Vulgata zurückgehen, jedenfalls stimmt sie mit ihr überein. Das "deyn rhum" entspricht nämlich dem "tua" der Vulgata in "gloriatio tua". Die zweite Hinzufügung besteht vor allem in der sprachlichen Ausdeutung des Textes. Nachdem Paulus gefragt hat, "durch welches Gesetz?", fährt er fort zu fragen, "der Werke?", und antwortet: "nein, sondern durch das Gesetz des Glaubens". Luther tut nichts, als den Genitiv "der Werke" zu erweitern zu "durch der werck gesetz" zum Zweck völliger stilistischer Übereinstimmung mit "durch des glawbens gesetz" am Ende des Verses. Übrigens hat die Revised Standard Bibel genau dasselbe wie Luther getan in Gegensatz zu dem wörtlichen "of works" der King James Bibel.

Luthers Hinzufügung des "deyn" ist einigermaßen sonderbar. In der Römerbriefvorlesung hatte er tatsächlich das "tua" aus seinem Vulgatatext ausgestrichen und seinen Hörern gesagt: "'tua' non est in Greco" (WA 57 I, 41, 3). Man kann nur schließen, daß Luther im Jahre 1522, sowohl auf der Wartburg während der eigentlichen Übersetzung wie auch in Wittenberg bei der Revision (mit Hilfe Melanchthons!), sich dieser Tatsache nicht mehr bewußt war. Jedenfalls kann man Erasmus nicht die Schuld in die Schuhe schieben, da er in seiner Übersetzung eben nur "gloriatio" ohne "tua" hat. So bliebe also nichts als die Vulgata als Quelle für Luthers "deyn"?

Aber vielleicht ist der größte Schuldige wieder einmal die unglaubliche Eile, mit der Luther arbeitete. Außerdem verändert die Hinzufügung des "deyn" den Sinn der Stelle durchaus nicht. Ein aufmerksamer Lutherleser darf sogar der Meinung sein, daß Luther sich für das "deyn" bewußt entschied, weil es so viel dramatischer wirkt als der bloße bestimmte Artikel. Der Bibelleser fühlt sich persönlich angesprochen durch das "deyn". Luther liebte es, sich so oft wie möglich direkt an seine Hörerschaft zu wenden. Es ist auch erwähnenswert, daß die sprachlich sehr interessierte Revised Standard Bibel ganz ähnlich vorgeht, nur daß sie den Plural statt des Singulars des *Possissivpronomens* und die erste statt der zweiten Person gebraucht: *"our* boasting". Dies beruht sicher nicht auf der Vulgata "tua", sondern offensichtlich auf dem ganzen Zusammenhang. Weder das "tua" der Vulgata noch Luthers "deyn" noch das "our" der Revised Standard Bibel tut dem Sinn des Paulus irgendwie Gewalt an. Alle drei dramatisieren und personalisieren ihn lediglich.

Römer 3, 28

TE: λογιζόμεθα οὖν πίστει δικαιοῦσθαι ἄνθρωπον χωρὶς ἔργων νόμου.

ÜE: Arbitramur igitur fide iustificari hominem absque operibus legis.

Vg: Arbitramur enim iustificari hominem per fidem sine operibus legis.

ST: *So halten wyrs nu / das der mensch gerechtfertiget werde / on zu thun der werck des gesetzs / alleyn durch den glawben /*

Vers 28 ist der Mittel- und Höhepunkt unseres ganzen Passus. Anders gesagt, R 3, 28 ist die Zusammenraffung von R 3, 19–27. Es ist gewissermaßen Pauli triumphierender Schlußsatz der vorhergehenden Ausführungen. Auf Grund seiner bisherigen Übersetzungsleistung dürfen wir annehmen, daß Luther sich auch dieser Aufgabe gewachsen zeigen wird. Und in der Tat kommt die Luthersche peroratio der Paulinischen zum mindesten gleich.

Luther beginnt den deutschen Vers mit einem summierenden, peroratorischen "So", welches völlig klarmacht, daß der Höhepunkt des Arguments erreicht worden ist. Er verläßt dann die Paulinische Wortfolge und übersetzt als nächstes "δικαιοῦσθαι ἄνθρωπον" durch einen kaum ganz unerwarteten Nebensatz, "das der mensch gerechtfertiget werde". Erst dann ist er willens zu sagen, *wie* der Mensch gerechtfertigt wird. Aber auch dies geschieht nicht ohne eine weitere wichtige Veränderung der Wortfolge. Zuerst sagt er, wie der Mensch *nicht* die Rechtfertigung erlangt, ehe er schließlich ausdrückt, wie er in Wirklichkeit dazu kommt. Auf diese Weise fällt der Hauptakzent auf die positive Erreichung der Rechtfertigung, während die negative Aussage, wie sie nicht erreicht wird, an der minder betonten vorletzten Stelle steht.

Soweit haben wir nur die Restrukturierung des Paulinischen Satzes dargestellt. Es geht aber um mehr als bloße Änderung der Wortfolge. Luther erweitert zwei Paulinische Formulierungen: "χωρὶς ἔργων νόμου" und "πίστει". Die erstere, in der Vulgata durch "sine operibus legis" übersetzt und von Erasmus durch "absque operibus legis", heißt bei Luther "on zu thun der werck des gesetzs". Diese Übertragung ist nicht völlig neu innerhalb der in dieser Arbeit analysierten Versgruppe. Sie war bereits, allerdings etwas verkürzt, in Vers 21 vorgekommen, wo "on zuthun des gesetzs" für "χωρὶς νόμου" steht. Die wichtigen Worte sind "on zuthun" bzw. "on zu thun" als Übersetzung von "χωρὶς". Das ist eine kräftige Unterstreichung der Paulinischen Aussage, ohne dem Grundsinn Gewalt anzutun. Übrigens ist diese Lutherübersetzung weder von Hieronymus Emser noch anderen zeitgenössischen Kritikern meines Wissens in Frage gestellt worden.

Das Schicksal der zweiten Erweiterung, die Luther in diesem Vers vornahm, der Hinzufügung des weltberühmten "alleyn" zu "durch den glawben", war jedoch ganz anders. Er wurde deswegen so schwer angegriffen, daß er sich veranlaßt fühlte, seine außerordentliche Übertragung gerade dieser Stelle eingehend im Sendbrief vom Dolmetschen zu verteidigen. Er tat dies in erster Linie auf philologisch-literarischer Grundlage mit der Behauptung, daß er nicht "sola fide", sondern "solum fide" im Deutschen gesagt habe und daß das "alleyn" durch das vorhergehende negative "on zu thun" durchaus deutschem Sprachgebrauch entspräche. Dabei kann Luther aber die Bemerkung nicht unterdrükken, daß Paulus tatsächlich "sola fide" meine.

Wenn wir uns diese ganze Römerbriefstelle daraufhin noch einmal ansehen, ist es klar, daß die Idee des "alleyn durch den glawben" bereits vorher durch ähnliche sprachliche Formulierungen ausgedrückt war wie "die gerechtickeyt die fur got gilt", "on zuthun des gesetzs", vor allem aber "alleyne gerecht". Das "alleyn" an prominenter Stelle in dem zusammenfassenden Vers 28 ist lediglich der Schlußstein in einer Reihe von Aussagen, die Luthers Grundüberzeugung, daß allein der Glaube den Menschen vor Gott rechtfertigt, ausdrücken.

Schon in der Römerbriefvorlesung kommen bei der Interpretation von Vers 28 Gedanken vor, die die Übertragung von 1522 erklären helfen. Das Anfangswort der Vulgata, "Arbitramur" gefällt ihm ganz und gar nicht. Es ist ihm nicht nachdrücklich genug: "segnius dicit" (WA 56, 39, 21–24). Er will nicht glauben, daß es nur "opinari" bedeutet. Statt dessen schlägt er vor: "decernimus et asserimus, colligimus ex dictis" (WA 56, 39, 8). Mit anderen Worten: Luther betrachtet Vers 28 als den logischen Schluß dessen, was vorher gesagt ist. Das ihm ungenügende "Arbitramur" möchte Luther ersetzt sehen durch "arbitrari tenemur" (Wa 56, 39, 17–20), d.h., wir müssen schließen oder halten. Was Paulus für Luthers Empfinden leider zu phlegmatisch ausdrückt ("segnius dicit"), meine er tatsächlich nach Luthers Gefühl viel leidenschaftlicher ("vehementius significat"). Luther kritisiert Paulus und tadelt ihn, an dieser entscheidenden Stelle ein zu schwaches Wort gebraucht zu haben. Was Paulus Luther zufolge hätte wirklich sagen wollen, sei das Folgende: "Illi arbitrantur hominem Iustificari ex operibus, que est vere opinio et arbitrium; Nos autem 'arbitramur' i.e., scimus et certi sumus etc" (WA 56, 39, 22–24). Auf diese Weise legt Luther seine tiefe Unzufriedenheit mit "arbitramur" dar und setzt "scimus" und "certi sumus" an seine Stelle. Einige Zeilen vorher hatte er es sogar noch stärker formuliert: ". . . certissime et firmiter oportet hoc credere et scire", d.h., "hominem Iustificari per fidem" (WA 56, 39, 18–20). Eine weitere interessante Formulierung Luthers steht in der studentischen Nachschrift: "nostrum arbitrari . . . solidum est" (WA 57, 41, 21f.).

Es kommt wohl nicht oft vor, daß Luther offen und *expressis verbis* Paulus zur Rede stellt und wortwörtlich eigene stärkere Ausdrücke vorzieht. Soweit ich im Bilde bin, hat nur Luther das getan. Weder Faber Stapulensis noch frühere Bibelkommentatoren haben in dieser Sache vorgearbeitet. Auch Aleanders *Lexicon Graecolatinum* von 1512 hätte an diesem Punkte nicht geholfen, selbst wenn der griechische Text ihm in diesem vorerasmischen Stadium seiner Beschäftigung mit dem Römerbrief schon zugänglich gewesen wäre. Unter "λογίϛομαι" finden sich bei Aleander die folgenden lateinischen Übersetzungen: "computo. considero. existimo. arbitror. reputo." Keins dieser Worte würde Luther befriedigt haben. Bei diesem Begriff, der ihm so große Mühe machte, war er auf sich selber angewiesen. Hier bricht eben der Mitautor in ihm durch und beansprucht einen Platz neben, wenn nicht gar über dem "anderen" Autor.

Erstaunlich ist aber, daß in der Römerbriefvorlesung den Kernworten des Verses, "iustificari hominem per fidem", kein "solam" oder "solum" beigefügt wird. Anscheinend war die Weißglut der eigentlichen Übertragung nötig, um dies zu bewerkstelligen. Jedenfalls fehlt dies Wort in der Vorlesung von 1515.

Der letzte Teil des Verses, "sine operibus legis", erfuhr eine aufregende Interpretation in dieser Vorlesung: "sine adiutorio et necessitate operum legis" (WA, 56, 39, 10f.). Man darf wohl sagen, daß das "sine adiutorio" von 1515 dem "on zu thun" von 1522 weithin entspricht. Luther hat sich 1522 tatsächlich zurückgehalten, insofern er das noch stärkere "sine . . . necessitate" nicht einfügte. Ob er sich nun 1522 an das, was er 1515 gesagt hatte, erinnerte oder nicht, das Auslassen von "necessitate" ist fast ein Sichzügelanlegen des Mannes mit dem überströmenden Herzen. In dem *Scholion* stehen ein paar unvergeßliche Worte, die unmißverständlich zeigen, wie engagiert der junge Professor war: "fervere ad Iustitiam" (WA 56, 266, 29f.). Die Idee der göttlichen Gerechtigkeit verzehrte ihn. Darum konnte er so ergreifend darüber reden und schreiben. Darum konnte er Paulus so großartig und so autoritativ in seine eigene deutsche Sprache übertragen. Darum konnte und durfte er sich zur Höhe eines Koautors erheben, als er Paulus in einer anderen Zunge als der griechischen reden ließ. Er hatte Paulinische Gedanken nach- und mitgedacht und einen langen Blick in Pauli Herz getan. Darum konnte er ihn sogar gelegentlich zurechtweisen, wenn er meinte, daß Paulus gewisse Dinge nicht ganz so emphatisch und klar gesagt hatte, wie er hätte tun sollen und wie Luther dann auch tatsächlich selber zu sagen unternahm und wagte.

Es gibt ferner eine Reihe von Vorseptembertestamentzitaten unserer Stelle, lateinische wie deutsche, in die Luther "sola" und "allein" einführt. Kein Zitat ist jedoch älter als die Vorlesungen von 1515. 1518 schreibt er: "Apostolus . . . clamat omnes . . . *sola* iustificandos fide" (WA 1, 332, 26–29). Das erste deutsche Zitat stammt vom Jahre 1521: ". . . nit . . . ausz unsern wercken, sonder *allain* auß dem glauben in Christum, als Paulus zu den Römern spricht am III" (WA 7, 241, 16–18). Ein drittes Zitat von 1522 ist vielleicht die treffendste und gelungenste Übertragung überhaupt einschließlich des Septembertestaments selber: "Paulus . . . leret, *alleyn* auß dem glawben on *alle* werck" (WA 10 I 1, 343, 25f.). Diese Fassung ist wohl ein *non plus ultra*, das nur einem Denker gelingen konnte, der sich einen Paulinischen Hauptgedanken völlig zu eigen gemacht hatte mit ganzem Herzen und Gemüte und der sich aus einem Schüler seines Meisters zu einem Mitmeister in der Grundfrage der *iustificatio coram deo* entwickelt hatte. Die Wahlverwandtschaft zwischen Luther und Paulus ist wohl am schönsten und brennendsten ausgedrückt in Luthers Auslegung und Übertragung des Kernverses des Römerbriefes, wie Luther es in der Marginalie zu unserem Passus im Septembertestament formuliert hatte: "das hewbtstuck vnd der mittelplatz dißer Epistel vnd der gantzen schrifft."

Römer 3, 29

TE: ἢ Ἰουδαίων ὁ θεὸς μόνον; οὐχὶ δὲ καὶ ἐθνῶν; ναὶ καὶ ἐθνῶν.

UE: an Iudaeorum deus tantum? An noñ & gentium? Certe & gentium.

Vg: An Iudaeorum Deus tantum? nonne et Gentium? Immo et Gentium.

ST: *Odder ist Got alleyn der Juden Gott? Ist er nicht auch der heyden Got? Ja freylich auch der heyden Got* /

Dieser Vers gehört zu den unkomplizierteren unseres Passus. Luthers Zusätze dienen lediglich zur Klarermachung des Textes. Durch die dreimalige Einfügung des Wortes "Gott" erleichtert Luther die Lektüre, ohne den Sinn im geringsten zu verändern. Die Revised Standard Bibel schloß sich Luther an außer am Ende des Verses. Die weitere Einfügung von "ist" und "ist er" ist nichts als natürlich in einer modernen Sprache und findet sich ebenfalls in der Revised Standard Bibel. Luthers Übersetzung dieses Verses ist akkurat, ganz klar und idiomatisch. Sie liest sich wie ein ursprünglich deutsch geschriebener Passus.

Römer 3, 30

TE: ἐπείπερ εἷ ὁ θεὸς, ὃς δικαιώσει περιτομὴν ἐκ πίστεως, καὶ ἀκροβυστίαν διὰ τῆς πίστεως.

ÜE: Quandoquidem unus deus, qui iustificabit circumcisionem ex fide, & praepucium per fidem.

Vg: quoniam quidem unus est Deus, qui iustificat circumcisionem ex fide, et praeputium per fidem.

ST: *syntemal es ist eyn Got / der da rechtfertiget die beschneyttung aus dem glawben / vnd die vorhaud durch den glawben.*

Auch Vers 30 ist ein relativ einfacher Vers, der kaum größere Probleme stellt. Luthers Übersetzung ist wörtlich genug und zugleich ohne weiteres verständlich. Er nahm nur eine einzige Veränderung vor. Anstatt des griechischen Futurs ("δικαιώσει"), von Erasmus richtig durch "iustificabit" übersetzt, gebraucht Luther das Präsens, das sich ebenfalls in der Vulgata ("iustificat") findet. Der Grund für dies Vorgehen Luthers ist wohl kaum ein Versehen oder Ignorierung des griechischen Originals, sondern diese Bevorzugung des Präsens ist wahrscheinlich ein bewußter Akt. Rechtfertigen ist ein Daueraspekt von Luthers Gott, der die Gläubigen, ob Juden oder Heiden, in der Vergangenheit, Gegenwart und Zukunft rechtfertigt. Das Präsens drückt diese Tatsache besser aus als das Futur.

Römer 3, 31

TE: νόμον οὖν καταργοῦμεν διὰ τῆς πίστεως; μὴ γένοιτο, ἀλλὰ νόμον ἱστῶμεν.

ÜE: Legem igitur irritam facimus per fidem? Absit. Imo legem stabilimus.

Vg: Legem ergo destruimus per fidem? Absit: sed legem statuimus.

ST: *Wie? heben wyr denn das gesetz auff durch den glawben? das sey ferne von vns / sondern wyr richten das gesetz auff.*

Eine Randbemerkung zu diesem Vers lautet: *Der glawb erfullet alle gesetz / die werck erfullen keyn tittel des gesetzs.*

Der letzte Vers ist ebenfalls verhältnismäßig einfach. In Luthers Übertragung finden sich zwei interessante Zusätze, deren keiner den Sinn ändert. Mit seinem unfehlbaren Gefühl für das Dramatische fügt Luther die Fragepartikel "Wie?" ein zwischen Vers 30 und 31. Dieser literarische Kunstgriff trägt zur größeren Anschaulichkeit der ganzen Stelle bei. Bei der starken Betonung des Glaubens als des ausschließlichen Erlösungsprinzips in Vers 30 dürften einige Leser der Epistel sich wundern, ob dies vielleicht doch nicht irgendwie das Gesetz zurückdrängte. Luther als Pauli bester und aufmerksamster Leser war kühn genug, diese logisch wie psychologisch berechtigte Frage durch das hinzugefügte "Wie?" auszudrücken. Dies "Wie?" zeugt von Luthers einfühlendem, mitgehendem Lesen wie auch von seiner Fähigkeit und seinem Mute, in Worte zu fassen, was er empfand. Er ist nun einmal Mitautor in einzigartiger Weise. Die zweite Hinzufügung, "von vns", zeigt wieder seine ganz persönliche Anteilnahme. Er läßt Paulus nicht einfach "das sey ferne" in der deutschen Fassung sagen, sondern verpersönlicht dies durch das zusätzliche "von vns". Paulus einerseits und Luther nach und mit ihm andererseits beabsichtigen auf keinen Fall, das Gesetz in dem Bereich, in den es hingehört, anzutasten.

Nach diesen sinnklärenden Hinzufügungen ist Luther schließlich doch wieder besorgt, ob seine Leser dies "Aufrichten" des Gesetzes vielleicht trotz allem mißverstehen könnten. So schrieb er schnell eine Randbemerkung des Inhalts, daß der Glaube die Grundtatsache der christlichen Existenz ist und bleibt und daß die Werke ihm in dieser Beziehung nichts abgraben: "Der glawb erfullet alle gesetz, die werck erfullen keyn tittel des gesetzs." Mit dieser so knappen wie klaren Zusammenfassung Paulinischen Denkens schließt Luther seine schöpferische oder mitschöpferische Übertragung auch des letzten Verses.

Wir sind am Ende unserer Analyse der Lutherschen Erstübersetzung von R 3, 19–31, sicher einer der Hauptstellen des Paulinischen Gesamtcorpus, wenn nicht Luthers Meinung nach der ganzen Schrift überhaupt. Was Luther in deutscher Sprache hervorbrachte, mutmaßlich binnen einer kurzen Stunde, ist wahrhaft eine erstaunliche Leistung. Der kongeniale Paulusleser par excellence und vollendete Meister der deutschen Sprache schenkte der Welt eine immer noch einzigartige Übertragung, einzigartig in ihrer ewig faszinierenden Mischung innerer Treue dem Original gegenüber und eigener ununterdrückbarer schöpferischer, zum mindesten mitschöpferischer Kraft und Macht. Diese beiden nicht immer leicht trennbaren Komponenten des Septembertestaments Luthers führten zur außerordentlichen Umsetzung Pauli in ein anderes Idiom in dem fast zweitausendjährigen Bemühen, dem größten der Apostel ein nichtgriechisches Sprachgewand zu weben.

AN "UNKNOWN" LUTHER TRANSLATION OF THE BIBLE

In the famed *Sendbrief vom Dolmetschen* of 1530 Martin Luther discusses the nature of his translation of the Bible. One of the key passages he dwells on is the well-known "Ave Maria gratia plena." He vigorously defends his rendering of "du holdselige" against his predecessors' and contemporaries' "du volgnaden."[1] Still he is far from insisting that his formal translation of these words in the German Bible is as good as it could be. He says clearly that even "du holdselige," though quite satisfactory, is not yet "das beste deutsch" imaginable. To put the salutation of the angel into the *best* German he would have had to say something like "du liebe Maria": "so wurde er [der Engel] geredt haben, wan er hette wollen sie deutsch grussen." "Wer Deutsch kan," Luther goes on, "der weis wol, welch ein hertzlich fein wort das ist: die liebe Maria, der lieb Gott, . . . Und ich weis nicht, ob man das wort 'liebe' auch so hertzlich vnd gnugsam in . . . andern sprachen reden můg, das also dringe vnd klinge ynns hertz, durch alle sinne, wie es thut in vnser sprache" (*WA*, 30², 638).

A full account of Luther's successive translations of this passage is given in my book *Martin Luther, Creative Translator.*[2] Let me say here only that Luther never incorporated this highly idiomatic rendering into any of the numerous editions of his formal translation of the Bible. After reading this, as well as several other similarly felicitous informal renderings of Biblical passages in the great *Sendbrief*, it occurred to me some years ago that there might be more *ad hoc* quotations of an unusual nature scattered throughout Luther's voluminous German and, for that matter, his Latin writings. Accordingly, with the aid of a corps of research assistants I have compiled over a period of some twenty years a complete collection of all the Biblical quotations found in Luther's German works. From the huge number that were found and indexed I have chosen for the present essay just a few examples from the New Testament, leaving the Old Testament for another occasion. They have been selected from a full quarter of a century of Luther's literary activity, from 1520 to 1545. About half of the quotations chosen precede the epoch-making *Septembertestament* of 1522; the other half follow this major event of German and European literature. The passages presented here are thus taken from the whole span of his writing, with the exception of the very first years when he was still wrestling with the vernacular and had not yet attained his later mastery of the German language.

Let us now examine in some detail a few representative passages from this hitherto "unknown Luther Bible," as I have chosen to designate the casual Biblical quotations in Luther's German writings. Though the Latin of the great Vulgate was ever ringing in Luther's ears, his translation of the New Testament is ultimately based on the Greek original.[3] In order to give the full picture and thus to show Luther's achievement in its proper context, the Greek original,[4] the Vulgate, the pre-Lutheran High German printed Bibles, and all of Luther's official texts will be cited. It will not always be necessary to quote the entire verse, but only the relevant phrase. A chronological sequence will be observed.

PRE–SEPTEMBERTESTAMENT
1520–21

Galatians v. 24

Greek

οἱ δὲ τοῦ Χριστοῦ Ἰησοῦ τὴν σάρκα ἐσταύρωσαν σὺν τοῖς παθήμασιν καὶ ταῖς ἐπιθυμίαις.

Vulgate

Qui autem sunt Christi, carnem suam crucifixerunt cum vitiis, et concupiscentiis.

The Mentel Bible

Wann die do seint cristus: die kreützigent ir fleisch mit dē sůnden vñ mit den geitikeiten.

The important Zainer redaction of the pre-Lutheran printed German Bibles made two changes from the Mentel text: (1) "cristus" became "cristi"; (2) "geitikeiten" was replaced by "begirlichkeyten."

Septembertestament

wilche aber Christis sind / die haben yhr fleysch gecreutzigt / sampt den lusten vnd begirden.

After changing "Christis" to "Christes" in the two editions of 1526 and in the second edition of 1527, and to "Christus" in the first edition of 1527, Luther, in the first edition of 1530, revised the first section of the verse to: "Welche aber Christum angehören, die creutzigen jr fleisch . . ."; clearly a stylistic improvement. It is also the only change he made in 1530. The fact that in this, his greatest single effort to perfect the German New Testament, Luther did not see fit to change the last phrase of the verse, "sampt den lusten vnd begirden," would seem to indicate that he was rather satisfied with his earlier performance. He never altered this phrase in any of the later editions of his German Bible. Apparently by no deliberate effort could he improve upon it.

78

However, among the several occasional quotations of this verse found in his German writings, there are two which are actually superior to the formal Lutheran Bible from a literary point of view, our primary concern here. Both are earlier than the *Septembertestament*; in fact they even antedate Luther's decision, made late in 1521, to undertake the translation of the entire Bible into German.

The first quotation occurs in *Von den guten Werken* of 1520, and reads: "die haben yhr fleisch gecreutzigt *mit seinen lastern und lusten*" (*WA*, 6, 244. 22f., italics mine). The second is found in *Grund und Ursach aller Artikel D. Martin Luthers* . . . of 1521 and reads: "Alle die . . . christum angehoren,[5] die creutzigen yhr fleisch *mit seinen lusten und lastern*" (*WA*, 7, 331. 10f., italics mine).

Luther, always moving easily throughout the length and breadth of the Bible, probably quoted this verse from memory. He felt particularly at home in Galatians, having lectured on this, his favorite epistle, in 1516–17, and then in 1519 prepared for publication these outstanding lectures, soon to be hailed by Erasmus as one of the great scholarly achievements of the age. Very likely he did not take the trouble to look up this verse in the Vulgate or to refer to Erasmus' Greek New Testament, probably feeling that this was not necessary before quoting it in a popular essay.

One may safely assume that what was in his mind was the Vulgate's words "cum vitiis, et concupiscentiis." These he rendered, memorably and evidently on the spur of the moment, by the alliterative phrase "mit . . . lastern und lusten" and, with reversed word order, "mit . . . lusten und lastern," the second rendering showing clearly that he had not even looked up the verse in the Vulgate before quoting from it. Both phrases, "lastern und lusten" and "lusten und lastern," impress themselves instantly on the reader's mind. They are too good to be lost in the almost unsurveyable mass of Luther's literary output, and they deserve a place of honor beside the formal version. Regarded as literature, many readers would consider them superior to it. They are a striking example of the inspired, that is, *literarily* inspired, phrases that Luther could throw off in the white heat of impromptu composition.

1521 (1533)

Mark x.30

Greek

ἐὰν μὴ λάβῃ ἑκατονταπλασίονα

Vulgate

Qui non accipiat centies tantum

The Mentel Bible

d enphecht nit allein .C valt

Zainer through S. Otmar

der nit darumb empfahe hundert mal als vil

Septembertestament

der nit hundertfeltig empfahe

We are interested in the verb, "λάβη," "accipiat," "enphecht," "empfahe."
Luther's official version, established in the *Septembertestament*, was never
changed. It was correct and perfectly satisfactory. The word occurs three times
as a casual quotation in Luther's German works. Once, in 1533, it is cited
exactly as it is in the formal Bible, "empfahe." Twice, however, it is rendered
more informally, in the highly idiomatic manner of Luther's common man. In
Der 36. Psalm Davids of 1521 Luther has this attractive variant: "der soll es
hundertfach *widderhaben*" (*WA*, 8, 230. 15f., italics mine). In *Verantwortung
der aufgelegten Aufruhr* of 1533, Luther puts it similarly: "hundertfeltig *widder
gekriegt*" (*WA*, 38, 122. 20, italics mine). These two variants, in all likelihood
written down as they occurred to him, deserve to be pulled out of the places
where they are now hidden, and brought to light. Both are examples of how
idiomatically Luther made the Scriptures speak his native tongue, as it were,
unhampered by the formal requirements he set for his official Bible.

1521

Ephesians v.19

Greek

ᾄδοντες καὶ ψάλλοντες τῇ καρδίᾳ

Vulgate

cantantes er psallentes in cordibus verstris

Mentel

singt vnd psalmpt dē herrn in eúeren hertzen:
(From the Zainer Bible on, "psalmpt" was
replaced by "psallirent.")

singet vn̄ spielt dem herrn ynn ewren hertzen

Our interest attaches to the participial phrase, "ᾄδοντες καὶ ψάλλοντες," rendered correctly and adequately by "singet vnd spielt" in the *Septembertestament* and never changed in the long post-*Septembertestament* history of the Lutheran Bible. An interesting variant is found in *Der 36. Psalm Davids*, an important essay written soon after Luther arrived on the Wartburg after the Diet of Worms in 1521. The phrase reads: "Yhr sollt . . . *singen vnd klingen* ynn ewren hertzen" (*WA*, 8, 234. 22ff., italics mine). This rhyming phrase, coming out of Luther's full heart as he re-experienced Paul's admonition to rejoice in the Lord, is obviously superior to the official version contained in the German Bible. Here, as in many other instances, he surpassed himself in a mere casual quotation. This translation borders on creative achievement.

I Timothy iv. 1

Greek

προσέχοντες πνεύμασιν πλάνοις καὶ διδασκαλίαις δαιμονίων,

Vulgate

attendentes spiritibus erroris, et doctrinis daemoniorum,

Mentel

sy vernement sich an die geist des irrthums vnd in den leren der teúfel.

From Zainer through S. Otmar

auffmerckend den geysten der irrsale, vnnd in den leren der teúfel.

Septembertestament

vnd anhangen den yrrigen geystern vn̄ leren der teuffel

In the thorough revision of the first edition of 1530, Luther changed "yrrigen" to "verfurischen," which he kept to the end. Incidentally, this change was anticipated as early as 1521 in an occasional quotation of this verse, "den vorfurischen geystern anhangen" (*WA*, 7, 357. 11). However suggestive of the richness of Luther's vocabulary in all periods of his life this particular change may be, we are here primarily interested in a variant of the final phrase, rendered accurately as "leren der teuffel" in the official German Bible.

In *Grund und Ursach aller Artikel D. Martin Luthers* of 1521 our verse occurs in this variant form: "anhangen den yrrigen geysten und *teuflischen leren und lugen*" (*WA*, 7, 425. 5f., italics mine). Luther here employs one of his favorite literary devices, the substitution of an adjective for a nominal genitive: "teuflisch" for "der teuffel." What makes it all the more noteworthy in this case is that the adjective-plus-noun phrase follows another adjective-plus-noun phrase, "den yrrigen geysten." Luther, in this casual quotation, makes the second phrase conform to the first, thereby producing a smoother version than a literal translation would provide. For good measure, he adds "lugen" to "leren," creating a pleasing alliterative phrase. Again Luther has identified himself with his author and recreated that author's thought in the German language.

II Timothy iii.5

Greek

ἔχοντες μόρφωσιν εὐσεβείας τὴν δὲ δύναμιν αὐτῆς ἠρνημένοι.

Vulgate

Habentes speciem quidem pietatis, virtutem autem eius abnegantes

Mentel

ernstlich sy haben dz bild der miltikeit. wann sy verlaugent seiner kraft.

Pflanzmann

gewiszlich sy haben daz bild der miltikeit. Wann sy verlaugent seiner kraft.

Zainer

habend die gestalt der miltikeit, aber sy verlaugent die tugent.

Koberger through S. Otmar

habend die gestalt der gůtigkeit aber verlaugent tugent

Septembertestament

die da haben das geperde eynes gottseligen wandels / aber seyne krafft verleucken sie

The first half of the verse underwent these changes in Luther's formal Bible: "das geperde" became "den schein" in the second edition of 1527 and "ein schein" in 1540; "wandels" became "wesens" in the first edition of 1530.

However, our chief interest in this connection is the second half of the verse, "aber seyne krafft verleucken sie," which is an accurate enough translation of the Greek original and remained unaltered throughout all later editions of Luther's Bible.

Two remarkable variants occur in writings of 1520 and 1521. In *An den christlichen Adel deutscher Nation* the following alternate reading is found: "Sie haben einen schein einis geistlichen lebens, unnd ist doch nichts dahyndenn" (*WA*, 6, 439. 26f.). This formulation recurs in *Auf das überchristlich . . . Buch Bock Emsers Antwort* of 1521: "Sie haben ein geperde der frumkeyt, und ist nichts dahyndenn" (*WA*, 7, 662. 21). A second rendering, just as free and at least as daring, occurs in *Von der Freiheit eines Christenmenschen:* "Sie haben eynen scheyn der frumkeyt, aber der grund ist nit da" (*WA*, 7, 33. 20f.). These two variants, radically different but equally striking, illustrate Luther's unique ability to express Paul's thought in highly idiomatic German.

Titus i.9

Greek

τοὺς ἀντιλέγοντας ἐλέγχειν.

Vulgate

eos, qui contradicunt, arguere.

Mentel

zeberespen die die do widersagent.

Pflanzmann

zestraffen die die do widersagent.

Zainer through S. Otmar

straffe die die do widerredent.

Septembertestament

zustraffen die widdersprecher.

All following editions of the Lutheran Bible retain this accurate rendering. There is, however, a more idiomatic version of this passage in *Deutsche Auslegung des 67. Psalmes* of 1521: *"das maul stopffen den wider partten"* (*WA*, 8, 27. 34). This is as completely informal and idiomatic as is perhaps possible.

What Luther does here actually goes beyond translation and takes us into the realm of practically original writing, inspired to be sure by somebody else's thought, but inspired just the same. It goes to the heart of the matter as no mere translation, however accurate, could. One is reminded of an observation made recently by the American poet Robert Lowell to the effect that genuine translation requires inspiration. He added that he was painfully aware of the virtual impossibiliy of truly adequate translation.

I Peter ii.9

Greek

λαὸς εἰς περιποίησιν,

Vulgate

populus acquisitionis

Mentel

volck des gewinnes:

Zainer through S. Otmar

volck der gewinnung

Septembertestament

das volck des eygēthums

While Luther's official rendering is correct, it is not outstanding. The student of Luther is surprised that he did not here, as he does so often elsewhere, convert the nominal genitive into an adjective, emerging with something like "sein eigenes Volk." An even better rendering occurs in a quotation of 1521. In *Das Magnificat verdeutschet und ausgelegt* we find this variant: "das volck, das got selbs erworbenn hat" (*WA*, 7, 596, 23f.). Luther has made a somewhat dark phrase, "volck das eygēthums," as clear as day. One is reminded of Luther's rendering of the idea of the righteousness of God, of "δικαιοσύνη θεοῦ," by "Gerechtigkeit, die vor Gott gilt," in his official Bible, or "gerechtigkeit, die Gott gibt" in an informal variant. Luther the translator is inseparable from Luther the interpreter. The great value of the casual Biblical quotations distributed so profusely throughout his vast writings is that they often supply the perfect rendering where the official Bible may not have the best and most idiomatic version Luther was actually capable of furnishing.

1522

Luke xxi.31

Greek

ὅτι ἐγγύς ἐστιν ἡ βαοιλεία τοῦ θεοῦ.

Vulgate

quoniam prope est regnum Dei.

Mentel through S. Otmar

daz dz reich gotz ist nachen.

Septembertestament

das dz reych Gottis nahe ist

This formal translation, which was not changed in any later edition, is perfectly correct and certainly wholly acceptable from a literary point of view. There is, however, a notable variant of the word "nahe" in the *Adventspostille* of 1522: "das es [das reych Gottis] fur der thüer ist" (*WA*, 101², 95. 9f.). This is a lively and dramatic German idiom, striking in its concreteness, easily surpassing the more ordinary "nahe."

Acts xvii.11

Greek

εἰ ἔχοι ταῦτα οὕτως.

Vulgate

si haec ita se haberent.

Mentel through S. Otmar

ob sich dise ding hettē also.

Septembertestament

ob sichs also hielte

The *Septembertestament* rendering, retained throughout all editions of the German Bible, is more than satisfactory. There is nothing whatsoever wrong with it. But there is again an informal quotation which contains a variant superior to the good formal translation of the Bible. It occurs in the *Kirchenpostille* of 1522 and reads: "obs alszo war were" (*WA*, 101[1], 15. 17). Obviously this variant should not be missed. It is even more concretely German than the official translation.

Romans xv. 13

Greek

εἰς τὸ περισσεύεω ὑμᾶς ἐν τῇ ἐλπίδι

Vulgate

ut abundetis in spe

Mentel through S. Otmar

das ir begnúgt in d zûuersicht

Septembertestament

auff das yhr die fulle habt durch die hoffnung

This rendering remained intact through the second edition of 1527. In the first edition of 1530, which contains the most throughgoing revision of the New Testament, our passage was greatly improved upon. It now reads: "auff das jr vollige hoffnung habt." While this phrase is excellent, there is another variant which is at least as attractive. It occurs in the *Adventspostille* of 1522: "Auff das yhr uberreych seytt ynn der hoffnung" (*WA*, 101[2], 92). Luther's mastery of idiom and wealth of variants are unique in the history of Bible "translation" in the West.

POST-SEPTEMBERTESTAMENT
1523

John iii.8

Greek

τὸ πνεῦμα ὅπου θέλει πνεῖ,

Vulgate

Spiritus ubi vult spirat

Mentel

Wo der geist wil do weet er:

Zainer through S. Otmar

Wo der geist wil do geyst er

Septembertestament

Der wind bleset wo er will

This well-known rendering was never changed in Luther's official German Bible, but there is what is surely a superior variant in the *Sermon am Tag der heiligen Dreifaltigkeit* of 1523: "Der windt *weet*, wo er wil' (*WA*, 12, 589. 35). The literary distinction of this casual quotation resides in the replacement of the non-alliterating "bleset" by the alliterating "weet," which makes the phrase fully alliterative in all four accented words. Luther has produced a reading that rivals the Greek original and the Vulgate by having both the subject and the verb of the main clause alliterate:

Greek: τὸ πνεῦμα ... πνεῖ,
Vulgate: spiritus ... spirat
Luther: der windt weet.

What was probably chance in the Greek and Latin phrases is certainly meaningful structure in a Germanic tongue.

1524

Matthew x.24

Greek

οὐκ ἐστιν ... δοῦλος ὑπὲρ τὸν κύριον αὐτοῦ.

Vulgate

Non est ... servus super dominum suum.

Mentel through S. Otmar

Der iunger sey nit vber den meister: noch der knecht vber sein herren.

Septembertestament

der iunger ist nit vbir den meyster / noch der knecht vbir den herren

This reading remained unaltered through 1546, i.e., to the last edition. In *Ein Brief an die Christen zu Strassburg* of 1524 a noteworthy variant occurs: "Der knecht solls nicht besser haben denn seyn herr" (*WA*, 15, 392. 5). This altogether free rendering is as idiomatic as they come.

1525

Colossians iii.14

Greek

ὅ ἐστιν σύνδεσμος τῆς τελειότητος.

Vulgate

quod est vinculum perfectionis.

Mentel

das do ist ein band der durnechtikeit:

Zainer through S. Otmar

das do ist ein band der volkumenheyt

Septembertestament

die da ist das band der volkommenheyt

This perfectly adequate literal translation was never changed in the formal German Bible. One is somewhat surprised at this rendering because Luther often converted — sometimes as early as the first edition, sometimes in a later edition — a nominal genitive construction to an adjectival one. Luther never did so with this phrase, that is, never in his official Bible. But there is a casual quotation in which Luther did take this "overdue" step. In the *Fastenpostille* of 1525 we find this variant: "wilche ist das volkomen band" (*WA*, 17², 117. 14f.). In this case it took an informal citation to attain a level normally reached in the regular Bible, his *magnum opus*.

II Thessalonians ii.4

Greek

καὶ ὑπεραιρόμενος ἐπὶ πάντα λεγόμενον θεὸν ἢ σέβασμα

et extollitur supra omne, quod dicitur Deus, aut quod colitur,

Mentel

vber alles das das do ist gesagt gott oder das do wirt geert:

Zainer through S. Otmar

vber alles das das do ist genennt gott vnd wirt erhöbet

Septembertestament

vn̄ sich vberhebt vber alles das Got odder Gottis dienst heyst

This excellent rendering, clearly based on the Greek, remained intact throughout all editions of Luther's Bible. So far as translation *qua* translation is concerned, it was a top performance. Yet Luther again bettered it in a casual quotation, putting the idea of this verse into unsurpassable idiomatic German. In *Wider die himmlischen Propheten* of 1525 occurs the variant "da greyfft er Gott ynn seyn ampt" (*WA*, 18, 112. 24). A German phrase like this is so thoroughly German that a casual reader is not aware that it is actually a "translation." Perhaps he is right, for the translator has again risen to the stature of "coauthor."

1526

Acts xxviii.31

Greek

διδάσκων . . . ἀκωλύτως.

Vulgate

docens . . . sine prohibitione.

Mentel

lert . . . on hinderung

Zainer through S. Otmar

lert on vorbietung. Amen.

lerete . . . vnuerpotten.

This good translation, clearly based on the Greek adverb "ἀκωλύτως" and not on the longer Vulgate phrase "sine prohibitione," remained unaltered in the later editions, but a notable variant is found in *Der Prophet Habakuk ausgelegt* of 1526: "frey eraus redten" (*WA*, 19, 393. 5). Luther once again produced a completely Germanized off-the-cuff variant that is clearly superior to what he had achieved in his formal Bible.

I Corinthians iii.20

Greek

κύριος γινώσκει τοὺς διαλογισμοὺς τῶν σοφῶν,

Vulgate

Dominus novit cogitationes sapientium

Mentel

Der herr der kannt die gedancken der weysen

Zainer through S. Otmar

Der herr hat der kannt

Septembertestament

Der herr weysz der weysen gedancken

This correct translation was never changed in Luther's Bible. But there is an interesting variant, again in *Der Prophet Habakuk ausgelegt* of 1526. Here we read: "Gott kennet der menschen anschlege" (*WA*, 19, 409. 5f.). The substitution of "anschlege" for "gedancken" is the most interesting point here. What Luther did by this device was to replace a rather general word, "gedankken," by a more specific term, one that fits the situation better. Moving as it were in the inner regions of Paul's mind, Luther came up with the word "anschlege," a more concrete term better expressing men's wily intentions and plans such as Paul talks about in this connection.

I Peter v.8

Greek

ὁ ... διάβολος ... περιπατεῖ,

Vulgate

diabolus . . . circuit

Mentel through S. Otmar

der teúfel . . . vert vmb

Septembertestament

der teuffel geht vmbher

This accurate translation remained unaltered in all editions of the German Bible. But there is a casual quotation in which Luther again replaces a general word used by St. Paul with a specific word. In *Der Prophet Jona ausgelegt* of 1526 the following variant is found: "[der teuffel] schleyche umb . . . her" (*WA*, 19, 185. 12). The slyness of the devil is caught by the verb "schleichen," which suggests this trait more precisely than the ordinary verb "gehen." Once again Luther succeeded in finding just the right word.

1543

I Peter i.12

Greek

εἰς ἃ ἐπιθυμοῦσιν ἄγγελοι παρακύψαι.

Vulgate

in quem desiderant Angeli prospicere.

Mentel through S. Otmar

in dē die engel begerent zesehen.

Septembertestament

wilchs auch die engel gelustet zuschawen.

This good translation was kept through the final edition of Luther's German Bible. But there is an extraordinary variant in a book inscription of 1541: "der sich auch die Engel . . . nicht sat sehen vnd verwundern konnen in ewigkeit, wie S Petrus 1 Pet 1 sagt" (*WA*, 48, 215. 15ff.). Practically the same wording recurs in *Von den letzten Worten Davids* of 1543: "des sich die Engel in ewigkeit nicht sat kŏnnen (wie Sanct Petrus sagt) sehen und wundern" (*WA*, 54, 64. 31f.). These resounding casual quotations show Luther, deeply stirred and inspired by Peter's words, launched on a verbal flight of his own, expressing in his personally charged language the gist of Peter's thought. Variants like this border on firsthand, creative writing.

1545

II Thessalonians ii.8

Greek

ὅν ὁ κύριος Ἰησοῦς . . . καταργήσει τῇ ἐπιφανείᾳ τῆς παρουσίας αὐτοῦ,

Vulgate

quem Dominus Iesus . . . destruet illustratione adventus sui

Mentel through Pflanzmann

den der herre ihesus . . . verwúst in in der entleúchtung seiner zŭkunft

Zainer through S. Otmar

vnd wirt in zerstŏren in der erleuchtung seiner zŭkunft

Septembertestament

der herr . . . wirt seyn eyn ende machen / durch die erscheynung seyner zukunfft

We are interested in the final phrase, "durch die erscheynung seyner zukunfft." Accurately and literally rendered, it remained unaltered throughout the following editions of Luther's Bible. One might well expect that Luther would, at some time or other, convert the nominal-genitive construction into an adjectival phrase. He did this even before the *Septembertestament*. In *Bulla coenae domini*, probably written at the end of 1521, we find this characteristic phrase: "mit seiner hellen tzukunfft, II. Thessa. II" (*WA*, 8, 718. 4f.). The identical rendering recurs in his last major German writing, *Wider das Papsttum zu Rom* . . ., of 1545: "Der HErr Ihesus wird jn . . . zerstŏren mit seiner hellen Zukunfft" (*WA*, 54, 287. 21f.). In the same work another variant occurs, one still more explicit in its stress on the glory (a word Luther also used in a 1521 variant: "durch die

92

glori szeyner tzukunfft" [*WA*, 9, 714.8]) of the second coming of Christ: "durch seine herrliche Zukunfft" (*WA*, 54, 215. 21). Luther, eagerly waiting for the return of Christ, put his heart and hope into this superb phrase, "herrliche Zukunfft."

Revelation xviii.7

Greek

ὅσα ἐδόξασεν αὐτὴν καὶ ἐστρηνίασεν,

Vulgate

Quantum glorificavit se, et in deliciis fuit,

Mentel

Als vil als sy sich wunniglicht vnd waz in wollusten.

Pflanzmann

Als vil als sich ert vnd waz in wollusten.

Zainer through S. Otmar

Als vil als sy sich hat glorificzieret vnd waz in wollusten

Septembertestament

wie viel sie sich herlich gemacht vñ geyll gewesen ist . . . .

Our interest is in the final phrase, "vnd geyll gewesen ist," which remained intact from the *Septembertestament* through the second edition of 1527. In the great revision of 1530 it was changed to "jren mutwillen gehabt hat," which is at least as good as the original version. However, there is a very late casual quotation in which the revised rendering of 1530 is further improved upon. In *Wider die XXXII Artikel der Theologisten zu Löwen* of 1545, Luther rendered our passage as follows: "Wie vil si sich herlich gemacht vnnd jren mutwillen *getrieben* hat" (*WA*, 54, 414. f4., italics mine). This final rendering perfects the translation of this phrase and makes it wholly idiomatic by replacing the nondescript auxiliary "haben" with the expressive verb "treiben." This variant, "jren mutwillen getrieben hat," is a thoroughly German phrase that can hardly be surpassed.

This rapid review has discussed a few of the many Biblical quotations that occur in such overwhelming numbers throughout the vast body of Luther's

93

German and Latin works. They are a mere sampling of the unlifted literary treasures hidden there. It would be possible to reconstruct from this multitude of Biblical quotations a "new" Luther Bible, not the whole Bible to be sure, for it is doubtful whether even Luther could have done much with phrases like "Abraham begat Isaac; and Isaac begat Jacob." This new Luther Bible would not correspond to the whole Bible, but it would certainly contain many if not most of its great passages. These casual renderings are fully worthy of being preserved along with the official version of the Luther Bible. Naturally the established Luther Bible remains one of the peaks of the German spiritual and intellectual achievement. Its language is still unsurpassed, if Nietzsche was right — except by Luther himself in his informal renderings of its greatest verses. Now we can add to this inexhaustible treasure of the German language a new, even more exciting, unknown Luther translation of the most famous passages of the Bible. Certainly, when the useful but ultimately inadequate Weimar edition of Luther's German Bible comes to be superseded by a new variorum edition, this will of necessity have to include the casual quotations scattered through his German and Latin works.

So far, the Luther renaissance of our century has stressed unsuspected or at least forgotten heights and depths of Luther's theology. It is high time to rediscover, or perhaps even to discover for the first time, Luther's equally extraordinary literary achievements, for Luther the literary genius ranks with Luther the religious genius.

NOTES

1 *Weimarer Ausgabe* (hereafter referred to as *WA*), 30^2, 638.
2 St. Louis, Mo.: Concordia Publishing House, 1965, pp. 151ff.
3 Heinz Bluhm, "The Sources of Luther's *Septembertestament*: The Epistle to the Galatians," in *Luther for an Ecumenical Age* (St. Louis, Mo.: Concordia Publishing House, 1967), pp. 144–171.
4 Quoted from *Novum Testamentum Graece et Germanice*, ed. E. Nestle, 3rd ed. (Stuttgart: Privilegierte Württembergische Verlagsanstalt, 1904).
5 Anticipates the edition of 1530.

The number of splendid examples of Biblical translation furnished by Luther himself in his *Sendbrief vom Dolmetschen* (1530) could easily be increased. One such example might very well be Luke 22, 15.

In the Authorized Version this verse reads as follows: ". . . With desire I have desired to eat this passover with you before I suffer." Although the introductory phrase, "with desire I have desired," has long become familiar to Protestants and Catholics alike, it could be argued that it is perhaps not the most idiomatic rendering imaginable in the English language. There can be no question about the correctness of the translation. It is a painstakingly literal translation of the Greek ἐπιθυμίᾳ ἐπεθύμησα. The Vulgate rendered the Greek original very closely: *desiderio desideravi*, with the variants *concupiscentia cupivi* or *comcupivi* occurring.[1]

Luther's rendering is quite different: ". . . Mich hat herzlich verlangt, dies Osterlamm mit euch zu essen, ehe denn ich leide." Far from a literal translation, this is clearly an imaginative and highly idiomatic rendering. Well-known post-Lutheran German translators adhere to it pretty closely. Even Carl Weizsäcker, the author of one of the most widely used scholarly translations of the New Testament into German, saw fit to render our passage exactly as Luther had done: "Mich hat herzlich verlangt. . . ."[2] This fact rather testifies to the whole-hearted recognition accorded Luther's rendering of this passage, for Weizsäcker did his best to get away from the Luther text: "Weizsäcker nahm grundsätzlich keine Rücksicht auf das Lutherwort."[3] Another outstanding recent translator, Hermann Menge, whose excellent version[4] was intended for actual use in Protestant churches, translated our passage in this way: "Herzlich hab ich mich danach gesehnt, . . ." This rendering, with its minor variation of 'gesehnt' for 'verlangt,' is obviously another testimony to the enduring impression made by Luther's wording. While ultimate certainty is of course not attainable in matters of this sort, it is open to doubt whether even as able a translator as Menge would have come upon this phrase himself.

Not only Protestants have consciously or unconsciously (inasmuch as they practically grew up with it) followed Luther's version, but also a very prominent modern Roman Catholic translator is under the Reformer's literary sway: Leander van Ess. He too rendered our verse very much as Luther did: "Sehnlichst habe ich darnach verlangt, . . ."[5] It is only reasonable to assume that he also owes the general tenor of this translation to Martin Luther.

Although there is wide agreement that the printed pre-Lutheran German Bibles are not very creditable achievements, we should, at least from a historical point of view, look at the way their anonymous translators rendered Luke 22, 15. The earliest of them, the Mentel Bible of about 1465, has our verse as follows: "Mit begerung hab ich begert. . . ."[6] The Eggensteyn (1470?) and Pflanzmann (1473?) Bibles retain this version. Minor changes were introduced by the Zainer redaction (c. 1475): "Mit begir hab ich begert. . . ."[6] This inconsequential alteration remained intact throughout the remaining period of the pre-Lutheran Bibles down to the final edition of 1518 by Silvanus Otmar.[6] It is difficult to say anything really praiseworthy about these versions except that they are accurate enough and altogether literal. Luther's superb phrase, "mich hatt hertzlich verlanget," is surely not anticipated here.

Arno Schirokauer recently called my attention to two other occurrences of our verse in pre-Lutheran days. In Wernher's *Marienleben* a rendering identical with that of the Zainer and post-Zainer German Bibles is found: "mit begirde han ich begert. . . ."[7] *Die Neue Ee* however, which it is true merely relates the content of the passage, has this highly interesting version: ". . . *er mandet* (variant: *ass*) liebleich mit in. . . ."[8] It is not all impossible that 'liebleich' is an early successful effort to leave behind the painfully literal 'mit begir.'

What can we say about the origin of Luther's rendering within the scope of his own writings? So far as his formal translation of the Bible is concerned, Luke 22, 15 is one of those verses which received their permanent shape as early as the *Septembertestament* of 1522: "Mich hatt hertzlich verlanget. . . ."[9] Luther apparently found it so perfect that he saw no need of changing it in the various careful revisions of the New Testament text which he made to the end of his life.

Besides the official translation of the Bible, there is another source of information on questions of the evolution of individual verses: the Biblical quotations occurring in Luther's German works. Luke 22, 15 is not among the oft-quoted verses. It is found only three times. But, interestingly enough, two of these three quotations are from before the publication of the *Septembertestament*. The first is in *Eyn sermon von dem newen Testament, das ist von der heyligen Messe* of July, 1520. Here we read: "Ich hab mit grossem begirden begert. . . ."[10] On the face of it there seems to be little to choose between this rendering and that of the pre-Lutheran German Bibles. Yet the felicitous insertion of "grossem" in my opinion saves it from being as awkward and all-too-literal. It is important to bear in mind however the relative weakness of Luther's earliest recorded translation of a verse he was to render so splendidly two years later. The second occurrence of this phrase is in the *Betbüchlein* of 1522. It reads exactly as in the *Septembertestament*: "Mich hat hertzlich verlanget. . . ."[11] While the *Betbüchlein* appeared in print more than two months before the *Septembertestament*, it was not actually written till May, 1522,[12] long after the manuscript of the *Septembertestament* had been finished. It is on the pages of the *Betbüchlein* that Luther's remarkable translation first saw the light of day. Weeks before

the *Septembertestament* was off the press, the phrase, "mich hatt hertzlich verlanget," put in an early appearance in the popular *Betbüchlein*.

It is hard to withstand the temptation of trying to determine the origin of our
passage a little more closely. Unfortunately we do not possess the manuscript
of Luther's translation of the New Testament. This regrettable fact does not
permit us to tell whether it was a phrase that suggested itself to him immediately or whether it emerged only after one or two or more trial versions. Anyone
more than casually acquainted with the manuscript of Luther's translation of the
Psalms can easily visualize how the manuscript page of the relevant portion of
Luke 22 may have looked: words and whole phrases crossed out, substitute or
alternate renderings written above and below the line, marginal notes, etc. It
would be highly interesting to know if he put down our passage with one stroke
of the pen as it were or if it is the outcome of much labor. In the absence of the
manuscript, we must content ourselves with the simple statement that all we
know is that the phrase was printed as we now have it first in June in the *Betbüchlein* and then in September in the *Septembertestament*.

We can be very brief about the third occurrence of Luke 22, 15 as an individual quotation. It is found in *Vom Abendmahl Christi, Bekenntnis* of 1528.
The citation agrees wholly with the version of the *Septembertestament*: "Mich
hat hertzlich verlanget. . . ."[13] It would seem that this happy formulation had
taken such deep root in Luther's mind that, contrary to his procedure in many
other verses, he made no further changes even when quoting the phrase casually.
What he had coined early in 1522 just could not be improved upon.

NOTES

1 J. Wordsworth, *Novum Testamentum* (Oxford: Clarendon, 1889–98), 458.
2 C. Weizsäcker, *Das Neue Testament* (Tübingen: Mohr, 11. Auflage, 1927).
3 *Ibid.*, v.
4 H. Menge, *Das Neue Testament* (Stuttgart: Bibelanstalt, 1928).
5 L. van Ess, *Die heiligen Schriften des Neuen Testaments* (Dinglingen: St.
   Johannis, 1931).
6 Most readily available in W. Kurrelmeyer, *Die erste deutsche Bibel* (Tübingen, 1904ff.).
7 In: *Deutsche Texte des Mittelalters*, XXVII, 132.
8 H. Vollmer, *Die Neue Ee* (Berlin: Weidmann, 1929), 97.
9 M. Luthers Werke. Kritische Gesamtausgabe. Die deutsche Bibel, VI, 310.
10 M. Luthers Werke. Kritische Gesamtausgabe, VI, 360.
11 *Ibid.*, X, Part II, 464.
12 *Ibid.*, 340.
13 *Ibid.*, XXVI, 461.

Acts 17, 16–34 deals with Paul's appearance in Athens and his address on the Agora: Among these nineteen verses, all of which were excellently translated by Luther, verse eighteen is of particular interest. It really exceeds the acceptable limits of mere translation and approaches the level of a creative or semi-creative achievement.

Luther's rendering of this verse should of course be seen in the context of preceding and contemporaneous translations. The oldest printed German version is that contained in the first High German Bible, the Mentel Bible of approximately 1466. Since the Vulgate is the basis of this as well as of all other pre-Lutheran versions, it is important to quote it with all accessible variants.

The Vulgate (Biblia Sacra, Stuttgart, 1975)

Quidam autem Epicurei et Stoici philosophi disserebant cum eo, et quidam dicebant: Quid vult seminiverbius hic dicere? Alii vero: Novorum daemoniorum videtur annuntiator esse; quia Jesum et resurrectionem annuntiabat eis.

Mentel

Wan etlich warn epicurei vnd stoici werltlich weysen die retten mit im: vnd etlich sprachen. Was wil der seer der wort hie zesagen? Wann die andern sprachen: er wirt gesehen zesein ein erkunder der neuwen teufel: wann er erkunt in ihesum vnd die auferstendung.

Zainer

The Zainer Bible of 1475 made the following changes:

1. It dropped Mentel's third word "warn."
2. It changed the four words after "stoici" to "naturlich meister die disputierten."
3. "zesagen" was replaced by mere "sagen."
4. "erkunder" and "erkunt" were replaced (actually already in the third German Bible, the Pflanzmann redaction of 1473) by "verkünder" and "verkünt."
5. Mentel's second "Wann" was replaced by "Aber" (the Pflanzmann Bible had changed "Wann" to "vnd").

6. The awkward infinitive "zesein" was replaced by the much better phrase "als sey er."

Koberger

The Koberger Bible of 1483 made only two minor changes from the Zainer Bible:

1. It dropped the "die" after "meister."
2. It changed "auferstendung" to "auffersteeung."

Aside from these two minor alterations the Zainer Bible remained intact throughout the remaining five redactions of the pre-Lutheran High German Bibles. Omitting the insignificant changes introduced by the third (Pflanzmann) and ninth (Koberger) Bibles, we can fairly restrict our discussion to the first (Mentel) and fourth (Zainer) High German Bibles.

Both are literal translations, with the Zainer Bible in somewhat more modern German. However, two mistakes, one quite minor but the other much more serious, occur in both:

1. "hic" before "dicere" is wrongly interpreted as being the local adverb "hic" rather than the demonstrative adjective "hic" going with "seminiverbius." This matter could not really have been decided without reference to the Greek "$o\grave{v}\tau o\varsigma$" to be sure.
2. "videtur" was recognized by neither Mentel nor Zainer nor any other High German Bible as the deponent verb "videri," but was invariably misunderstood as the passive voice of "videre." Again, knowledge of Greek ("$\delta o\kappa \epsilon \hat{\imath}$") would have avoided this egregious error.

The Low German Bibles

Cologne 1478 (unde)

vnde etlike naturlike meystere de daer na volgheden den leren der epycureer. Vnde der stoycorum de disputereden myt eme. Vnde etlijke spreken wat wyl desser warsagher segghen? euer de anderen spreken. He wert gheseen een vorkundigher der nyghen duuele. wente he vorkundighet Jhesum vnde sijne upperstandinghe.

Only minor changes were made by the second (ende) Cologne Bible of the same year 1478:

1. "desser warsagher" was replaced by "desse wordseyer."
2. In the last phrase "en" (Vulgate "eis") was added before "Jhesum"; the pronoun had been omitted by the first Cologne Bible, possibly because a different edition of the Vulgate was used as the basis.
3. Mere verbal changes are: "vorkundeghede" for "vorkundighet," and "upstandynghe" for "upperstandinghe."

Lübeck 1494

This Bible, famous for its woodcuts, introduced no changes in our passage.

Halberstadt 1522

All that the Halberstadt Bible, the last Low German pre-Lutheran Bible to be printed, altered was the spelling of the second Cologne Bible's "wordseyer" to "wordseigher."

Thus the pre-Lutheran Low German Bible received its final form virtually as early as 1478. What was its nature? It is clearly more advanced than the first High German Bible. In fact, it is rather like the fourth High German Bible, the renowned Zainer redaction. The Low German Bible took over the latter's "naturlich meister" as well as "disputierten." Unfortunately all Low German Bibles copied the High German Bibles' erroneous translation of the Vulgate's "videtur," "er wirt gesehen" in their "he wert gheseen." This shows conclusively that without the Greek "δοκεῖ," correctly rendered as "videtur" in the Vulgate, the pre-Lutheran translators, High as well as Low German, were subject to the same major misreading. It does seem in addition of course that all of them must have proceeded rather mechanically, because "er wirt gesehen" and "he wert ghesseen" actually make little or no sense at all. Didn't they really recognize the deponent "videri" meaning "to seem"? The Low German Bibles did, however, correct a mistake made by the High German Bibles: They recognized the "hic" in the phrase "seminiverbius hic" to be a demonstrative adjective rather than an adverb.

It is very interesting to note that the Low German Bibles expanded the Vulgate text by inserting some explanation of the Epicureans and Stoics mentioned by Luke: "naturlike meystere de daer na volgheden den leren der epycureer. Vnde der stoycorum."

Summarizing our brief analysis of the pre-Lutheran High and Low German Bibles' translations of our verse, we can say that they are quite acceptable literal translations of the Vulgate in spite of two errors in the High German and one error in the Low German Bibles, even as late as in their final redactions of 1518 (High) and 1522 (Low), respectively. It is clear beyond the shadow of a doubt that none of the eighteen pre-Lutheran Bibles made use of the Greek original.

Erasmus

Enfin vint Erasme. The coming of Erasmus brought about a revolution in Biblical studies. The publication of his "Novum Instrumentum" in 1516 made the Greek text of the New Testament available for the first time to the scholarly world at large, at least to those men who had acquired sufficient Greek by this time to benefit from this epoch-making publication. This is how the Greek text reads in Erasmus' first edition:

τινὲς δὲ καὶ τῶν Ἐπικουρείων καὶ Στωικῶν φιλοσόφων συνέβαλλον αὐτῷ, καί τινες ἔλεγον· τί ἂν θέλοι ὁ σπερμολόγος οὗτος λέγειν; οἱ δὲ ξένων δαιμονίων δοκεῖ καταγγελεὺς εἶναι, ὅτι τὸν Ἰησοῦν καὶ τὴν ἀνάστασιν εὐαγγελίζετο.

Erasmus, apparently somewhat dissatisfied with the accuracy and Latinity of the Vulgate translation, provided, alongside the Greek text, a new Latin translation of his own. He introduced three more or less important changes:

1. He replaces the vague "disserebant" by the more accurate "conflictabantur," based of course on the Greek text, "συνέβαλλον."
2. He changed the fairly obscure "seminiverbius" to a more easily understood "verbisator."
3. He altered, probably for reasons of more Ciceronian diction, the indicative "annunciabat" to the subjunctive "annunciaret."

Erasmus' second edition of 1519, bearing the new title of "Novum Testamentum," is of special importance for our investigation because this was the edition on which Luther based his translation — unless we assume with some scholars that he had on his desk at the Wartburg only the Greek text as reprinted by Gerbel in 1521.

The Greek text of Erasmus' second edition of 1519 remained unchanged. The Latin translation, on the other hand, saw two alterations:

1. "verbisator" was replaced by "spermologus," a full verbal takeover from the Greek "σπερμολόγος."
2. Erasmus inserted, in small print, "inquiebant" between "Novorum" and "daemoniorum."

Luther 1522

Etlich aber der Epicurer vnd Stoiker philosophi zanckten sich mit yhm, vnd ettlich sprachen, was will diser lotterbube sagen? Ettlich aber, Es sihet, als wollt er seltzame Gotter verkundigen, das macht, er hatte das Euangelium von Jhesu vnd von der aufferstehung verkundigt.

This text remained intact except for two changes:

1. Luther dropped "sich" in "zanckten sich" from the Kn and M editions of the second edition of 1527 on.
2. He replaced "seltzame" by "newe" from the first edition of 1530 on. This is an interesting change to be discussed a little later.

The Nature of Luther's Rendering from 1522 to 1546

Erwin Iserloh[1] asserts that Luther did not translate from the Greek original but only from Erasmus' Latin translation. Our verse eighteen does not bear out this contention. Two passages in Luther's rendering cannot be explained on the basis of Erasmus' Latin version:

1. The genitives in "Etlich aber der Epicurer vnd Stoiker" cannot be accounted for by Erasmus' "Quidam autem Epicurei et Stoici," but only by the Greek "τινὲς δὲ καὶ τῶν Ἐπικουρείων καὶ τῶν Στωικῶν."
2. Luther's adjective "seltzame" cannot come from Erasmus' Latin "novorum" but only from the Greek "ξένων." Having determined the Greek origin of "seltzame" we must now try to explain the change, beginning with the first edition of 1530, from "seltzame" to "newe." Apparently Luther considered the freer "newe" more suitable in the end than the literal "seltzame." But the fact remains that his original translation of "seltzame" is explicable only on the basis of the Greek. The question remains, however, whether the authority or at least the example of Erasmus, who retained the Vulgate's "novorum," may have influenced Luther in his ultimate preference for "newe" over "seltzame."

Aside from these two changes in the post-Septembertestament editions, what is the nature of Luther's definitive rendering of verse eighteen? First and foremost perhaps, it provided a highly readable text. The pre-Lutherans' "seer der wort" and "warsagher" or "wordseyer" are not as vivid or easily understood as Luther's clear-out "lotterbube." Moreover, Luther's knowledge of Greek helped him to avoid all the pre-Lutherans' misunderstanding of the Latin "videtur." Finally, the insertion of "das macht" is a forceful introduction to the important concluding phrase of this verse. And it is this last phrase that calls for elucidation and deserves our closest attention.

Let us look again at this phrase in the Greek original, the Vulgate, and all editions (1516, 1519, 1522, 1535; 1527 is not accessible to me) of Erasmus' Latin translation:

Greek

ὅτι τὸν Ἰησοῦν καὶ τὴν ἀνάστασιν εὐαγγελίζετο.

103

The Vulgate

"quia Jesum et resurrectionem annuntiabat eis."

Erasmus

Erasmus' only change from the Vulgate was the replacement of "quia" by "quod" and of "annuntiabat" by "annunciaret." These remained the same in all editions I have access to.

Luther 1522–1546

"das macht, er hatte das Euangelium von Jhesu vnd von der aufferstehung verkundigt."

It is obvious that Luther's extraordinary rendering cannot easily be explained on the basis of the Greek text, Erasmus' Latin translation, or the Vulgate. There is clearly no need at all to refer to the pre-Lutheran German Bibles to help account for Luther's unique rendering.

What did Luther actually do and what could be the reason for his unusual procedure? He did the following things. First, he rendered the "ὅτι" ("quia," "quod") by a short but weighty phrase, "das macht." Secondly, he took the verb "εὐαγγελίζετο" apart, a verb meaning to bring or announce glad tidings, a meaning not spelled out by either Erasmus or the Vulgate or by any of the pre-Lutheran German translations for that matter. The more important question is naturally to try to determine the reason why Luther did what he did. As stated before, he was the only translator in our group to render the "εὐ" in the verb of the phrase. But he obviously went beyond this simple and straightforward fact. He took the opportunity presented him by the compound verb to spell out its full meaning "das Euangelium verkundigen." Having taken this step he had next to solve the question of how to handle the accusative objects "τὸν Ἰησοῦν" and "τὴν ἀνάστασιν." After turning the Greek verb into a noun-plus-verb construction, he had hardly any choice but to insert the preposition "von" before both "Jhesu" and "aufferstehung."

The upshot of some such process as here suggested was the truly astonishing phrase "er hatte das Euangelium von Jhesu vnd von der aufferstehung verkundigt," a rendering rather more elaborate and explicit than a literal "Jesum und die Auferstehung verkündigen" would have been.

Without unduly laboring the point, what Luther somehow came up with, right from the earliest edition of his German New Testament, was a definitely Pauline-Lutheran rendering about "announcing the gospel concerning Jesus and the resurrection," with all the overtones of this expanded phrase. All of a sudden, as it were, Pauline theology shines through this rendering, which is incidentally quite defensible even purely grammatically. What Luke did not fully express in his Greek, Luther surely expressed in German. Luke failed to give this potentially significant phrase its unmistakable Pauline ring. Luther did, out of a real understanding of Paul's theology, an understanding Luke does not appear to have had here or perhaps anywhere in the Acts of the Apostles. Luther, a creative translator to begin with, living in and with Paul's religious thought, made Luke's under-understood Paul speak as if Paul and not Luke were the author of these precious words. Martin Luther, by dint of reading and rereading Paul, could and did make bold, whether wholly consciously or not, to Paulinize a phrase which as it was formulated by Luke fell short of Paul's way of referring to the full meaning of Jesus and the resurrection. The only thing missing from making this a totally Pauline phrase was the addition of "Christ" to "Jesus" or changing "Jesus" to "Christ" by itself. But apparently there was a limit even to a Luther's daring whether that was conscious or unconscious, deliberate or just happening. Whatever the ultimate inspiration of Luther's unheard-of rendering, it turns an ordinary speech in the Agora of Athens, still a major intellectual center of the ancient world, into an extraordinary one, into what can only be called an authentic Pauline utterance, conveying, despite Luke's inadequacy, the sum and substance of Paul's message.

Emser

in his German New Testament (first edition 1527), of which only the second edition of 1528 is accessible to me, saw fit to change Luther's rendering as follows: "dann er yhnen von Jesu vn̄ von der auffersteung predigte."

The Wittenberg Vulgate

of 1529 is somewhat surprising in that it kept the Vulgate text: "Quia Jesum et resurrectionem annuntiabat eis." Since we are not really sure how much of a hand Luther himself had in its production, we cannot say with certainty whether Luther or one of his Wittenberg colleagues is responsible for the shaping of this phrase.

Tyndale 1526 and 1534

The famous English translator of the New Testament from the Greek original, who was often indebted to Luther for his rendering, did not follow him in this particular phrase but provided his own independent version, which was definitely more literal than Luther's: "because he preached vnto them Jesus and the resurrection."

Miles Coverdale

who furnished the first complete Bible in English in 1535, on the other hand, followed Luther rather closely. A convinced Lutheran himself, he virtually reproduced Luther's remarkable German version: "That was, because he had preached vnto them the Gospell of Jesus, & of the resurrection."

Though Coverdale took over from Tyndale, one of his announced sources, the verb "preached" and the pronoun "vnto them," he adhered to Luther's rendering of the Greek verb by "Euangelium" in his own "Gospell" and in using Luther's double "von" as "of." The changing of Luther's "verkundigt" to "preached" and the addition of "vnto them" do not alter the fundamental structure and impact of the Lutheran rendering. The Coverdale translation of this crucial phrase is strictly and unmistakably Lutheran. However, his version remained unique. It is found only in the Bible of 1535. In this year he provided the English speaking world with Luther's Paulinized version of our phrase.

Erasmus' Paraphrase of Acts

Even though a paraphrase, especially one so designated by the author himself, does not fall in the category of translation, a product of Erasmus' pen should perhaps be considered for any light it might possibly throw on the great humanist's understanding of our phrase. He paraphrased it as follows in 1524:

> "propterea quod Jesum autorem salutis & filium dei, ac resurrectionem mortuorum praedicaret."

The most interesting words are "autorem salutis," specifying the role of Jesus in the drama of redemption. Could one perhaps claim that Erasmus in 1524 almost went so far as to Lutherianize or at least semi-Lutheranize our phrase? Whether this assertion can be legitimately made or not, Erasmus' noteworthy addition amounts to a fully Lutheran interpretation of the place of Christ in the process of salvation.

In 1548 an English translation of Erasmus' Paraphrases appeared in London. It is believed that Miles Coverdale was one of the translators. Even if he should not have been the translator of Acts, the English version is of more than passing interest from our point of view:

> "Because he preached unto them that Jesus was the true saviour, and the sonne of God, and that the dead in tyme to cum shoulde aryse agayne":

This is clearly an English paraphrase of Erasmus' Latin paraphrase. The most important words from our perspective are the following: "Jesus was the true saviour," a free rendering of "Jesum autorem salutis," actually an intensification of Erasmus' Latin and thereby a kind of Paulinization à la Luther.

We have reached the end of our survey of pre-Lutheran German and post-Lutheran German and English fifteenth and sixteenth century renderings of a crucial phrase of Acts 17, 18. Luther's own version was of course the core of our investigation. His unique rendering had no predecessor and but one follower. The latter was a Lutheran Englishman who in his epoch-making first printed English Bible reproduced Luther's Pauline rendering almost verbatim. Miles Coverdale was the only post-Lutheran translator of the Bible to incoporate Luther's bold, personal rendering of Acts 17, 18. While Luther's German Bible was of course reprinted again and again, Coverdale's Bible remained a one-time event. Luther's version has been a part of the mainstream of the German language ever since its first appearance. Coverdale's Englishing of it has not, because the Authorized Version of 1611 and its revisions did not take over Coverdale's Lutheran but rather Tyndale's non-Lutheran translation in this particular instance. "Habent sua fata translationes."

NOTES

1 In *Handbuch der Kirchengeschichte* IV, 95 (1967).

THE EVOLUTION OF LUTHER'S TRANSLATION OF THE
FIRST PENITENTIAL PSALM

I. *1517*

When Martin Luther in 1517 translated Psalm 6 into German, he probably had no idea that he would become, in the foreseeable future or ever, a translator of the whole Bible, in fact one of its foremost translators. What he published in the spring of 1517 was an *ad hoc* translation, intended to serve as the German text of his interpretation of this famous psalm, the first of the Seven Penitential Psalms, to use the name given them by Cassiodorus in the sixth century.

Although *Die Sieben puszpsalm* was Luther's first independent publication, antedating the epoch-making Ninety-five Theses by more than half a year, this was by no means the first time he had occupied himself with this subject. After his appointment in 1512 to the *lectura in Biblia* at Wittenberg, succeeding Johann von Staupitz, his first course of lectures had actually been on the psalms.[1] In addition, he had lectured on Paul's Epistles to the Romans and Galatians, apparently with no mean success. Thus the young professor when he published his translation and vernacular interpretation of Psalm 6 in 1517 was anything but an inexperienced theologian, even though he was thus far unpublished.

Although occasional German phrases occur in all the Latin lectures, *Die Sieben puszpsalm* was his first work written wholly in the vernacular, aside from a very brief "Vor Rede" to his edition of the *Theologia Germanica* of December 1516. This translation already shows the characteristic quality of Luther's work as a translator, namely, the personal union of interpreter and translator. From his modest literary debut of 1517 to the final triumph of the Luther Bible of 1545, Luther's versions are consistently colored by his own individual understanding of the Bible, in part and as a whole.

This comparatively unknown "first" author did not know any Hebrew to speak of when he undertook his earliest translation of a psalm. Like all his European predecessors in this endeavor, he translated from Latin, definitely not from the original. Luther's 1517 translation should therefore be seen and evaluated against the background of previous translators from Latin into the vernacular, since these did not know any Hebrew either.

Still, Martin Luther was different. He was no longer altogether satisfied with the Vulgate as a source, and he made this crystal clear in his Preface: ". . . von dem text disser sieben psalmen, Ist zu wissen, dass derselb yn etlichen versen vmb klerer vorstands willen uber die gemeynen translation, nach der translation sancti Hieronimi genommen ist, auch darzu beholffen die translation doctors Johannis Reuchlin yn seyner hebreischer septene." (WA 1, 158, 4–10).

In this long sentence, awkward as it is, Luther breaks through more than a thousand years of European translation of the Old Testament as a whole and the Psalter in particular. The important point is that the *Psalterium Gallicanum*, which was incorporated in the Vulgate, was not considered adequate by Luther. The trouble with the *Psalterium Gallicanum*, from Luther's point of view, is that it was based not on the Hebrew text but on the Greek translation, the Septuagint. Luther wanted to get closer to the Hebrew original. He knew of two aids for doing this, aids separated by more than a millenium but united by being based on the original Hebrew. The first was the *Psalterium Hebraicum* of St. Jerome, of the early fifth century, done out of the Hebrew but not taken into the Vulgate. The second aid was the *Septem Psalmi Poenitentiales* of Reuchlin, of 1512, an edition of the Hebrew text with an interlinear translation into Latin. By making use of this work Luther availed himself of the then most recent tool furnished by the most famous Hebrew scholar of the age.

Yet after all is said and done, Luther's earliest translation of 1517 should be considered the last major translation from the Latin only. While it is true that there was one more High German Bible published in 1518 and one more Low German Bible in 1522, these were merely redactions of earlier fifteenth-century translations. Though post-Lutheran in date of publication they were textually pre-Lutheran.

If we look at Luther's earliest translation more closely, it is immediately obvious that he did not make use of any of the thirteen High German Bibles or the three Low German Bibles theoretically available. We do not know which of these was actually accessible to him in Wittenberg. The best among the High German versions were the Zainer Bible of 1475 and the Koberger Bible of 1483, the year of Luther's birth. Since the best of the Low German versions, the Halberstadt Bible, was not to come out till 1522, I shall refer here to the Lübeck Bible of 1494, which ranks next in quality. In addition to these formal Bibles there were a number of separate Psalters in German, of which I have used those accessible to me in libraries.

Whichever of these Luther may perhaps have consulted, he apparently did not find it or them of sufficiently high quality to be used in connection with this new interpretation. Instead, he made his own *ad hoc* German translation.

There were at least two reasons for this. First, he was determined to go beyond the Vulgate. Though a total novice in translation for publication, he apparently was sure that he could get closer to the original with the help of the *Psalterium Hebraicum* and of Reuchlin's *Septene*. Secondly, it stands to reason that Martin Luther, having lived with the Psalms as a monk for more than a decade and having lectured on them for more than two years, just could not use the existing German translations with their quite painful literalness – the

110

earliest were scarcely intelligible without referring to the Vulgate for clarification — and their almost total lack of literary quality. He must have found himself compelled to put Psalm 6 into more poetic German, or if that is claiming too much, at least to improve the style.

In order to present Luther's independent rendering in the perspective of earlier German versions, let me quote, in addition to the Vulgate, the Koberger and Lübeck Bibles, the best of the German translations; a Cologne Psalter of 1509, the best of the separate Psalters available to me; and Luther's own first version of 1517.

The Vulgate

1 Domine ne in furore tuo arguas me: neque in ira tua corripias me.
2 Miserere mei domine quoniam infirmus sum: sana me domine quoniam conturbata sunt ossa mea.
3 Et anima mea turbata est valde: et tu domine usquequo?
4 Convertere domine eripe animam meam: salvum me fac propter misericordiam tuam.
5 Quoniam non est in morte qui memor sit tui: in inferno autem quis confitebitur tibi?
6 Laboraui in gemitu meo lauabo per singulas noctes lectum meum: lacrimis meis stratum meum rigabo.
7 Turbatus est a furore oculus meus: inveteraui inter inimicos meos.
8 Discedite a me omnes qui operamini iniquitatem: quoniam exaudiuit dominus vocem fletus mei.
9 Exaudiuit dominus deprecationem meam: dominus orationem meam suscepit.
10 Erubescant & conturbentur vehementer omnes inimici mei: convertantur & erubescant valde velociter.

Koberger 1483

1 O herr nit straff mich in deinem grimmen: nach anfare mich in deim Zorn.
2 O herr erbarm dich mein wann ich bin siech: mach mich gesunt herr wann mein beyn seint miteinander betrubt.
3 Und mein sel ist betrubt hart: vnd du herr vntz wenn.
4 O herre beker vnd erlöss mein sel: mach mich behalten vmb dein erbermbd.
5 Wann er ist nit in dem tod der dein sey gedenckent: oder wer wirt dir veriehen in der helle.
6 Ich hab gearbeit in meim seuftzen: ich wille wåschen mein bett durch ein ieglich nacht: vnd mit meinem zahern will ich feuchten mein bött
7 Mein aug ist betrubt vor grimmen: ich bin eralttent vnder allen meinen veinden.

8 Scheyt euch von mir all die ir werckt die bossheit: wann her herre hat
erhöret die stymm meins weinens.

9 Der here hat erhört mein bittunge: der herr entphienge mein gebet.

10 All mein veind sullent sich schämen stercklich: sy werdent bekert vnd
schemen sich hart schnelliglich.

Lübeck 1494

1 Here in dinem tornighen mode straffe mi nicht, noch in dime torne
schelde mi nicht.

2 Here vorbarme di auer my wenti ick bin kranc make my gesunt wente
all myne bene sint bedrouet.

3 Unde myn sele is sere bedrouet vnde du here wo langhe?

4 Here bekere vnde vorlose myne sele: make my gesunt vmme diner
barmherticheit willen.

5 Wente nemant en is in dem dode de diner gedencke we is den in her
hellen de dij bekennet.

6 Ick arbeide yn myme suchten alle nacht schal ick myn bedde was-
schen: mit mynen tranen schal ick netten myne ligginghe.

7 van dem grimmicheit is myn oge bedrouet: ick bin geoldet vnder allen
mynen vianden.

8 Gat von my alle de gy don boesheit; wente de here hafft gehort de
stemme mynes wenendes.

9 Der here hefft gehort myn gebet de here heft min bet to sik namen.

10 Se schemen sick vnde scholen snelliken bedrouet werden alle myne
viande: se scholen werden bekert vnde schemen sich sere snelliken.

Psalter latÿn vn̄ duytsch Coellen 1509

1 Here in dyme grymme entstraiffe mich niet. Noch in dyme tzorne
berispele mich niet.

2 Here erbarme dich mȳne want ich krāck byn. heyle du mich wāt alle
mȳne beyne sint v/stort.

3 Ind myne sele is bedruckt mer du here wye lange verlides du dat.

4 Here vmbkere jnd vyssrucke myne sele mach mich gesunt mer vmb
dȳre barmhertzicheit willen.

5 Want in dem dode en is niemant der dyns here gedencke, wie sal dir
bekentnis doȳ in der hellen.

6 Ich hain in mynem suchten ghearbeit jch sall wesschen myn bedde tzo
alre nacht ich wil netzen in mennichueldigen tranen mynen leger.

7 Myn ouge is vorstoirt der grymheit ich was voralder vnder allen mynen
vianden.

8 ir alle die wirkēt boisheit scheidet vch van myr want der here hait
vorhoirt myns schriens stymme.

9 Der here hait erhoirt myn anbidden der here hait myn gebet entfan-
gen.

10 Meyne viande alle schament sich vnd sy sullent swintlichen verstoirt
    werden Sie sullent vmb gekeilt werden vnd sie sullent zo mail snellich
    vorschemt blyuen.

Luther 1517

1 Ach got, straff mich nit yn deinem zcorne vnd castey mich nit yn
   deinem grymme.
2 Ach got, erbarm dich mein, dan ich byn schwach, Mach mich gesund,
   dan alle mein gebeyne erschrocken seyn,
3 Und meyn seel seer erschrocken ist, aber o got wie lange?
4 Ach got, keer erwider und erlosse meine seel, mach mich selig umb
   deiner barmhertzickeyt willen.
5 Dan in dem tode ist niemant der dein gedenckt, aber yn der helle wehr
   wirt dir lob und danck sagen?
6 Ich byn geengstet yn meinem sufftzen, ich will alle nechte waschen
   mein bett und mit meinen threnen begissen mein lager.
7 Mein angesicht ist gantz vorwustet vor grym, ich bin voraldtt vnder
   den die alle mein feinde seynd.
8 Weychet von myr all, die yr do wircket das nicht recht ist, dan got hat
   erhöret das geschrey meines weynen.
9 Got erhöret hat mein gebeet, got hat auffgenomen mein bitten.
10 Ach das sich schemeten und seer erschrocken wurden all mein feynde,
   das sie widerkeert wurden und seer schnel zu schanden wurden.

Did Luther in 1517 realize his goal of improving upon the achievement of all
his predecessors? The answer is a qualified "Yes."

As to the sources mentioned in his Preface, it is not easy to find any convincing evidence that he went much beyond the Vulgate. Although both the
Psalterium Hebraicum and Reuchlin's *Septene* depart in a number of passages
from the Vulgate as well as from each other, Luther stuck pretty much to the
Vulgate. As a matter of fact, I can find only three passages where one could
hold that he preferred a non-Vulgate source: In the second, third, and tenth
verses it seems to me that the word "erschrocken" is likely to go back to Reuch-
ling's "exterrita" and "exterrebuntur" rather than to the Vulgate's and the
Psalterium Hebraicum's "conturbatur," "turbata," and "conturbentur."

As to style and literary quality, while there are lines that rise little if at all
above medioccrity, a number of passages foreshadow the future master of the
German language. A phrase such as "lob und danck sagen" for "confitebitur"
(verse 5) is memorable. So is "Mein angesicht ist gantz vorwustet vor grym"
(verse 7) compared to "Mein aug ist betrubt vor tobheit" in the first printed
High German Bible of 1466, improved to be sure beginning with the Zainer
redaction to "von dem grimmen" for "vor tobheit." One is also impressed by
young Luther's "Ach das sie schamrott wurden" (a casual rendering in the text)
for "Erubescant" (verse 10), translated in the Koberger Bible, not badly at all,

by "sullent sich schämen," a far better phrase than "die schement" in the earliest High German Bible.

There can be little doubt that Luther does surpass all his German predecessors in his *ad hoc* rendering of Psalm 6. But even his is hardly a masterpiece. Though in many respects superior to what went before, Luther's first effort at translating a psalm leaves much to be desired. The last of the major Latin-based German translations of Psalm 6 is also the best, but not by very much. The Luther of 1517 is still a struggling apprentice. He is in no way the master craftsman of 1523 and especially of 1531 to 1545.

II. *1523-1545*

December 1521 marks a milestone in the evolution of Luther the translator of the Bible. It was in this month that the momentous decision was reached to undertake the translation of the whole Bible. The time for partial, *ad hoc* translations was past. From now on it would no longer do to translate the Vulgate or other Latin versions: The new German Bible must be based on the original languages, Hebrew for the Old Testament and Greek for the New.

Luther began the translation on the Wartburg, alone, without the help of his learned Wittenberg colleagues. Since his Greek was in better shape than his Hebrew at this time, he translated the New Testament first, finishing the first draft in March 1522. He revised this with Melanchthon in the spring and early summer and published *Das Newe Testament Deutzsch* in September 1522. After preparing the further revised New Testament for a second edition in December, he turned his attention to the Old Testment, the first parts of which appeared in 1523. By the end of 1523 he had reached the Psalter. It is probable that he worked on Psalm 6 either late in 1523 or early in 1524.

We are fortunate enough to possess Luther's manuscript, which allows us to follow his efforts to render the Hebrew original step by step. Several stages can still be distinguished. There is the very first draft in black ink. Corrections are made and alternate versions written above the line, also in black ink. There are marginal notes in German and Latin. This much-corrected manuscript was gone over once more, with final changes made in red ink, before it was sent on to the printer, who must have taken extraordinary pains to set the marked-up manuscript in type. He accomplished this in exemplary fashion, inasmuch as the first printed edition of 1524 corresponds almost exactly to Luther's anything-but-easy-to-read final manuscript.

If we look at Luther's manuscript of Psalm 6 as a whole, we note first that his translation of 1523, done out of the Hebrew text, is quite different from his early *ad hoc* translation of 1517. It is probably safe to say he did not even look at his earlier rendering. Secondly, we observe that some verses caused him much more difficulty than others, as the number of internal corrections shows.

There are several verses that he appears to have written down without a pause, at any rate without a single change in the manuscript.

Verses one and two underwent only minimal changes in black ink. "Ah" was prefixed to verse one by way of a marginal notation, the verse then reading "ah Herr straff mich nicht ynn deynem zorn." In the second verse he indicated transpositions in two phrases: "Sey myr Herr gnedig" became "Herr Sey [the capital S was not changed!] myr gnedig," and "Denn meyn gebeyn erschrocken sind" became "denn meyn gebeyn sind erschrocken." The last three verses, eight to ten, remained as first jotted down. All the other verses were changed to a greater or lesser degree.

Verses three through seven underwent more or less major changes, three to five less, six and seven more. Since they all illustrate the pains Luther took with his translation, we shall look at them in some detail.

Psalm 6, 3

This is what Luther put down originally:

> Vnd meyne seele ist seer erschrocken
> dü
> Aber herr wie lange   *manes* (in the margin)

The first half of this verse remained unchanged. In the brief second part he wrote, in black ink, "dü" above the line, over "aber." When Luther prepared his manuscript for the printer, he crossed out "aber" in red ink, replacing it by "Ah" in red ink in the margin, with an indication that the word belongs before "dü." He further crossed out the Latin *"manes"* in the margin, again in red ink. The printer's copy therefore read as follows:

> Vnd meyne seele ist seer erschrocken
> Ah dü herr wie lange.

Psalm 6, 4

The original reading:

> Wende dich Herr vnd reys eraus meyne seele
> hilff myr vmb deyner barmhertzickeyt willen

Luther made no changes in black ink. Only in the printer's copy did he replace "reys eraus" by "errette" in red ink, a less vivid and concrete rendering.

The original translation in the manuscript:

> wird deyn nicht gedacht
> Denn ynn dem tod gedenck man deyn nicht
> dyr
> Wer will dich ynn dyr (der) hellen dancken?

The first half of the verse is interesting in that it offers two different versions of the second phrase, one on the line and the other, apparently an afterthought, above the line. In the second half of the verse he first put down "dich" (was he thinking of "loben" or "bekennen" for the verb?), and then "dyr" above the line, without crossing out "dich" in black ink as one would have expected, possibly because he had not yet decided what verb he was going to use. He further made a real *lapsus calami* when he first wrote in the last phrase "ynn dyr hellen." However, he corrected "dyr" right away in black ink to "der."

In preparing the manuscript for the printer he had several decisions to make. The major decision was, of course, which of the two versions of the last phrase of the first half of the verse to keep. He decided in favor of his original translation, rejecting the later one written above the line. At the same time he added, in red ink, the missing "t" to the incomplete "gedenck." Finally, he had to make up his mind what to do with his original "dich" in the second half of the verse. Since he decided to keep "dancken" for his verb, he crossed out "dich" and kept the over-the-line "dyr" quite logically.

This is how the printer's copy read:

> Denn ynn dem tod gedenckt man deyn nicht
> Wer will dyr ynn der hellen dancken?

If verse five had caused some trouble, verses six and seven caused him considerably more. In fact, they are the two verses that he labored over most, especially verse seven, as we shall see.

Psalm 6, 6

Here is the first manuscript version:

> Ich hab mich geerbeytet mit sufftzen. Ich schwemme Ich schweme meyn
> bette all die nacht alle nacht
> vnd weyche mit threnen meyn lager

Perhaps it is an indication of the haste with which Luther worked that he put down "Ich schwemme" twice, crossing out the repeated phrase in black ink. He also replaced the original "all die" by "alle," probably immediately or soon after jotting down "all die."

When he prepared his manuscript for the printer, he made three changes in red ink. He added two originally omitted possessive adjectives: "mit sufftzen" became "mit meynem sufftzen" and "mit threnen" became "mit meynen threnen," both words being inserted over the line. Finally he changed "alle nacht" to "die gantze nacht," making the phrase unambiguous.

Psalm 6, 7

Of the entire psalm this is the verse with which Luther struggled most. This is how it looked in the first draft:

> gestalt
> geberde   stellet dem
> Meyn andlitz ist vermottet fur zorn *dej*   scheüsslich
>
>   vnd ist allt worden weil michs alles engstet
> vngestallt worden

The first noun was really troublesome. He gave himself the choice of three words: "andlitz, geberde, gestalt," temporarily undecided which to choose. The first verb caused him similar trouble: over the "vermottet" he wrote "stellet." To these two verbs he added "scheüsslich" in the right margin and "vngestallt worden" in the left. In order to make sure that "zorn" would not be taken to mean any merely human anger he added in Latin "*dej*."

It is obvious that for the printer's copy he had again to make some important decisions. This is what he did: He crossed out both "andlitz" and "geberde" in red ink and kept "gestalt." As regards the verb that went with this noun he discarded both "vermottet" and "(ver)stellet" and wrote an entirely new word under the line, "verweset." He also crossed out the marginal additions as well as the Latin "*dej*." In the second half on the verse he replaced the entire last phrase "weil michs alles engstet" by "denn ich allenthalben geengstet werde," an even freer rendering than the first draft had been. The printer's copy then read as follows:

> Meyn gestalt ist verweset fur dem zorn
> vnd ist allt worden denn ich allenthalben geengstet werde.

The First Printed Psalter of 1524

is completely identical with the printer's copy except for minor orthographical changes such as "HERR" for "herr" and the addition of punctuation. A marginal note was also added, apparently an elaboration in German of the crossed-out Latin "*dej*" in verse seven:

"(Zorn) das ist Gottes zorn vnd straff."

Luther was obviously determined to make it crystal clear that the psalmist was talking of the anger of God and not of a human agent, however powerful. This stress was in full accord with Luther's theology. When the Psalter was republished in the same year of 1524 not as a separate book but as a part of "das Dritte teyl des allten Testaments," one change was made: In the fourth verse "barmhertzickeyt" was replaced by "guete," which in turn became "gǔdicheyt" in the Psalter of 1525.

The Second Psalter of 1528

Good as the first Psalter of 1524 was, Luther was not content to leave the text unchanged in the second edition of 1528. While he let the first six verses stand as they were in 1524, he made changes in all following verses, seven through ten. These alterations are not all of the same kind.

Psalm 6, 7

The change Luther made in this verse was philological. As a matter of fact it was overdue. "Fur dem zorn" became "fur trawren," an exact translation of the Hebrew. He should have been aware of this much earlier, certainly since consulting Jerome's *Psalterium Hebraicum*, which has "prae amaritudine" against the Vulgate's "a furore" and the *Psalterium Romanum*'s "prae ira." Could it be that theological considerations outweighed philological ones as late as 1524? It is conceivable that the man whose major early experience had been the angry God was irresistibly drawn to preserve the older Latin versions because they expressed his deepest convictions. In the revision of 1528, however, philology won out over theology, and "zorn" became "trawren." Whatever the motive for the earlier "zorn," the later "trawren" was a philologically correct translation.

In the two following verses Luther's procedure is quite different in that theology appears to gain the victory over philology.

Psalm 6, 8

In the Psalter of 1528 Luther changed the tense of the verb in the second half of the verse from the present perfect to the present. The 1524 version had read: "Denn der HERR hat die stym meyns weynens gehöret." This was changed in 1528 to: "Denn der HERR hǒret die stym meyns weinens." We shall discuss this change along with what occurred in verse nine.

118

Psalm 6, 9

1524

Der HERR hat meyn flehen gehöret, Meyn gebet hat der HERR an genommen.

1528

Der HERR höret meyn flehen, Meyn gebet nympt der HERR an.

In changing from the past tense to the present Luther universalizes both the psalmist's appeal to God for help and his feeling that he has been heard in this instance. Thus Luther's new version of 1528 turns a particular individual's rejoicing that his specific prayer has been answered into the rejoicing of all present and future readers of the psalm that their prayers will always be answered. God hears their plaint and accepts their prayer, now and forever. There is an assurance in Luther's 1528 version that it is God's nature to listen and to fulfill. By virtue of this transformation, verses eight and nine have become Luther's very own as well as everybody else's. The Reformer has emerged as a "creative" translator, who transformed an individual psalmist's specific prayer to one valid at all times, in all places, and under all circumstances.

Psalm 6, 10

The changes in this verse consist of a minor philological one and a major literary one. The minor change was the insertion of "seer" before "erschrecken," a word Luther had omitted by mistake in 1524 although it is found in both the Vulgate and the *Psalterium Hebraicum*, as well as in the Hebrew original, of course.

The major literary change is that of turning the stylistically weak or at least nondescript verb "schemen" into the ringing "zu schanden werden," a triumphant verbal conclusion worthy of the psalmist's triumphant faith and that of every believer including Martin Luther himself. Just compare the version of 1524 with that of 1528:

1524

Es mussen sich all meyne feynde schemen vnd erschrecken,
sich vmb keren vnd sich schemen plötzlich.

1528

Es mussen all meyne feynde zu schanden werden vnd seer erschrecken,
sich zuruck keeren vnd zu schanden werden plötzlich.

Though the justly famous third edition of Luther's Psalter of 1531 by no means contains his final revision of every psalm, it did contain the final revision of Psalm 6, which received its permanent literary shape here.

The great Psalter of 1531 was very carefully prepared. Luther convened a committee for revision, composed of his most distinguished colleagues on the theological faculty, and discussed each psalm before authorizing the printing of what they thought was the final version.

We are fortunate enough to possess minutes of the discussion, kept by the indefatigable Georg Rörer. In view of the brevity of this record, one gains the impression that there was general satisfaction with Luther's performance of 1528. Only two phrases seem to have received special attention, both belonging to verse six. The emendation suggested for one phrase was actually incorporated in the 1531 revision; the other was adopted only as a marginal note.

It will be recalled that from the 1523 manuscript through the 1528 Psalter the first part of verse six had read, "Ich hab mich geerbeytet mit meynem sufftzen," a none too felicitous phrase that had been in use from the first High German pre-Lutheran Bible of 1465 through the last pre-Lutheran Low German Bible of 1522. It is small wonder that it was taken up in the course of the deliberations of the committee on revision.

At first someone, perhaps Luther himself, tentatively paraphrased the psalmist's words: "Wie hab ich mich zuplagt, zuschrien, zubust." Then a new rendering was proposed, "Ich hab mich so mude zuseufftzet" (WA, DB 3, XXXII, 7–8). Apparently this free and idiomatic German version proved acceptable, for it actually appeared almost verbatim in the Psalter of 1531: "Ich bin so mŭde von sŭfftzen," an imaginative and surely a superior rendering.

The other phrase taken up by the committee was "Ich schwemme meyn bette die gantze nacht." After some discussion, the group decided to keep it as it was, even though a highly idiomatic phrase was mentioned, "ich hab im schweis gelegen fur angst, *habeo sudorem anglicum fluidum.*" (WA, DB 3, XXXII, 9–10). While apparently altogether too free to replace "Ich schwemme meyn bette" it emerged as a marginal note in the Psalter of 1531: "(Schwemme) Ich bin im schweis gelegen."

Three more changes were introduced by Luther in the Psalter of 1531, one philological, two of a more literary nature. First, in the sixth verse, the verb "weyche" in the phrase "vnd weyche mit meynen threnen meyn lager" was replaced by "netze," a more accurate translation of the Hebrew. Secondly, in verse seven, the verb "verweset" in the phrase "Mein gestalt ist verweset" is replaced by "verfallen," a more suitable verb to go with the noun "gestalt." Thirdly and finally, the somewhat cumbersome, literal "Denn der HERR hŏret die stym meyns weinens" in verse eight is abbreviated to "Denn der HERR hŏret mein weinen," truly a splendid improvement.

Psalm 6 reached its final form in the Psalter of 1531. The only changes made in the Bible of 1545, the last edition to appear in Luther's lifetime, were minor changes in orthography and punctuation.

The Luther Bible of 1545

1 AH HERR straffe mich nicht in deinem Zorn, Vnd zůchtige mich nicht in deinem grim.

2 HERR sey mir gnedig, denn ich bin schwach, Heile mich HERR, Denn meine gebeine sind erschrocken.

3 Vnd meine Seele ist seer erschrocken, Ah du HERR, wie lange?

4 Wende dich HERR, vnd errette meine Seele, Hilff mir vmb deiner Gůte willen.

5 Denn im Tode gedenckt man dein nicht, Wer wil dir in der Helle dancken?

6 Ich bin so můde von seufftzen, Ich schwemme   (Schwemme) mein Bette die gantze nacht, Vnd netze mit   Ich bin im schweis meinen threnen mein Lager.   gelegen.

7 Meine Gestalt ist verfallen fur trawren, vnd ist alt worden, Denn ich allenthalben geengstet werde.

8 Weichet von mir alle Vbeltheter, Denn der HERR hôret mein weinen.

9 Der HERR hôret mein flehen, Mein gebet nimpt der HERR an.

10 Es můssen alle meine Feinde zu schanden werden, vnd seer erschrecken, Sich zu růck keren, vnd zu schanden werden plôtzlich.

If we ask in the end, What is the nature of Psalm 6 in the 1531 Psalter or the Bible of 1545, we might arrive at these conclusions:

1. The translation is essentially correct.

2. It is of high literary quality, couched in rhythmic and idiomatic German.

3. It bears an unmistakable Lutheran stamp. The reader senses that the translator himself experienced deeply the text he translated and that he communicated his "Erlebnis" of the original to his own rendering.

4. The Hebrew psalm has become virtually a German poem.

5. The Psalter of 1531 should not be compared with the pre-Lutheran translations into German. Only Luther's *ad hoc* translation of 1517 from the Latin is comparable to earlier and contemporaneous German versions.

6. As Luther himself suggested, his 1531 German version should be compared with the best literary version in Latin, and that is still the Vulgate. Luther's rendering is a philologically more accurate translation of the original. Moreover, it equals, if it does not surpass, the Vulgate in poetic beauty.

To put it all together, Luther's version surpasses St. Jerome's *Psalterium Hebraicum* in accuracy and the Vulgate not only in accuracy but also in artistic quality. In other words it is, especially aesthetically and religiously, "monumentum aere perennius," a possession for ever, at least as long as Western culture is aware of one of its major roots. In order to appreciate it as fully as possible, the reader should of course be qualified in Nietzsche's sense: He should have been born at a time when he could still experience the deep places of the Judaeo-Christian tradition as an integral part of his education. It does not really matter whether he continues to have his spiritual being in that tradition or whether it is "aufgehoben" for him into an intellectual realm presided over by Kant, Schiller, Goethe, and Nietzsche himself rather than by St. Paul and Martin Luther. What matters is that religion was a vital element of his total *Bildung*. If it was not, Luther's German Bible is apt to remain in important respects a closed book for such a reader. This would be his loss, perhaps an irreparable loss in Nietzsche's view of the matter, at least for twentieth-century men even if not for those of later, totally secularized, centuries. We are of the twentieth century and are therefore fortunate enough still to have access to what may soon become a treasure lost to Western culture. Even though many of us have moved to new secular realms, when reading Luther's Bible we again travel in realms of gold, spiritual gold, which we should be loath to forget or ignore. In Shakespeare's words, "I cannot but remember such things were, that were most precious to me." Or in those of Goethe, "Ich besass es doch einmal, was so köstlich ist!"

NOTE

1 These *Dictata super Psalterium* (1513–1515) remained unpublished till 1874, when a partial edition appeared.

LUTHER AND THE ENGLISH BIBLE:
THREE COVERDALE VERSIONS OF PSALMS 23 AND 91

Psalm 23

Two translations of Psalm 23 by Coverdale are widely known to scholars, one contained in the first printed English Bible of 1535 and the other, revised, in the Great Bible of 1539. In the Folger Shakespeare Library I came across a third version prefixed to Coverdale's translation of Luther's exposition of the twenty-third psalm, the exact title being "A very excellent & swete exposition upon the xxii. Psalme of Davide called in Latine: Dominus regit me, etc. Translated oute of Hye Almayne into Englyshe by Myles Coverdale." Anno MDCCCCC.[1]

Coverdale's translation of Martin Luther's exposition was reprinted in the "Remains of Myles Coverdale" (Cambridge University Press, 1846) but without the translation of the psalm itself as prefixed to the original edition. The modern reprint was made "from a copy in the Bodleian Library, Oxford." I do not know whether that contains the psalm itself or not. The Folger copy, from the library of Sir R. Leicester Harmsworth, does contain it. It is probably a rarissimum.

Since the three translations, of 1535, 1537 and 1539 respectively, differ from one another, and since the second of 1537 appears to be generally unknown, it would seem that a comparative study is in order if only to put the 1537 rendering in its proper niche.

In order to run down the sources of Coverdale's various translations as exactly as possible, it will be necessary to quote the Latin and German translations which were available to Coverdale and presumably actually used by him. They are, so far as we know, the following: "Psalterium Gallicanum" or the Vulgate version, "Psalterium Romanum," "Psalterium Hebraicum," Luther 1524–1534, the Zürich Bible 1525–1531, Santes Pagninus' Latin translation of the Bible of 1528, Sebastian Münster's Latin translation of the Old Testament of 1534–1535.

In view of the variety of sources we shall examine each verse of Psalm 23 by itself.

Psalm 23, 1

"Psalterium Gallicanum"

Dominus regit me et nihil mihi deerit.

"Psalterium Romanum"

Identical

"Psalterium Hebraicum"

Dominus pascit me et nihil mihi deerit.

Pagninus"

Dominus pascit me, non deficiam.

"Luther" 1524, 1528, 1531; 1534

Der HERR ist mein hirtte / mir wird nichts mangeln.

"Zürich" 1524

Der HERR ist mein hirt / mir wirt nüts mangeln.

"Zürich" 1530

Der HERR ist mein hirt / mir wirdt neüts manglenn.

"Zürich" 1531

DEr HERR hirtet mich / darumb manglet mir nichts

"Coverdale" 1535

THE LORDE is my shepherde, I can wante nothinge.

"Coverdale" 1537

The LORDE is my shepeherde, I shall lacke nothynge.

"Coverdale" 1539

The Lorde is my shepherde, therfore can I lack nothing.

There are no differences among the three Coverdale versions in the first half of
the verse except in spelling and capitalization. Inasmuch as Coverdale, admitted-
ly, did not base his translation on the Hebrew original, it is all but certain that
Luther is the source of the noun "shepherde" in all three versions. Whether he
is the immediate source or not is difficult to say since two of the three Swiss

Bibles have the noun also, presumably taken over from Luther. Thus the latter is surely the ultimate source of Coverdale's "shepherde."

The second half of verse one is different in each of the Coverdale versions, not greatly, to be sure, but sufficiently to be looked at more closely. The word to explain in the 1535 translation is the modal auxiliary "can." No previous version, whether Latin or German, accounts for it. But since Coverdale was by no means a slavish, mechanical translator, he may be credited with being himself the author of this free rendering. It makes sense enough, for if the Lord is indeed his shepherd, he cannot want anything.

In the 1537 version Coverdale abandoned the modal and used the simple future "shall" in addition to changing "wante" to "lacke." While any of the Latin versions could easily yield this rendering, it probably corresponds most closely to Luther's and the first two Swiss Bibles' "mir wird nichts mangeln." Since Coverdale's 1537 rendering is prefixed to a Lutheran treatise, it would appear more likely than not that the Lutheran rendering of the psalm itself would have been most carefully looked at by the translator. Still, the three Jeromian versions' "et mihi nihil deerit" cannot be safely excluded as the basis for Coverdale. However, he did not translate the Latin phrasings' introductory "et." Thus, Coverdale's second version is closest to Luther, all things considered.

The Englishman's final rendering in the Great Bible of 1539 offers more problems. Ernest Clapton in his "Our Prayerbook Psalter" (London, 1934) suggests that Coverdale's introductory "therfore" is due to Münster's inserted "ideo."[2] The rest of the phrase is a combination of the 1535 word "can" and the 1537 word "lacke."

We can draw the conclusion, I believe, that of all three versions the second corresponds most closely to Luther's pace-setting translation from the original Hebrew.

Psalm 23, 2

"Psalterium Gallicanum"

In loco pascuae ibi me collocavit.
Super aquam refectionis educavit me.

"Psalterium Romanum"

Identical

"Psalterium Hebraicum"

In pascuis herbarum acclinavit me:
super aquas refectionis enutrivit me.

"Pagninus" 1528

In tugurijs germinis accubare faciet me,
ad aquas requierum ducet me.

"Luther" 1524 and 1528

Er lesst mich weyden da viel gras steht /
vnd furt mich zum wasser das mich erkulet.

"Zürich" 1525

Er lesst mich weiden, da vil gras stadt,
vnd fürt mich zum wasser, das mich erkület.

"Zürich" 1530

Er lesst mich weyden da vil gras stadt /
vnd fürt mich zum wasser / das mich erkület.

"Zürich" 1531

Er macht mich in schöner weyd lüyen /
vnd fürt mich zu stillen wassern.

"Luther" 1531 and 1534

Er weidet mich auff einer grunen awen /
vnd füret mich zum frisschen wasser.

"Coverdale" 1535

He fedeth me in a grene pasture,
and ledeth me to a fresh water.

"Coverdale" 1537

He fedeth me in a grene pasture,
and leadeth me to the fresh water.

"Coverdale" 1539

He shall fede me in a grene pasture, &
leade me forth besyde the waters of comforte.

The source for Coverdale's translation of 1535 is clear beyond the shadow of a doubt: Luther's final revision of the Psalter by itself of 1531, the first edition of the complete Luther Bible of 1534, or even the second edition of 1535. The Zürich Bible is definitely out: The editions of 1525 and 1530 agree with Luther's unrevised editions of 1524 and 1528. The Zürich edition of 1531 is altogether different, probably heavily influenced by the Pagninus Latin Bible of 1528.

Coverdale's ad hoc translation of 1537 is still closer to Luther if that is at all possible. It actually was possible in that Cloverdale changed the final phrase "to a fresh water" to "to the fresh water," the latter corresponding exactly to Luther's "zum frisschen wasser."

Coverdale's 1539 Great Bible version is different, especially in the second half of the verse. The only change he made in the first half was to replace the present tense by the future, "He shall fede me" in lieu of "He fedeth me." Interestingly enough, he kept Luther's unforgettable "in a grene pasture," a matchless phrase that has survived virtually intact through the Authorized Version of 1611 to the Revised Standard Version of our day.

The situation is quite different in the second half of the verse. Here Luther is totally abandoned. So far as I can tell, with the help of Clapton's notes, the final phrase "the waters of comforte" could readily derive from Sebastian Münster's "aquas refrigerii."

Coverdale's second rendering of verse two of Psalm 23 came closest to Luther's superb German. His first rendering had been almost as close. But the third and final English version of the Great Bible, while preserving Luther's grand "auff einer grunen awen," forsook Luther in favor of Pagninus and Münster.

To repeat, the 1537 version is Luther in perfect English garb.

Psalm 23, 3

"Psalterium Gallicanum"

Animam meam convertit. Deduxit me super semitas iustitiae:
propter nomen suum.

"Psalterium Romanum"

Identical.

"Psalterium Hebraicum"

Animam meam refecit / duxit me per semitas iusticiae:
propter nomen suum.

"Pagninus"

Animam meam convertet,
ducet me per semitas iustitiae propter nomen suum.

"Luther" 1524—1534

Er erquickt mein seele /
er furet mich auf rechter strasse vmb seyns namens willen.

"Zürich" 1525

Er erquicket myn seel:
er fürt mich uff rechter straass vmb synes namens willen.

"Zürich" 1530

Er erquickt mein sel:
er fürt mich auff rechter stras vmb seines namens willen.

"Zürich" 1531

(Mit denen) erfristet er meyn seel /
treybt mich auff den pfad
der gerechtigkeit vmb seines namens willen.

"Coverdale" 1535

He quickeneth my soule, & bringeth me forth
in the waye of righteousness for his names sake.

"Coverdale" 1537

He quyckeneth my soule, and bringeth me forth
in the waye of righteousnese, for hys names sake.

"Coverdale" 1539

He shall convert my soule,
& brynge me forth in the paths of
ryghtewesnes for hys names sake.

Looking first at the first half of verse three, we find that Coverdale's 1535 version is in full agreement with Luther. The Vulgate's "convertit" would hardly lead to "quickeneth." The "Psalterium Hebraicum's" "refecit" might except that it is in the past tense. The first two Zürich editions are identical with Luther so that, even if Coverdale were to have used either one of them, the ultimate source would still be Luther. Coverdale's second version of 1537 is identical with his first except for a minor difference in spelling. The third version, however, is a different matter. "He shall convert my soule" would appear to be based almost certainly on Pagninus' "Animam meam convertet," most definitely not on Luther or, for that matter, on the 1531 Zürich Bible. It has a Latin rather than a German source.

The second half of the verse presents more difficult problems. Even the 1535 version, though largely based on Luther, goes its own way. Only the use of the present tense reminds one of Luther. The basic distinction is in the phrase "in the waye of righteousness," which departs markedly from Luther's free "auf rechter strasse." Was that too free for Coverdale, or was he possibly more Lutheran than Luther and thus unwilling to give up the critical noun "righteousness"? Or did he just stick to the Latin versions' "super . . ." and "per semitas iustitiae"? Still, the singular noun, "waye," is reminiscent of Luther.

Coverdale's second version of 1537 is, in the second half of the verse as in the first half, identical with the 1535 translation. The third version of 1539 introduced but relatively minor changes. As in the first half of the verse, Coverdale changed the verb from the present to the future tense, "(shall) brynge me forth." He also altered the first noun from the singular "waye" to the plural "paths." Both these changes are in all likelihood due to Pagninus' and/or Münster's Latin versions.

Thus verse three in Coverdale's 1535 and 1537 versions is partially based on Luther and partially a conservative semi-independent rendering. The third version, differing from the first two, is heavily indebted to the post-Jeromian Latin translations.

Psalm 23, 4

"Psalterium Gallicanum"

Nam si ambulavero in medio vmbrae mortis: non timebo mala quoniam tu mecum es. Virga tua & baculus tuus ipsa me consolata sunt.

"Psalterium Romanun"

There is only one change: "ambulem" instead of "ambulavero"

"Psalterium Hebraicum"

Sed si ambulavero in valle mortis: non timebo malum quoniam tu mecum es. Virga tua & baculus tuus ipsa consolabuntur me.

"Pagninus"

Etiam cum ambulavero per vallem umbrae mortis, non timebo malum, quoniam tu mecum. Virga tua, & baculus tuus, ipsa consolabuntur me.

"Luther" 1524–1534

Und ob ich schon wandert ym finstern tal / furcht ich keyn vngluck / Denn du bist bey myr. Deyn stecken und stab trösten mich.

"Zürich" 1525

Und ob ich schon wandlete im finstern tal, vörcht ich kain unglück: denn du bist by mir: dein stecken und stab tröstend mich.

"Zürich" 1530

Und ob ich schon wandlete im finsterenn thal, förcht ich kain unglück: dann du bist bey mir: dein stäcken vnd stab tröstet mich.

"Zürich" 1531

Und ob ich mich schon vergienge in das göw des tödtlichen schattens / so wurde ich doch nichts übels förchten: dann du bist bey mir / zu dem tröstend mich dein stäcken vnd stab.

"Coverdale" 1535

Though I shulde walke now in the valley of the shadowe of death, yet I feare no evell, for thou art with me: thy staff & thy shepehoke comforte me.

"Coverdale" 1537

Though I walke in the valley of the shadowe of death, yet feare I no evell, for thou arte wythe me: Thy staffe and thy shepehooke do comforte me.

"Coverdale" 1539

Yee though I walke thorow ỹ valley of the shadow of death, I will feare no evell, for thou art wt me, thy rodde & thy staffe comforte me:

Let us divide this longish verse into three parts, examining each individually. The most interesting phrase in all three Coverdale versions is doubtlessly "the valley of the shadowe of death," an immortal phrase that is still found in the Revised Standard Version. It owes nothing to Luther, the Swiss or any Jeromian

130

Bible. With virtual certainty it must stem, particularly in Coverdale's third version in which the first two versions' "in" is replaced by "thorow," from Pagninus' Latin Bible of 1528: "per vallem umbrae mortis." This is surely much closer to Coverdale than the Vulgate's "in medio vmbrae mortis" or the "Psalterium Hebraicum's" "in valle mortis" or the 1531 Zürich Bible's "in das göw des tödtlichen schattens."

The first phrase differs slightly in the three Coverdale versions. In 1535 it read "Though I shulde walke now." The subjunctive could derive from the "Psalterium Romanum's" "ambulem" or Luther's "wandert." "Now" is a curious addition to the text. Coverdale dropped it in his second version, in which he also dropped "shulde," resulting in a much smoother reading, rhythmically almost on a par with Luther's incomparable "Und ob ich schon wandert." In 1539 Coverdale prefixed a "Yee" to the phrase, perhaps suggested by Pagninus' "etiam."

The first phrase in the second third of verse four, the only one that need be discussed, differs slightly in the three Coverdale versions. In 1535 it read "yet I feare no evell," yielding in 1537 to what appears to be German rather than English word order, "feare I." So far as Luther as a possible source is concerned, it could be only his use of the present tense "furcht ich" that could be involved, all Latin versions having the future "timebo." Coverdale's third version, with its manifest debt to Pagninus in general, changes this phrase to "I will feare no evell" in agreement with Pagninus' "timebo."

The third third of the verse does not offer any major problems, though again there are some differences among the three Coverdale versions. The first reads "thy staffe & thy shepehoke comforte me." The second inserts "do" before "comforte," probably to reinforce the idea of comfort. The third edition of 1539 was the first to introduce the phrase "thy rodde and thy staff comforte me," so familiar to all readers of the English Bible down to the Revised Standard Version.

In summary it could be said that verse four shows less influence from Luther's version than do the preceding verses. Pagninus' Latin Bible is the probable source of the most famous phrase of this verse, "through the valley of the shadow of death." These ringing words, unlike the phrase "grene pasture," are definitely not due to Luther, but they, too, have survived in the King James Bible and its revisions.

Psalm 23, 5

Psalterium Gallicanum"

Parasti in conspectu meo mensam; adversus eos qui tribulant me. Impinguasti in oleo caput meum: et calix meus inebrians quae praeclarus est.

"Psalterium Romanum"

Only the last phrase is slightly different: et poculum meum inebrians quam praeclarum est.

"Psalterium Hebraicum"

Pones coram me mensam: ex adverso hostium meorum. Impinguasti oleo caput meum: calix meus inebrians.

"Pagninus"

Praeparabis coram me mensam contra hostes meos, impinguasti in oleo caput meum, calix meus saturus.

"Luther" 1524 and 1528

Du bereyttest fur myr eynen tisch gegen meyne feynde / du machst meyn heubt fett mit öle vnd schenckest myr voll eyn.

"Luther" 1531 and 1534

Du bereitest fur mir einen tisch gegen meine feinde & Du salbest mein heubt mit öle / vnd schenckest mir vol ein.

"Zürich" 1525

Du bereytest vor mir einen tisch gegen meynen fyenden. Du machest myn haupt feist mit öl, und schenkest mir voll yn.

"Zürich" 1530

Du bereytest vor mir einenn tisch gegen meinen feyndenn / du machest mein haupt feisst mit öl / vn schenckest mir voll ein.

"Zürich" 1531

Du richtest mir ein tisch zu vor minen feynden / du begeüssest mein haupt mit gesälb / und füllest mir meinen bächer.

"Coverdale" 1535

Thou preparest a table before me agaynst mine enemies: thou anoyntest my heade with oyle, & fyllest my cuppe full.

132

"Coverdale" 1537

Thou preparest a table before me agaynste myne enemyes, thou anoyn-
teste my heade wyth oyle, and fyllest my cuppe full.

"Coverdale" 1539

Thou shalt prepare a table before me agaynst them $\overset{t}{y}$ trouble me: $\overset{u}{y}$ [sic]
hast anoynted my head with oyle, & my cuppe shalbe full.

There are again three parts to this verse, to be taken up individually. In the first
part, Coverdale's first and second versions are identical, the present probably
suggested by Luther or any of the Zürich Bibles. The Vulgate and "Psalterium
Romanum" have the verb in the past tense, and the "Psalterium Hebraicum"
and Pagninus in the future. The third Coverdale version, with its general indebtedness to Pagninus, accordingly put the verb in the future: "Thou shalt
prepare a table before me." The concluding phrase, "agaynst them $\overset{t}{y}$ trouble
me," appears to be Coverdale's very own, perhaps not too felicitous, coinage.

The second part of the verse, in the first two identical versions of Myles
Coverdale, appears to be inspired by Luther's final version, not only in the use
of the present tense (all Latin versions having the past tense "impinguasti")
but also in the rather choice word "salbest." The 1530 Zürich Bibles cannot be
the source because they reproduce Luther's earlier, literal "machst . . . fett."
Only Luther's third (1531 or 1534) rendering could have suggested Coverdale's
"anoyntest." Coverdale's 1539 change of tense probably is due to the "Hebraicum's" and Pagninus' "impinguasti."

The most exciting phrase in Luther's version is of course the final part of
the verse. He was bold enough to adjust it syntactically to the first two parts,
using the second person throughout. Besides this procedure — extraordinary
even for Luther — he provided the new verb most fitting in this context: "ein-
schenken." Coverdale, in his first two versions, adopted Luther's syntactical
innovation and probably tried to reproduce Luther's verb itself by using "to
fill full." In his third version, however, he reverted to Pagninus, "my cuppe
shalbe full," apparently the translation of "calix meus saturus."

Psalm 23, 6

"Psalterium Gallicanum"

Et misericordia tua subsequetur me: omnibus diebus vitae meae. Et ut
inhabitem in domo domini in longitudinem dierum.

"Psalterium Romanum"

Et misericordia tua subsequitur me: omnibus diebus vitae meae. Et ut
inhabitem in domo domini: in longitudine dierum.

133

"Psalterium Hebraicum"

Sed et benignitas et misericordia subsequetur me: omnibus diebus vitae meae. Et habitabo in domo domini: in longitudine dierum.

"Pagninus"

Veruntamen bonum, & misericordia sequentur me omnibus diebus vitae meae, & habitabo in domo domini in longitudinem dierum.

"Luther" 1524 and 1528

Gutts vnd barmhertzikeyt werden myr nachlauffen meyn leben lang / vnd werde bleyben ym hause des HERRN ymmerdar.

"Luther" 1531 and 1534

Gutts vnd barmhertzikeyt werden myr folgen meyn leben lang / vnd werde bleyben ym hause des HERRN ymmerdar.

"Zürich" 1525

Guts vn barmherzigkeyt werdent mir nachlaufen min läben lang, und wird bleyben im huss des HERRN jmmerdar.

"Zürich" 1530

Guts vn barmherzigkeyt werdent mir nachlauffen min läben lang. und wird bleyben im hauss des HERRN jmmerdar.

"Zürich" 1531

So wölle dein güte vnd gnad ob mir halten meyn läben lang / das ich in dinem hauss wonen möge ewigklich.

"Coverdale" 1535

Oh let thy lovynge kyndnes & mercy folowe me all the dayes off my life, that I maye dwell in the house off the LORDE for ever.

"Coverdale" 1537

Oh let thy lovynge kyndenesse and mercye followe me all the dayes of my lyfe, that I may dwell in the house of the LORD for ever.

134

> But (thy) lovynge kyndness and mercy shall folowe me all the dayes of my lyfe: & I will dwell in the house of the Lord for ever.

Coverdale's first and second versions appear to have several sources. The first half of the verse probably derives from the "Psalterium Hebraicum," and the second half from the "Psalterium Gallicanum" and "Psalterium Romanum" except that the final "for ever" could stem from Luther's "ymmerdar" or the third Zürich Bible's "ewigklich." The third Coverdale version almost certainly owes the use of the future tense and the paratactical structure to both the "Psalterium Hebraicum" and Pagninus.

Thus Psalm 23, 6 made hardly any use of Luther or the two earlier Swiss Bibles. The sources, in all three versions, are predominantly Latin.

Coverdale's second version of Psalm 23 of 1537 has been generally unknown or at least unexamined so far. It does not differ materially from the first version of 1535. The few instances in which it does differ are due to an even closer following of Luther. The third version of 1539 abandoned Luther for Pagninus by and large, with an occasional exception, to be sure, such as the phrase "in a grene pasture" — a felicitous Lutheran formulation surviving via the King James Bible down to the Revised Standard Version of our day. Generally speaking, the second version of 1537 — preserved as the introductory part of Coverdale's exposition of the Twenty-third Psalm — is closest to the German Reformer's famous rendering of 1531.

Psalm 91, 1

Scholars have long known, even if they have not carefully investigated, two versions of Coverdale's translation of the Psalms, the one contained in the first printed English Bible of 1535 and the other in the Great Bible of 1539. When I was at the Folger Library recently, I came across a little book entitled "How and whither a Christen man ought to flye the horrible plage of the pestilence. A sermon out of the Psalme Qui habitat in adiutorio altissimi, Translated out of hye Almayn into Englysche." 1537. The author is Andreas Osiander, a Nürnberg Lutheran and pastor of its famed Lorenzkirche. The translator is none other than Myles Coverdale.

A copy of the German original of this sermon is preserved in the Duke University library. Its full title is "Wie vnd wo hin ein Christ die grausamē plag der pestilentz fliehen soll. Ein predig / aus dem 91. Psalm." Nǔremberg 1533. Prefixed to the sermon is a German translation of the first eight verses of Psalm 91. The probable reason why only the first half of the Psalm is provided is that the sermon deals only with the first eight verses. The text of these verses is Luther's translation as contained in his revised edition of the Psalms of 1531, except for minor orthographical variants.

Coverdale's translation of these eight verses in the English edition of the sermon of 1537 is his second translation of this passage, the first being contained in his English Bible of 1535 and the third in the Great Bible of 1539. Thus the previously totally unexamined second translation of 1537 can be dated exactly between the first of 1535 and the third (and last?) of 1539.

"Psalterium Gallicanum"

QUi habitat in adiutorio altissimi: in protectione dei çeli commovebitur.

"Psalterium Romanum" = "Gallicanum"

"Psalterium Hebraicum"

QVi habitat in abscondito excelsi: in vmbraculo domini commovebitur.

"Pagninus" 1528

Qui habitat in abscondito altissimi, in umbra omnipotentis commorabitur.

"Luther" 1524

WEr vnter dem schirm des aller höchsten sitzt, Vnd vnter dem schatten des almechtigen bleybt.

"Luther" 1528

WEr vnter dem schirm des höchsten sitzt, Vnd vnter dem schatten des almechtigen bleybt.

"Luther" 1531

WEr vnter dem schirm des Höhesten sitzt, Vnd vnter dem schatten des Allmechtigen bleibt.

"Osiander" = "Luther" 1531
(Identical except for spelling)

"Coverdale" 1535

WHO so dwelleth vnder ỹ defence of the most hyest, & abydeth vnder ỹ shadowe of ỹ allmightie:

"Coverdale" 1537

Who so sytteth vnder the defence of the hyghest, and abydeth vnder the shadowe of the Almyghtye. (Text: almyghtye)

Who so dwelleth vnder the defence of the most hyest, shal abide vnder the shadow of y̆ Allmightye.

So far as the first verse is concerned, there are but minor differences among the three versions. Coverdale's first version of 1535 appears to be based on a mixture of Latin and German sources. The verb "dwelleth" in the first half of the verse surely derives from all Latin translations: "habitat." The phrase "vnder y̆ defense," on the other hand, appears to come from Luther's "vnter dem schirm"; it cannot very well be due to the "Psalterium Gallicanum's" "in adiutorio" or to the "in abscondito" of the "Psalterium Hebraicum" of St. Jerome and of Pagninus. The first noun in the second half of the verse, "shadowe," cannot derive from the "Psalterium Gallicanum's" abstract "in protectione" but rather from Pagninus' "in umbra" or perhaps the "Psalterium Hebraicum's" "in vmbraculo." However, it is really closest, if one looks at the freely used preposition "vnder," to Luther's "vnter dem schatten." The second noun in the second half of the verse, "allmightie," cannot got back to the "Psalterium Gallicanum's" peculiar "dei çeli" or to the "Psalterium Hebraicum's" "domini" but rather to Pagninus' "omnipotentis" or Luther's "des Allmechtigen." The verb "abydeth" in the second half of the verse probably derives from Luther's "bleibt," because all Latin versions use the future tense, "commovebitur" and "commorabitur." Everything considered, Luther's 1531 translation would seem to be the chief source of Coverdale's earliest rendering of Psalm 91, 1.

In both the 1535 and 1537 versions, Coverdale also follows Luther in having the conjunction "and" between the two clauses, thereby altering the meaning of the passage.

Coverdale's second version of 1537, the one contained in the translation of Osiander's sermon and probably made ad hoc, introduced only a single change: "Who so dwelleth" in the first half of the verse was replaced by "who so sytteth." This can have only one source, Luther's "WEr ... sitzt" (verb at the end in German, of course). The result of this alteration of 1537 is in total agreement with Luther's version of 1531.

Coverdale's third version in the Great Bible of 1539 returns to his first version of 1535 except for replacing the present "abydeth" by the future "shal abide" as found in all Latin translations, and by dropping the "and" between the clauses occurring in his two earlier versions. The influence of Luther has clearly receded and is now limited to the preposition "vnder" (occurring twice) and the continued use of the noun "defence."

"Psalm 91, 2

"Psalterium Gallicanum"

Dicet domino susceptor meus es tu: & refugium meum deus meus.

"Psalterium Romanun"

Dicet domino susceptor meus es: & refugium meum deus meus: sperabo in eum.

"Psalterium Hebraicum"

Dicens domino spes mea & fortitudo mea deus meus: confidam in eo.

"Pagninus" 1528

Dicam domino spes mea, & arx mea, deus meus sperabo in eo.

"Luther" 1524 = 1528 = 1531

Der spricht zu dem HERRN, meyne zuversicht vnd burg, Meyn Gott auff den ich hoffe.

"Luther" 1531

Der spricht zu dem HERREN, Meine zuversicht vnd burg, Mein Gott auf den ich hoffe.

"Osiander" 1533

Der spricht zum Herrn / ...

"Coverdale" 1535

He shal saye vnto y̆ LORDE: o my hope, & my stronge holde, my God, in whŏ I will trust.

"Coverdale" 1537

He sayeth vnto the LORDE; My hope, and my stronge holde: my God on whom I trust. (Text: My God on whom I "hope.")

"Coverdale" 1539

I wyll saye vnto the Lorde: Thou art my hope, and my stronge holde, my God, in him will I trust.

138

Psalm 91, 2

The four Latin versions differ one from the other. The "Psalterium Romanum" has a phrase not in the "Psalterium Gallicanum." The "Hebraicum" changed not only the verbs but also two of the nouns. Pagninus made further alterations such as changing the person of the first verb from the third to the first person and substituting "arx" for Jt. Jerome's "refugium" and "fortitudo." In other words, the second verse of Psalm 91 has a varied history of translation even in Latin. Thus Luther had to deal with this fact insofar as he made use of his distinguished predecessors. Basing himself primarily on the Hebrew as accessible to him, he differs from all previous translations in one way or another. A permanent characteristic of his rendering of the Psalms is evident in this verse: the use of the present tense, a device (if that is the proper word) through which the experience of the psalmist becomes the expression of the translator and hence of the reader: "Der spricht zu dem HERREN, Meine zuversicht vnd meine burg, Mein Gott, auff den ich hoffe."

Coverdale's first version of 1535 differs with regard to the tense of the verbs. In both instances he used the future: "He shal saye" and "I wil trust." In the second version of 1537 he followed Luther exactly and put his verbs in the present tense: "He sayeth" and "I trust" or, in a variant occurring in the sermon itself, "I hope." Besides, as though to show his total dependence on the German text, he even changed "in whom I wil trust" to "on whom I trust" or "hope," even though "on" seems something of a Germanism in connection with "trust."

In the Great Bible of 1539 Coverdale abandoned these Lutheran elements of 1537, reintroducing the future of the verb. He also gave up his earlier translations to the extent of having the first verb in the first person, "I wyll saye," and turning the final relative clause, "in whom I wil trust," into a main clause, "in him will I trust."

Psalm 91, 3

"Psalterium Gallicanum"

Sperabo in eum quoniam ipse liberavit me de laqueo venantium: & a verbo aspero.

"Psalterium Romanum"

Quoniam ipse liberavit me de laqueo venantium: & a verbo aspero.

"Psalterium Hebraicum"

Quia ipse liberabit te de laqueo venantium: de morte insidiarum.

139

Pagninus"

Quoniam ipse eruet te de laqueo venatoris, de morte contritionum

"Luther" 1524

Denn er wird mich erretten vom strick des iegers, Vnd von der pestilenz der listickeyt.

"Luther" 1525, 1528

Denn er wird mich erretten vom strick des iegers, Vnd von der schedlichen pestilentz.

"Luther" 1531

Denn er errettet mich vom strick des jegers, Vnd von der schedlichen pestilentz.

"Coverdale" 1535

For he shal deliver the from the snare of the hunter, & from the noysome pestilence.

"Coverdale" 1537

For he delyvereth me from the snare of the hunter, and from $\overset{e}{y}$ noysome pestilence.

"Coverdale" 1539 (1540)

For he shall delyver the from the snare of the hunter, and from $\overset{e}{y}$ noysome pestilence.

"Münster": a peste noxia.

There are major differences among the Latin translations. The "Gallicanum" and "Romanum" have a different beginning. Both have the verb in the past, "liberavit," while "Hebraicum" and Pagninus have it in the future, "liberabit" and "eruet" respectively. The three Jeromian versions have a plural genitive, "venantium." Pagninus has the singular "venatoris." In the final phrase the divergences are major: "Gallicanum" and "Romanum" have "a verbo aspero"; "Hebraicum" and Pagninus agree on "de morte" instead of "a verbo," but disagree on the genitive, "insidiarum" and "contritionum."

140

Luther, too, had a difficult time with this verse. There are three distinct stages in the evolution of his rendering. In the editions of 1524, 1525 and 1528 he has the verb in the future, "er wird mich erretten." Only in 1531 and after did he change it to the present, "er errettet mich," in accordance with his desire to apply the Psalm to any immediate situation. The final phrase, rendered so variously by the Latin translators, caused Luther a good deal of trouble. In the earliest version of 1524 he has a genitival noun, "der listickeyt," corresponding roughly to the "Hebraicum's" "insidiarum." From 1525 on this noun was changed to an adjective, "schedlichen," preceding the final noun "pestilentz." Only in 1531 did he reach the final stage of his translation of Psalm 91, 3. In all four editions Luther agrees with "Gallicanum's" and "Romanum's" "me" against the "Hebraicum's" and Pagninus' "te."

Coverdale's first version of 1535 has apparently two sources, the first phrase based on the "Hebraicum," "For he shal deliver the," and the final phrase perhaps derived from Luther, "from the noysome pestilence," but Münster's "a peste noxia" could also have suggested it.

The 1537 ad hoc version, on the other hand, is unmistakably Lutheran in origin. Coverdale changed the future to the present tense, "he delyvereth," and, perhaps more importantly, "the" to "me," two clear-cut evidences of Luther's influence. In the Great Bible of 1539 he reverted completely to his 1535 version, removing the two Lutheran readings of the 1537 interim version.

Psalm 91, 4

"Psalterium Gallicanum"

In scapulis suis obumbrabit tibi: & sub pennis eius sperabis.

"Psalterium Romanum"

Scapulis suis obumbrabit tibi: & sub pennis eius sperabis.

"Psalterium Hebraicum"

In scapulis suis obumbrabit tibi: & sub alis eius sperabis.

"Pagninus"

Alis suis obumbrabit tibi, & sub alis eius sperabis, scutum, & clypeus veritas eius.

"Luther" 1524 = 1528

Er wird dich mit seynen fittichen decken, vnd deyn zuversicht wird seyn vnter seynen flügeln, Seyne trew ist schild vnd schutz.

"Luther" 1531

Er wird dich mit seinen fittichen decken, vnd deine zuversicht wird sein vnter seinen flügeln, Seine warheit ist spies vnd schild. (In 1534 the last three words are "Schirm vnd Schild.")

"Coverdale" 1535

He shal cover the vnder his wynges, that thou mayest be safe vnder his fethers; his faithfulnesse and trueth shal be thy shylde and buckler.

"Coverdale" 1537

He shall cover the wyth hys fethers, and thy truste shalbe vnder hys wynges: hys truth is spere and shylde. (Text: thyne hope)

"Coverdale" 1539

He shall defende the vnder hys wynges, and thou shalte be safe vnder hys fethers: hys faythfulnesse and trueth shall be thy shylde and buckler.

The three Jeromian versions are almost identical. Pagninus differs only in replacing "scapulis" by "alis" and in adding a phrase which St. Jerome prefixed to the next verse. Since Luther and Coverdale made it a part of verse four, we shall discuss it here.

There is no difference between Luther's 1524 and 1528 versions, the final phrase reading "Seyne trew ist schild vnd schutz." In the edition of 1531 Luther changed this to "Seine warheit ist spies vnd schild."

It is this latter phrase that is of particular interest to us in our attempt to determine the sources of Coverdale's three translations of Psalm 91.

In his first version of 1535 the first phrase, "He shal cover the vnder his wynges," presents no problems. Any of the Latin versions or Luther easily yields Coverdale's translation. In the second version of 1537 he moves closer to Luther by replacing the preposition "vnder" by "wyth" and "wynges" by "fethers," which he probably took to correspond to Luther's "fittichen." In 1539 he reverted to "vnder" and "wynges," and he substituted "defende" for "cover" for reasons not clear to me.

The second phrase in 1535 was a dependent clause not to be explained by any of the versions accessible to him. Neither can his verb "mayest be safe" be derived in this way. The 1537 version, on the other hand, can be fully accounted for by Luther's rendering: "and thy truste shalbe vnder his wynges" corresponds exactly to "vnd deine zuversicht wird sein vnter seinen flügeln." In the Great Bible he went back to his 1535 translation except that he replaced the dependent clause by a main clause as he had already done in 1537.

142

But it is the third part of this verse that is the most interesting from our point of view. In 1535 it read, "his faithfulnesse and trueth shal be thy shylde and buckler." Neither Jerome in any of his versions, nor Pagninus, nor Luther for that matter, could have suggested the double subject. The probable source is the Zürich Bible's "sein warheit und trüw." In Coverdale's 1537 version this phrase was altered to "hys truth is spere and shylde." This is almost certainly due to Luther's 1531 rendering of "Seine Wahrheit ist spies vnd schild." Coverdale's use of the word "spere" for Luther's "spies" offers convincing proof that the source must have been the third edition of Luther's Psalter of 1531 and not either the editions of 1524 and 1528 ("Seyne trew ist schild vnd schutz") or the complete Bible of 1534 ("Seine Warheit ist Schirm vnd Schild"). One would expect this since, when Osiander first published his treatise in 1533, Luther's 1531 version was the most recent then available, since the final version of 1534 was not yet in print.

In the Great Bible of 1539 Coverdale restored his first translation of 1535 in toto except for keeping the second clause independent.

Psalm 91, 5

"Psalterium Gallicanum"

Scuto circumdabit te veritas eius: non timebis a timore nocturno

"Psalterium Romanum" = "Gallicanum"

"Psalterium Hebraicum"

Scutum & protectio veritas eius: non timebis a timore nocturno.

"Pagninus" 1528

Non timebis a timore noctis, a sagitta quae volaverit per diem.

"Luther" 1524 = 1528

Das du dich nicht furchtest fur dem grawen des nachts, Für dem pfeyl der des tages fleuget.

"Luther" 1531

Das du nicht erschrecken müssest fur dem grawen des nachts, Fur den pfeilen die des tages fliegen.

"Coverdale" 1535

So ẏ thou shalt not nede to be afrayed for eny bugges by night, ner for arowe that flyeth by daye.

143

"Coverdale" 1537

So that thou nedest not to fear for the horriblenesse of the nyghte, for arowes that flye by daye tyme.

"Coverdale" 1539

Thou shalt not be afrayed for eny terrour by nyght, ner for the arow that flyeth by daye.

As in the fourth verse, there is a difference in verse five as to where it begins and ends, between the Jeromian versions on the one hand and Pagninus and Luther on the other. We shall use the latter two as the basis for our discussion.

So far as the first phrase of verse five is concerned, the three Jeromian versions are in agreement: "non timebis a timore nocturno." Pagninus differs but slightly, replacing the adjective "nocturno" with the nominal genitive "noctis."

Luther, in his 1524 and 1528 editions, changed the Latin version' main clause "non timebis" into a dependent clause, "Das du dich nicht furchtest fur dem grawen des nachts." Coverdale in 1535 followed Luther in this while retaining the future tense of the Latin versions: "So y̌ thou shalt not nede to be afrayed." In 1537 he changed the future to the present, "So that thou nedest not to fear," a change, in all likelihood, due to Luther. In 1539 he went back to the future, turned the dependent clause into the main clause of the Latin versions and simplified the verb: "Thou shalt not be afrayed."

The second part of the first phrase is of unusual interest because of three different translations of Coverdale in 1535, 1537 and 1539. In 1535 he rendered the Latin "a timore nocturno" ("noctis") as follows: "for eny bugges by night," "bugges" probably meaning "bugaboos, bugbears, spectres," as suggested by Ernest Clapton.[3] In 1537 Coverdale has "for the horriblenesse of the nyghte," a close translation of Luther's "fur dem grawen des nachts." In 1539 we read "for eny terrour by nyght," still more like Luther's "grawen" than the Latins' "timor."

The second part of the verse is remarkably similar in all three Coverdalian translations. In 1535: "ner for arowe that flyeth by daye." In 1537: "for arowes that flye by daye tyme," the plural "arowes that flye" manifestly stemming from Luther's 1531 version's "den pfeilen die . . . fliegen." In 1539: "ner for the arow that flyeth by daye."

Verse five in Coverdale's version of 1537 is definitely Lutheran in both sentence structure and vocabulary.

Psalm 91, 6

"Psalterium Gallicanum"

A sagitta volante in die a negocio perambulante in tenebris: ab incursu & daemonio meridiano.

144

A sagitta volante per diem a negocio perambulante in tenebris: a ruina et daemonio meridiano.

"Psalterium Hebraicum"

A sagitta volante per diem a peste in tenebris ambulante: a morsu insidiantis meridie.

"Pagninus"

A morte in caligine ambulabit, a morsu qui vastat meridie.

"Luther" 1524 = 1528

Für der pestilentz die ym finstern schleicht, Für der seuche die ym mittage verderbet.

"Luther" 1531

Fur der pestilentz die jm finstern schleicht, Fur der seuche die jm mittage verderbet.

"Coverdale" 1535

For the pestilence that crepeth in $\overset{e}{y}$ darcknesse, ner for the sicknesse $\overset{t}{y}$ destroyeth in the noone daye.

"Coverdale" 1537

For the pestilence that commeth prevely in the darke: for the syckenesse that destroyeth in the noone daye.

"Coverdale" 1539

For the pestilence that walketh in the darckenesse, ner for the syckenesse that destroyeth in the noone daye.

Verse six appears to have been difficult to render, given the extent of difference between the Latin versions. The two phrases constituting the verse are best examined separately.

Except for "in die" and "per diem," the first half of the verse was translated alike by the "Gallicanum" and "Romanum." When preparing his third version, the "Hebraicum," Jerome was apparently dissatisfied with the word "negocium," which must have been rather a puzzle to readers, and he changed it to "pestis": "a peste in tenebris ambulante." Pagninus provided an almost totally new rendering in 1528: "A morte, in caligine ambulabit," a phrase whose construction seems obscure though the meaning is manifest enough.

Luther's rendering of 1524, which he never changed later on, is delightfully clear: "Für der pestilentz die ym finstern schleicht." Coverdale's first version of 1535 is obviously based on Luther: "For the pestilence that crepeth in ỹ darcknesse." In the second version of 1537 he made two slight changes: "crepeth" is replaced by "commeth prevely" and "darcknesse" by "darke." Both changes appear to be mere variants of the words used in 1535. In 1539 he replaced the two Lutheran verbs "crepeth" and "commeth prevely" by Jerome's "ambulante" or "perambulante," "walketh."

The second half of the verse presented at least as many difficulties to the translators as the first half. The first noun was rendered variously by "incursu," "ruina," and "morsu," the second phrase by "daemonio meridiano," "insidiantis meridie," and the relative clause "qui vastat meridie." Luther's is perhaps the most readily intelligible, "Für der seuche die jm mittage verderbet."

Coverdale's three renderings are for once almost identical, all apparently based on Luther's rendering, the only minor differences being the added introductory "ner" in the 1535 and 1539 versions. The 1537 version is the closest to Luther: "for the syckenesse that destroyeth in the noone daye."

Psalm 91, 7

"Psalterium Gallicanum"

Cadent a labore tuo mille & decem milia & dextris tuis: ad te autem non appropinquabit.

"Psalterium Romanum"

Cadent a labore tuo mille & decem milia a dextris tuis: tibi autem non appropinquabunt.

"Psalterium Hebraicum"

Cadent a latere tuo mille & decem milia a dextris tuis: ad te autem non appropinquabit.

"Pagninus"

Cadent a latere tuo mille, & decem milia a dextera tua, tibi non appropinquabit.

146

"Luther" 1524 = 1528

Ob tausend fallen zu deyner seyten, vnd zehentausend zu deyner rechten,
So wird es doch nicht an dich langen.

"Luther" 1531

Ob tausend fallen zu deiner seiten, vnd zehen tausent zu deiner rechten,
So wird es doch dich nicht treffen.

"Coverdale" 1935

A thousande shal fall besyde the, and ten thousande at thy right honde,
but it shal not come nye the.

"Coverdale" 1537

Though a thousande fall at thy syde, and ten thousande at thy ryght
hande, yet shall it not come nye the.

"Coverdale" 1939

A thousande shall fall besyde the, & ten thousande at thy ryght hand,
but it shall not come nye the.

In contrast to the sixth verse, the seventh was relatively easy to translate. There
are only insignificant differences among the four Latin versions. Luther changed
their paratactical structure to a hypotactical one. In 1531 he altered the final
phrase of the second part of the verse from "nicht an dich langen" to the more
striking "dich nicht treffen." Coverdale's 1535 version kept the paratactical
structure of the Latin versions. So did the 1539 version, which is identical with
the first except for spelling. The 1537 version, however, has Luther's hypotactical structure, "Though a thousande fall . . ., yet shall it . . ." In the body of the
treatise Coverdale came still closer to Luther by replacing the verb "come nye"
by "touch." The former was suggested by "appropinquabit," it would seem, and
the latter by "treffen" of Luther's 1531 revised rendering. The 1537 version is
unmistakably Lutheran.

Psalm 91, 8

"Psalterium Gallicanum"

Veruntamen oculis tuis considerabis: & retributionem peccatorum videbis.

"Psalterium Romanum" = "Gallicanum"

"Psalterium Hebraicum"

"Veruntamen oculis tuis videbis: & vltionem impiorum cernes.

"Pagninus"

Veruntamen oculis tuis aspicies, & retributionem impiorum videbis.

"Luther" 1524 = 1528

Aber du wirst mit deynen augen deyne lust sehen, Vnd der gottlosen vergeltung schawen.

"Luther" 1531

Ja du wirst mit deinen augen deine lust sehen, Vnd schawen, wie es den
Gottlosen vergolten wird.

"Coverdale" 1535

Yee with thyne eyes shalt thou beholde, and se the rewards of the vngodly.

"Coverdale" 1537

Yee wyth thyne eyes shalte thou se thy desyre, and beholde, howe the
vngodly shalbe rewarded.

"Coverdale" 1539

Yee, with thyne eyes shalt thou beholde, and se the rewards of the vngodly.

Verse eight was again more difficult to render, with the Latin versions showing a
number of divergences. In the first half of the verse, the verb is translated in
three different ways, "considerabis," "videbis," and "aspicies." In the second
half we find the nouns "retributionem" and "vltionem" as against "peccatorum"
and "impiorum," and the verbs "videbis" and "cernes."
Luther's translation is highly individualized, especially in the first half of the
verse: "Aber du wirst mit deynen augen deyne lust sehen." In the revision of
1531 "Aber" was replaced by the more emphatic "Ja." Converdale's first translation of 1535 is completely explicable on the basis of the Latin versions except
perhaps for the initial "Yee." In the second version of 1537, however, Coverdale
followed Luther all the way including his addition: "Yee wyth thyne eyes shalte
thou se thy desyre." In the Great Bible of 1539 Coverdale reverted to the 1535
version, dropping the Lutheran phrase "thy desyre."

The second half of the verse underwent a considerable change from the first two editions of Luther's Psalter to the third of 1531. In 1524 and 1528 it read: "Vnd der gottlosen vergeltung schawen," which was quite literal. In 1531 we find the following stylistically superior rendering: "Vnd schawen, wie es den Gottlosen vergolten wird."

Coverdale's translation in the first printed English Bible was as literal as the Latin Bibles' and Luther's pre-1531 versions. However, in the second translation of 1537 Coverdale is all Lutheran: "and beholde, howe the yngodly shalbe rewarded." In other words, verse eight in 1537 is completely based on Luther's revised Psalter of 1531. It is unmistakably Lutheran. In the Great Bible Coverdale restored fully his original version of 1535.

By way of a brief summary of the results of our investigation, we can say that Coverdale's second version of 1537 is the most Lutheran of his three translations. In fact, it is essentially an exact rendering of Luther's version as prefixed by Osiander to his sermon of 1533. Coverdale's version of Psalm 91, 1–8 in the first printed English Bible of 1535 would come next in its debt to Luther's translation. The version found in the Great Bible of 1539 is the least Lutheran of the three Coverdalian versions. While we have known the general nature of the first and third versions, scholars have not been aware of the thoroughly Lutheran character of the second version of 1537 — or so far as I know even of the existence of this ad hoc version.

NOTES

1 There is obviously something wrong with the date. The modern (1846) reprint of the translation of the exposition dates it 1537.
2 Clapton was fortunate enough to have access to Münster, which is not available to me. I shall avail myself of Clapton's notes whenever relevant.
3 "Our Prayerbook Psalter," London, 1934.

"FYVE SUNDRY INTERPRETERS":
THE SOURCES OF THE FIRST PRINTED ENGLISH BIBLE*

May I first of all express my profound gratitude for the extraordinary opportunity of working in this great Library. It is marvelous to have full access not only to the rare pre-King James Bibles but also to an astonishing variety of Latin and German Bibles. Since I appear to be working on a topic in English literature, you may want to know how a Germanist ever got into the particular research on Luther and the first printed English Bibles. My interest dates back almost half a century; I had the good fortune to attend a strictly liberal arts college, Northwestern. In morning chapel we were exposed to the stately language of the King James Bible. In the evening we listened to the equally impressive wording of Martin Luther's Bible. I gradually became aware of a certain difference between what I believe are probably the two greatest vernacular versions of the western world, but I could not at that time put my finger on the nature of this difference.

When I moved on to graduate school at Wisconsin, I almost forgot about this major undergraduate experience, for Goethe and Nietzsche rather quickly displaced even the memory of undergraduate biblical readings from the sixteenth and early seventeenth centuries. But *habet sua fata vita humana*, especially a *vita in bonis artibus aut liberalibus disciplinis.* When I was invited back to New Haven as a member of the faculty, I was informed there was only one course open to me on the graduate level: the same sixteenth century that had been all but totally neglected in what was in my graduate student days the most distinguished of all American departments of German, the University of Wisconsin. I was by this time so much involved with Goethe and Nietzsche that I almost turned down the offer to teach a graduate course. I accepted the assignment with a heavy heart, because after Goethe and Hölderlin it was not easy to work up much enthusiasm for Sebastian Brant's *Narrenschiff*, the model for John Barclay's *Ship of Fools*, or even for good old Hans Sachs, the historical Hans Sachs not being quite so engaging a character as Richard Wagner's Hans Sachs in *Meistersinger*.

In my very real plight I turned for advice to a German senior colleague in the History Department, the late Hajo Holborn, recent president of the American Historical Association. I somehow felt there was little use in talking to my

---

* This article was originally presented as a seminar at the Huntington Library on March 10, 1973.

fellow literary historians, even at Yale. Holborn almost hit the ceiling. "You don't know how lucky you are! Ever heard of Martin Luther?" I was at first dumbfounded, but soon certain undergraduate memories came back to me, and I left Holborn's office a happier and a wiser than when I entered it. I did not know at the time that Holborn had in the 1920's been in the seminar of Karl Holl in Berlin — the man who all by himself had brought about the remarkable Luther Renaissance of the twentieth century. In fact, I did not even know there was such a thing as a Luther Renaissance. None of my distinguished teachers knew either. Of all philologians and literary historians only Friedrich Gundolf of Heidelberg knew, but he was known to me only as the author of *Shakespeare* in *Germany, Goethe,* and *Julius Caesar.* So it came about that in my first year of graduate teaching I discovered, or in a way rediscovered, Martin Luther, in his day and even today, notwithstanding Goethe, Hölderlin, Nietzsche, Rilke, and Brecht, the supreme master of the German language and one of the great minds of the first half of the sixteenth century, the only real peer of Erasmus himself.

I remembered my early response to the English and the German Bible, and I determined to examine at long last the Luther Bible and its literary significance and influence. I had of course not forgotten my love of the English Bible either. I soon found out about their altogether different origins: The Luther Bible the virtual creation of a single man, the King James Bible the final result of some eighty-five years of endeavor on the part of many minds, from William Tyndale and Miles Coverdale (with even a bit of Wycliffe such as the phrase "God forbid" for μὴ γένοιτο) to the fifty-odd scholars who between 1607 and 1611 shaped the majestic English Bible of 1611. I became deeply interested in the evolution of this great work, often called the greatest English classic.

The history of the so-called Authorized Version (which, incidentally, was never authorized, the only authorized version being the Bishops' Bible of 1568) begins with the year 1522, or even 1516, or possibly around 1444. I am not mentioning the 1380's and 1390's, that is to say the Wycliffe and Wycliffite versions, of one of which there is a magnificent manuscript in the Huntington Library. The reason I do not start with 1382 is simply a matter of what a translator translated from. The Wycliffite versions were all based on the Vulgate; that is to say, they were translations of a translation. I have chosen the year 1444 or thereabouts because that is when the first attempt was made to get beyond the Vulgate and to advance, so far as the New Testament is concerned, to the original language, Greek. This earliest breakthrough of the language barrier was achieved by an Italian humanist heeding the Renaissance cry "ad fontes" and applying it not only to secular history but also to sacred literature. Lorenzo Valla, the man who boldly questioned the authenticity of the Donation of Constantine, also questioned the reliability of the Vulgate as a valid rendering of the Greek. Getting his hands on Greek manuscripts of the New Testament, he soon saw that the Vulgate was not in all places and in all respects

152

a correct translation of the Greek original text or texts as available to him. He straightway decided to make a new Latin translation to replace the inadequate Vulgate. But the pope did not favor this apparently too radical step, and Valla had to abandon it and settle for a series of notes toward a more accurate translation of the original. He did not even get to publish these and had to leave them in manuscript form. They lay dormant for more than half a century. It was not till 1504 that they were discovered quite by chance in a Premonstratensian monastery near Louvain in Belgium, by none other than Erasmus himself. How Valla's manuscript got there we do not know. Erasmus, great scholar that he was, immediately sensed the tremendous significance of his find and published it in the following year, 1505, under the title of *Adnotationes in Novum Testamentum*. This was, I believe, the first time that much of the western world was made aware, if not of the actual existence of the Greek original, at least of its divergence in significant places from the Vulgate, which had been in use, after its first hesitant acceptance, for over a thousand years in the Latin West.

Before Erasmus himself was ready to take further steps to make the full Greek text available in print, two other men had been working toward the same goal. The first was the indefatigable French humanist Jacques Lefèvre d'Etaples, also known as Faber Stapulensis, who in 1512 and again in 1515 published the first translation since St. Jerome of the Pauline Epistles into Latin from a Greek manuscript. He failed to provide the Greek text itself, however, except for occacional phrases or words by means of which he pointed out the differences between the original and the Vulgate.

Second, about the same time if not a little earlier, a great Spanish cardinal, Ximenes, founder of the University of Alcalà, had arranged for a group of scholars to publish the entire Bible in the original languages, with the Vulgate printed in adjoining columns. The New Testament volume of this great Complutensian Bible was ready for distribution as early as 1514, but it was not released till eight years later, in 1522, when the papal imprimatur and nihil obstat were finally given. This was the second time a Roman pontiff had vetoed a work of scholarship and intervened in the early history of the scholarly study of the Bible.

The outstanding scholar-printer Johannes Froben in Basel had heard of this epoch-making undertaking as well as of the delay caused by the Holy See. He decided to beat Alcalà and Rome to the punch. The man he chose for the task was a natural—Erasmus of Rotterdam, the discoverer of Lorenzo Valla's *Adnotationes in Novum Testamentum*. Erasmus was charged by Froben to work as fast as possible, so as to get a Greek text out before the Complutensian would presumably reach the public. The ambitious Dutchman eagerly took up the challenge and did work fast and furiously, the veritable Flying Dutchman of the Age of the Renaissance, even though speed was of course not necessarily to the advantage of his monumental edition. He fully realized what it would mean to score first in the race to publish the Greek New Testament. Needless to say, he won. It was his edition of the New Testament that established his reputation for good.

In February 1516 the first printed Greek New Testament saw the light of day. This justly renowned book had something else to offer in addition to supplying the Greek text. It will be remembered that the Complutensian New Testament as well as the Old Testament reprinted the Vulgate in a second column on each page. Erasmus was quite dissatisfied with this (to his mind) antiquated procedure. The Age of the New Learning demanded more than that. He therefore provided, also in columns parallel to the Greek text, not the old Vulgate but his own brand-new translation into Latin based on the Greek original, the first translation of the entire New Testament since the Vulgate revision of St. Jerome or even the *Vetus Latina* itself, if we follow recent scholarship which believes that St. Jerome did but little work on some portions of the New Testament such as the Epistles. In addition to making this radical innovation, which did not sit well at all with most of the conservative hierarchy, he saw fit to append numerous philological and theological annotations at the end of the large volume of the New Testament, entitled *Novum Instrumentum* in the first edition and *Novum Testamentum* in the subsequent four editions appearing during his lifetime. In the fourth edition of 1527, incidentally, yielding to high ecclesiastical pressure, the over-anxious, even timid Erasmus printed three columns, the Greek text, the Vulgate, and his own translation. In the fifth and final edition of 1535, the immediate danger having apparently passed, he omitted the Vulgate again as he had done in the first three editions of 1516, 1519, and 1522.

This publication of 1516 was a momentous event in the intellectual and spiritual history of the West, insofar as the West was still largely in the Christian tradition and its world picture, to use Tillyard's phrase, still religiously determined. Possibly, even probably, no one was more excited about, and made more responsible use of, this remarkable book than a still youthful professor in a then little known, only recently founded university in northern Germany. This was Martin Luther, who was not yet the internationally famous author of the Ninety-Five Theses of October 31, 1517, though he was already distinguished for his outstanding scholarship throughout Saxony and was an intellectual and moral leader in his own Augustinian order, the order he had chosen above all others for its strictness and severity of life.

In March 1516 Luther was in the midst of lecturing at the University of Wittenberg on Paul's Epistle to the Romans. For months and years he had tried his best to get beyond the Vulgate, using for this purpose the most recent scholarly tools at his disposal, Faber Stapulensis' new Latin translation, the first edition of 1512 and the second of 1515. Luther eagerly snapped up the few Greek words Faber had included in the notes to his edition of the *corpus Paulinum*, but these merely whetted his appetite for the full text of the original. The moment the first copy of Erasmus' *Novum Instrumentum* reached Wittenberg Luther got hold of it and immediately — he was lecturing on the ninth chapter of Romans — based the remainder of his university course on the original Greek text. His excitement knew no bounds and is reflected not only in his own manuscript but even in the notes made by his students and luckily preserved in large part for us.

I have earlier referred to the year 1522 as the most important date in the prehistory of the English Authorized Version. It was in 1522 that Luther's New Testament first appeared in Wittenberg, the very first version in a European vernacular based on the Erasmian Greek text, in fact no longer on the latter's hurried first edition but on the thoroughly revised second edition of 1519, the most recent then available, for only such would do for learned Luther.

The *New Testament Deutzsch* was a scholarly and literary event of the first order in the West: It was scholarly, because it was no longer a translation of a translation, as all pre-Lutheran New Testaments in all of Europe had been (including the fourteenth-century Wycliffe as well as all fourteen High German and four Low German Bibles published between 1466 and 1522), but was a direct translation of the original Greek. Luther's *New Testament Deutzsch* was secondly a literary event, because it was made by one of the supreme masters (if not indeed the supreme master) of the German language, so acknowledged by such fellow masters as Goethe, Lessing, Herder, Nietzsche, and Thomas Mann.

Why did it take fast-working and even faster-moving Luther more than five years to undertake and finish his altogether unique rendering, which was rightly called in a *TLS* memorial essay in 1946, "the most personal, most individual, most ingenious" rendering? A quick look at history will, I believe, suffice for an explanation. He was a very much occupied young scholar who single-handed, even before Melanchthon arrived on the scene in 1518, had already succeeded in putting little Wittenberg on the intellectual map of Europe with new students from all over Europe streaming to the new university, founded only in 1502, to observe the new star that had risen so spectacularly in bleak and rather unpromising northern Germany. Shakespeare, almost exactly one hundred years later, had Hamlet and Horatio study in Wittenberg, and Gerhart Hauptmann wrote a full-length drama entitled *Hamlet in Wittenberg*.

Here are some of the principal events of these five years: In 1517 came the 95 Theses with their unanticipated European aftermath. I presume it is general knowledge by this time that scholars are no longer sure they were literally attached to the door of the Castle Church in Wittenberg. Instead they were probably sent to his ordinary, the bishop of Brandenburg whose name was Schultz, or Scultetus in its latinized form, for transmittal to the archbishop of Mainz, Albrecht of the princely House of Hohenzollern, patron of the arts and an easygoing Churchman with primarily secular interests. Whether actually nailed or merely mailed, however, they interrupted the thus far externally quiet life of Herr Professor Dr. Luther. In 1518 came the meeting with the most eminent Thomist of the sixteenth century. Tommasso de Vio Gaetanus, Cardinal Cajetan, in Augsburg, and the intrepid German monk's refusal to recant without being shown why he should. In 1519 the debate in Leipzig took place, with the formidable Dr. Johann Eck of Ingolstadt, the biggest gun in the Roman arsenal. The year 1520 saw the arrival in Wittenberg of the papal bull threatening excommunication and, in return, Luther's defiant excommunication of the pope, an act justified not only (understandably) by Karl Barth, but also by one of the most learned European Jesuits, Erich Pzryswara — surely an early sign of ecumenicism. This same year, 1520, was also marked by the four great Reformation tracts, *On Good Works* (in German), *On Christian Liberty* (in both Latin and German), *To the Christian Nobility* (in German), and *On the Babylonian Captivity of the Church* (in Latin), books which shook all of Europe and took much of it by storm. In 1521, possibly the high point in the Augustinian's career, came the Diet of Worms and his firm stand before the emperor, the electors, and the princes of the Holy Roman Empire, "vor Kaiser und Reich."

Not till after Luther was removed by Frederick the Wise to the relative safety of the Wartburg did the man who wanted nothing more than learned peace and scholarly quiet find his first extended leisure in years. In this solitude of the Wartburg of the Minnesingers and of St. Elizabeth (1207–1231), in this idyllic place with its grand vistas of meadows and forests, Martin Luther undertook the translation of the New Testament late in December of 1521, partly as a result of Melanchthon's urging and partly on his own initiative. He finished the task in less than three months, with, so far as we can tell, nothing on his desk but Erasmus' second edition of 1519 or Nicolaus Gerbelius' reprint of 1521 and, presumably, the Vulgate. The handsome and impressive volume (copies of which are at the Newberry and the New York Public, but not, unfortunately, at the Huntington, Widener/Houghton, or Sterling/Beinecke), was published in September 1522 with a second edition as early as December, followed thereafter almost every year by one or more editions, usually revised and improved, down to the end of Luther's life; there were also innumerable pirated editions. Luther's New Testament (as well as his complete German Bible a few years later) became overnight one of the most famous books in Europe. Even today, when professors of German are asked to list the most famous books in the literature they profess, the answer is still invariably: Luther's German Bible and Goethe's *Faust*. I am citing the judgment of literary historians and critics, not of theologians, who, however, I am sure would be the last to disagree.

The Bible translations of the rest of the Germanic world were inspired and shaped by Luther's. Some of them are little more than direct translations of Luther's German rather than of the Greek or Hebrew. The Dutch, Danish, and Swedish Bibles were by and large simply renderings of the Lutheran *editio princeps* of the New Testament in the vernacular out of the original Greek.

The history of the English Bible also begins with Luther. But unlike the Dutch, Danish, and Swedish versions, the first printed English translation was made by another literary genius almost comparable in stature to Luther himself, William Tyndale. A convinced Lutheran theologically, and a first-rate Greek scholar in his own right, he gave the English people their first New Testament done out of the Greek, unmistakably Lutheran in style and content down to the virtual translation of Luther's various Prologues and marginalia and the new Lutheran arrangement of the order of the books of the New Testament, with its famous (or notorious) demotion of the Epistle of St. James, that "epistle of straw." This first great English translation, so much of which has survived in the King James Bible, has long been carefully studied by a host of English and American scholars. I do not intend to elaborate upon their solid work, although I have reason to believe that I may have a thing or two to add to existing knowledge in this area.

What I want to discuss briefly and informally, without ignoring Tyndale, is rather the much less studied runner-up in the early history of the King James Bible, Miles Coverdale, who went beyond Tyndale in providing the first complete printed English Bible — not merely the New Testament and selections from the Old, which Tyndale had managed to get into print before his martyrdom in October 1536.

The Coverdale Bible of 1535, reissued in 1537, 1550, and 1553, has not been as closely examined as Tyndale's New Testament and therefore stands in greater need of further attention and elucidation. I believe I have gained, during my several weeks' residence at the Huntington, some new insight into its nature which previous investigators appear to have missed. As far as I can survey the state of research on the great first printed English Bible, imperfect copies of which now sell for $ 50,000, better ones for $ 75,000, there are at least two matters which seem to have been overlooked or misunderstood. I am troubled in particular by two views of the sources of the Coverdale Bible that keep recurring in the various publications about it.

First, the claim is made, as recently as 1956 by Edwin Willoughby, for many years chief bibliographer of the Folger, that Coverdale's version of the New Testament is but a *minor* revision of Tyndale's earlier translation. With this I disagree. Second, it is almost universally held that Coverdale's German sources are of three different kinds: the Zürich Bible of 1524, the Worms German Bible of 1529, and Luther's German Bible of 1534. This view too I find myself unable to accept.

It was of course impossible to examine the entire text of the New Testament in all necessary detail even from these two points of view alone. No one has ever done it, and *I* surely cannot do it during my relatively brief stay at the Huntington. I cannot even present all the evidence I have assembled by this time. Some of you may know that I have already published the results of my investigation of Paul's Epistle to the Galatians.[1] I am now, at the Huntington, in the midst of examining Paul's longest epistle, to the Romans, in all likelihood the most difficult intellectual book of the New Testament. This great epistle is held to be so basic a part of the New Testament that the New English Bible of 1961 and 1970 (second edition) regards it as a veritable fifth gospel and designates it explicity as the Gospel according to St. Paul, by implication ranking it above the three synoptic gospels and even ahead of the fourth, the Gospel of St. John. From this most important of the Pauline epistles, in the close philological study of which I am engaged at this time, I have chosen a number of key passages which I should now like to lay before you in detail for your own evaluation of their sources, particularly as regards the relation of Coverdale to Tyndale and their joint relation to Luther as well as the alleged diversity of the German sources, so basic for the early printed English Bibles. If you will permit me, I should like to discuss these matters as accurately as I may and, after presenting some noteworthy examples, to outline the preliminary tentative conclusions I have reached thus far:

Versions of a passage from Romans iii.21:

Erasmus' Greek 1516–1535: δικαιοσύνη . . . θεοῦ
Erasmus' Latin 1516–1535: iusticia . . . dei
Vulgate: iusticia dei
Luther 22[1]–46: die gerechtickeyt die fur got gilt
Zürich 24: die gerechtigkeyt die fur Gott gilt
Tyndale 26: the rightewesnes that cōmeth of God
Pagninus 28: iustitia dei
Worms 29: die gerechtigkeyt die vor Gott gilt = Zürich
Tyndale 34=26
Tyndale 35=26=34
Coverdale 35: the righteousnes which avayleth before God

Versions of a passage from Romans iii.26:

Erasmus' Greek 1516–1535: πρὸς ἔνδειξιν τῆς Δικαιοσύνης αὐτοῦ . . . εἰς τὸ εἶναι αὐτὸν δίκαιον,
Erasmus' Latin 1516: ad ostēsionē iusticiae suae . . . ut ipse sit iustus,
Erasmus' Latin 1519–1535: ad ostendendam iusticiam suam . . . ut ipse sit iustus:
Vulgate: ad ostensionem iustitiae eius . . . : ut sit ipse iustus,
Luther 22[1]–27[2]: das er beweysete die gerechtickeyt / die fur yhm gilt / Auff das er alleyne gerecht sey /
Luther 30[1] <: darbōte . . .
Zürich 24: das er . . . bewysete die gerechtigkeyt die vor im gilt: vff das er allein gerecht sye /
Tyndale 26: to shewe . . . the rightewesnes that is alowed off hym / that he mxght be counted iuste /
Pagninus 28 = Erasmus 1519–1535

158

Worms 29: das er . . . beweisste die gerechtigkeyt die vor jm giltet: auff
dasz er alleyn gerecht sei /
Tyndale 34=26
Tyndale 35=26=34
Coverdale 35: that . . . he mighte shewe $\overset{e}{y}$ righteousnes which avayleth be-
fore him, $\overset{t}{y}$ he onely mighte be righteous,

Versions of a passage from Romans iii.28:

Erasmus' Greek 1516—1535: λογιζόμεθα οὖν πίστει δικαιοῦσθαι ἄνθρωπον
. . .
Erasmus' Latin 1516—1535: Arbitramur igitur fide iustificari hominem . . .
Vulgate: Arbitramur enim iustificari hominem per fidem . . .
Luther $22^1 - 27^2$: So halten wyr nu / das der mensch *gerechtfertiget* werde
/ . . . / alleyn durch dē glawben /
Luther $30^1 <: . . . gerecht . . .$
Zürich 24: So haltend wirs nu das d' mēsch froṁ gemachet werde / . . . /
allein durch den glouben.
Tyndale 1526: We suppose therfore that a mā is iustified by fayth
Worms 1529: So halten wirs nun dasz der mensch froṁ gemachet werde
/ . . . / alleyn durch den glauben.
Coverdale 1535: We holde therfore that a man is^2 iustified by faith . . .

The conclusions I have reached are: first, Coverdale's translation of Romans
and Galatians is a major, by no means a minor, revision of Tyndale on the basis
of Luther's early (not his Bible of 1534) editions of the New Testament; second,
there is but one German translation involved, Luther's; the Zürich and Worms
Bibles are merely reprints of Luther's with only very rare deviations, which are
not followed by Coverdale, whose German source in Romans and Galatians is
Luther alone.

Therefore, at least for Romans and Galatians, there are not "fyue sundry
interpreters" whom Coverdale follows, but only two: Tyndale and, above all,
Luther. The Vulgate (except of course as generally present in his mind, the
mind of an Augustinian friar), Pagninus, Zürich, and Worms play virtually no
role that I can establish in the never-to-be-forgotten first printed English Bible
of 1535.

NOTES

1 "Miles Coverdale: Galatians," in: Heinz Bluhm, *Martin Luther, Creative
  Translator* (St. Louis, Mo., 1965), p. 194.
2 In the right margin, "Some reade: By faith only."

Auf Luther und die Reformation kommt Lessing zum ersten Mal in den um 1750 entstandenen *Gedanken über die Herrnhuter* zu sprechen, einem interessanten Jugendwerk, das allerdings erst 1784 von Karl Lessing im *Theologischen Nachlaß* veröffentlicht wurde. Lessing, der in diesem Werke die Geschichte der Religion "in einer Nuß"[1] darbietet, legt seinen Ausführungen den folgenden Satz zugrunde: "Der Mensch ward zum Tun und nicht zum Vernünfteln erschaffen."[2] Die Geschichte der christlichen Religion ist nun in Lessingscher Sicht ein Immerschwächerwerden des Tuns und ein Immerstärkerwerden des "Vernünftelns." "Ich wollte nur wünschen," schreibt er, "daß ich meinen Leser Schritt vor Schritt durch alle Jahrhunderte führen und ihm zeigen könnte, wie das ausübende Christentum von Tag zu Tag abgenommen hat, da unterdessen das beschauende durch phantastische Grillen und menschliche Erweiterungen zu einer Höhe stieg, zu welcher der Aberglaube noch nie eine Religion gebracht hat."[3] Dieser Abstieg vom tugendhaften Leben der urchristlichen Zeit zum "Aberglauben" Roms mußte jedoch einmal in der Natur der Dinge zum Stillstand kommen. "Man kennt diejenigen," fährt Lessing fort, "die in diesen unwürdigen Zeiten zuerst wieder mit ihren eigenen Augen sehen wollten. . . . Huß und einige andere . . . waren die gewissen Vorboten von Männern, welche es (das Joch des römischen Aberglaubens) glücklicher gänzlich über den Haufen werfen würden." Die Reformatoren werden hier gewertet als Männer, die "mit ihren eigenen Augen sehen wollten" und die sich Rom gegenüber, dem "verabscheuungswürdigen Tyrannen der Gewissen," ihrer Vernunft zu bedienen wagten. In ihnen hätte der menschliche Verstand das ihm von Rom auferlegte Joch kräftig abgeschüttelt. Zu bedauern sei jedoch, daß Luther und Zwingli in einer so nichtigen Sache wie der Abendmahlsfrage aneinandergerieten: "Welch feindseliges Schicksal," klagt Lessing, "mußte zwei Männer über Worte, über ein Nichts uneinig werden lassen, welche am geschicktesten gewesen wären, die Religion in ihrem eigentümlichen Glanze wieder herzustellen, wenn sie mit vereinigten Kräften gearbeitet hätten?"

Trotz des Lichtes, das die Reformatoren verbreiteten und das uns noch leuchtet, sei ihr Verdienst um die Heraufführung der modernen Welt nicht ungetrübt. Sie seien leider auf halbem Wege stehen geblieben, insofern sie nur die ungeistigsten Auswüchse des papistischen Aberglaubens beseitigt hätten. Mit dieser an und für sich löblichen Befreiungstat sei aber die beklagenswerte Zurückdrängung des ausübenden Christentums durch das mehr beschauliche nicht aufgehalten, geschweige denn zum Besseren gewendet worden. Das partielle Lob, das er eben noch den Reformatoren gezollt hatte, darf der entscheidenden Wahrheit gegenüber nicht blind machen, daß sie zwar die gröbsten Verzerrungen des beschaulichen Christentums entfernt, aber das für Lessing überaus wichtige ausübende Christentum noch nicht wieder auf den ihm zukommenden Thron gesetzt hätten. "Wie kam es," wendet sich Lessing an die Reformatoren, "daß Tugend und Heiligkeit ... so wenig bei euren Verbesserungen gewann?" Mit dieser vorwurfsvollen Frage ist klipp und klar ausgesprochen, daß die Reformation in Bezug auf das für einen Lessing so wichtige Kriterium der echten Religion, nämlich der sittlichen Tat, weithin versagt habe, daß sie nicht zum ausübenden Christentum vorgedrungen, sondern immer noch beschauliches, wenn auch von den schlimmsten römischen Entstellungen gereinigtes Christentum geblieben sei. Mit aller Schärfe stellt Lessing die ernste Frage: "Was hilft es, recht zu glauben, wenn man unrecht lebt?" Sicher denkt er an die streitbare, besonders auf die Bewahrung der rechten Lehre eingestellte lutherische Orthodoxie des sechzehnten, siebzehnten und achtzehnten Jahrhunderts, wenn er die Reformatoren weiter so anredet: "Wie glücklich, wenn ihr uns eben so viel fromme als gelehrte Nachfolger gelassen hättet!"

Trotz dieses Unzulänglichen der reformatorischen Leistung auf dem zentralen Gebiet des sittlichen Lebens erkennt Lessing ihre andere, rein gedankliche Tat nochmals dankbar mit lapidaren Worten an: "Der Aberglaube fiel." Er kommt aber sofort wieder darauf zurück, daß dies zu einer Wiederherstellung des ethisch orientierten Urchristentums bei weitem nicht genügt habe, denn "eben das, wodurch ihr ihn (d.i. den Aberglauben) stürzet, die Vernunft ... führte euch einen andern Irrweg, der zwar weniger von der Wahrheit, doch desto weiter von der Ausübung der Pflichten eines Christen entfernt war." In Lessings eigener Zeit sei es übrigens in dieser Hinsicht um keinen Deut besser geworden. Die Vernunft, mittels deren die Reformation zustande gekommen sei, befinde sich augenblicklich wieder auf einem Holzwege, insofern sie sich bemühe, Theologie und Philosophie miteinander zu verbinden, anstatt vor allem zum sittlichen Handeln anzuleiten, worin der Vernunft Aufgabe schon für den jungen Lessing besteht.[4] Die Neologie des achtzehnten Jahrhunderts, die den Glauben durch Beweise erzwingen wollte, sei eine "verkehrte Art, das Christentum zu lehren,"[5] eine Art, wodurch in der Gegenwart "ein wahrer Christ weit seltner, als in den dunklen Zeiten geworden." Mit dem herben Ausspruch: "Der Erkenntnis nach sind wir Engel, und dem Leben nach Teufel" beschließt der junge Lessing seine so eigenwillige wie charakteristische Geschichte der Entwicklung des Christentums bis auf seine Zeit.

Und doch ist ein Lichtblick in der eigenen Zeit vorhanden. Es gebe eine Gruppe Christen, die die von ihm hervorgehobenen Fehler der Orthodoxie und der Neologie ernstlich zu vermeiden suche: die Herrnhuter, die "Gott nicht nur glauben, sondern was das vornehmste ist, lieben." Diese Menschen, die sich der Tugend ergeben hätten, verteidigt Lessing gegen eine verfolgungssüchtige lutherische Orthodoxie, die eigentlich nichts gegen sie haben könne, da Zinzendorf "sich nie zu einem Religionsverbesserer aufgeworfen hat. Hat er ... nicht mehr als einmal die deutlichsten Versicherungen getan, daß seine Lehrsätze dem augspurgischen Glaubensbekenntnis gemäß wären? . . . Genug wir haben sein Bekenntnis; er verlangt Nichts in den Lehrsätzen unserer Kirche zu verändern. Was will er denn?"[6] Die Antwort auf diese sehr wichtige Frage, die Lessing selber nicht gibt, muß natürlich lauten: gute Werke! Tun! Handeln! Ausübendes Christentum! Das ist es gerade, was der junge Lessing am Christentum seiner Zeit wie auch schon der Reformationsepoche vermißt.

Auf Grund dieses frühen Aufsatzes läßt sich Lessings Lutherbild etwa so entwerfen: Der Reformation, die zwar durch den Gebrauch der Vernunft den römischen Aberglauben überwunden habe und der Wahrheit nähergekommen sei, muß dennoch der gewichtige Vorwurf gemacht werden, das Leben der Gläubigen unbeeinflußt gelassen und der Tugend die hohe Stellung, die sie im Urchristentum eingenommen, nicht wiedererobert zu haben. Ferner gehört es zum Wesentlichen der junglessingschen Reformationsbeurteilung, daß die Welt des Marburger Religionsgespräches als ein bloßer Wortstreit um ein Nichts angesehen wird, der eigentlich unter der Würde der mit eigenen Augen sehen wollenden Reformatoren gewesen sei, achtenswerter Männer, die doch sonst so manches Licht verbreitet hätten.

So viel sich nun auch über Lessings erste Stellung zu Luther und zur Reformation sagen ließe, worauf es im Rahmen des Herrnhuter-Aufsatzes ankommt, wäre wohl vor allem dieses: Trotz der augenscheinlichen Hochschätzung Luthers scheint sich der junge Lessing nicht bewußt zu sein, daß er einen viel stärkeren Trumpf als die Herrnhuter gegen die Orthodoxie hätte ausspielen können, nämlich Luther selber, der bekanntlich nicht müde geworden ist zu betonen, daß der "rechte Glaube" ein rührig, geschäftig, lebendig Ding sei, dem die Tat folgen müsse, wenn anders er recht sei. Selbst wenn man im Auge behält, daß es Lessing in diesem Aufsatz vornehmlich auf die Rettung der Herrnhuter ankam, so darf man es doch wohl seiner Unkenntnis sogar der Hauptgedanken Luthers zuschreiben, daß er sich diesen mächtigsten Bundesgenossen im Kampf gegen die lutherische Kirche entgehen ließ. Daß er von der denkbar engsten Verknüpfung von Glaube und Werk in Luthers Weltanschauung nichts wußte, erhellt schon daraus, daß er der Reformation selber vorgeworfen hatte, nur die Lehre, aber nicht das Leben gebessert zu haben.[7] Überlegt man sich, mit welcher Genugtuung er später im Laufe der Streitigkeiten mit Goeze Luther gegen die Lutheraner in die Schranken ruft, so kann man nur schließen, daß ihm um 1750 der Reformator eine noch recht unbekannte Größe gewesen sein muß, deren er sich gelegentlich der Inschutznahme einer verfolgten Sekte gegen die herrschende Kirche noch nicht zu bedienen wußte.

Diese in den *Gedanken über die Herrnhuter* enthaltene Würdigung Luthers und der Reformation muß man klar im Auge behalten, um die nächsten oft sehr knppen Hinweise auf Luther mit Verständnis in Lessings Lutherbild einzuordnen. Im folgenden Jahre, 1751, wird Luther nur in den theologischen Rezensionen erwähnt.

Zum besseren Verständnis der ersten Rezension, in der Lessing auf Luther zu sprechen kommt, ist es nötig sich zu erinnern, daß Pietisten wie Aufklärer des öftern Versuche gemacht hatten, Luthers Bibelübersetzung zu verbessern. Unter diesen war ein gewisser Herr Zehnern, der von der richtigen Erkenntnis ausging, "daß Luther an vielen Orten den Sinn des Grundtextes nicht getroffen."[8] Angesichts dieser Tatsache macht sich Lessing daran, Luther geradezu ein Loblied wegen seiner Übersetzung zu singen:

Dieses aber (daß Luther an vielen Orten den Sinn des Grundtextes nicht getroffen) gereicht ihm so wenig zum Nachteil, daß man es vielmehr für ein halbes Wunder halten muß, daß er, bei den Umständen, in welchen er sich befunden, so eine Herkulische Arbeit unternommen und größtenteils so glücklich ausgeführt hat. Er erkannte seine Fehler selbst, und besserte beständig an seiner Übersetzung. Ja er nahm die Verbesserungen selbst von seinen Feinden mit Dank an.

Zu diesem verständnisvollen Lob fügt Lessing aber einen scharfen Angriff auf die lutherische Orthodoxie, wobei er Luther selber gegen die Kirche zu Hilfe ruft: "Was würde er nicht, wenn er itzo aufstehen sollte, denen feinen Herren, welche seine Übersetzung so, wie den Grundtext selbst, für untrüglich halten, für eine Lektion geben?" Dieser Passus bestärkt übrigens in der Überzeugung, daß Lessing, wenn er Luther Glaubensauffassung auch so gut gekannt hätte, in dem Herrnhuter-Aufsatz sich gleicherweise auf Luther gegen die Orthodoxie würde berufen haben.

In der Rezension von C.W. Walchs Leben der Catharina von Bora ist wieder die bereits bekannte Verbeugung vor Luther zu finden: "Luther gehört in der Tat unter die großen Männer, mag man ihn auch auf einer Seite betrachten, auf welcher man will."[9] Etwas schalkhaft merkt Lessing indessen die überlieferte Herrschsucht von Luthers Frau an und wendet die folgende Stelle eines Epigramms von einem gewissen Stephanus auf Luther und seine Käthe: "So viel Nachdruck . . . als die Schläge der Frau hatten, so viel Nachdruck hatten die Worte des Mannes. Wer Luthers durchdringende Beredsamkeit kennt, wird leicht sehen, daß sich dieses auf niemanden besser, als auf ihn, deuten lasse."[10] Wieder ganz ernsthaft werden im folgenden Jahre, 1752, "unseres großen Luthers Gelehrsamkeit und Frömmigkeit"[11] gepriesen.

In das gleiche Jahr gehört eine so amüsante wie charakteristische Episode, die Lessings ganzen Witz und schärfste Satire herausforderte. Ein Wittenberger Professor Bose, Physiker von Fach, hatte dem damaligen Papst Benedict XIV. einige seiner Schriften zugeschickt und ihn "einen Protector der Wissenschaft"[12] genannt. Dieser Schritt erregte den heftigsten Zorn der Wittenberger Theologen, obwohl der genannte Papst "ein bedeutender Gelehrter und Förderer von Wissenschaft und Kunst" war.[13] In einem Briefe an Nicolai vom 9. Juni 1752 schreibt Lessing hierüber wie folgt:

Es werden Ihnen ohne Zweifel die Bogen schon zu Gesichte gekommen sein, welche die hiesige Theologische Fakultät wider den H. Prof. Bose dem Publico aufgehangen hat. Wie vortrefflich behauptet sie ihren Charakter darinne? Sie wissen, daß der ganze Streit daher entstanden ist, weil der H. Prof. Bose einige Schritte von Luthers Grabe sich nicht zu sagen gescheut hat, daß der jetzige Papst ein gelehrter und vernünftiger Mann sei. Was meinen Sie, ob derjenige wohl Recht hat, welcher den hiesigen Theologen folgendes in den Mund legt:

> Er hat den Papst gelobt. Und wir, zu Luthers Ehr,
> Wir sollten ihn nicht schelten?
> Den Pabst, den Pabst gelobt? Wanns noch der Teufel wär,
> So ließen wir es gelten.[14]

Während dies bei allem Humor ein böser Hieb auf die krassesten der krassen Lutheraner war, geht Lessing noch in demselben Jahre dazu über, nicht nur der absoluten Lutherverehrung einen weiteren Stoß zu versetzen, sondern dabei auch gewisse menschliche Eigenschaften Luthers selber etwas zu zausen. Der Streit zwischen Luther und dem Humanisten Simon Lemnius (1510?–1550) war in dem Lutherschrifttum von Mathesius an so dargestellt worden, daß Lemnius "als giftigster Ehrenschänder gebrandmarkt" wurde, "während Luther nur für den Gekränkten, darum zur Notwehr Herausgeforderten galt."[15] Der schon jetzt auf "Rettungen" bedachte Lessing, der dem Urteil der orthodoxen Lutheraner mißtraut, will die Angelegenheit Lemnius-Luther selbständig untersuchen. Da das noch von keinem Gelehrten getan sei, muß Lessing "den armen Lemnius gedoppelt beklagen. War es nicht genug, daß ihn Lutherus verfolgte, und muß sein Nachdenken auch noch von der Nachwelt befeindet werden?"[16] Lessing vermutet, Daß der Herr P., an den er diese *Briefe* (1753) schreibt, über diesen ungeheuerlichen Gedanken entsetzt sein wird, und fährt demnach fort: ". . . Sie erstaunen; Lutherus und verfolgen, scheinen Ihnen zwei Begriffe zu sein, die sich widersprechen. Geduld! Wann Sie wollen, so will ich Ihnen alles erzählen; und alsdenn urteilen Sie." In diesem Zusammenhang ist es nun, daß des jungen Lessings berühmtestes, oft zitiertes Allgemeinurteil über den Reformator fällt. Ehe er Herrn P. die Augen über Luthers Verfolgung des Lemnius öffnet, schreibt er Folgendes:

Vorher aber muß ich Sie um alles was heilig ist bitten, mich ja nicht für einen elenden Feind eines der größten Männer, die jemals die Welt gesehen hat, zu halten. Lutherus steht bei mir in einer solchen Verehrung, daß es mir, alles wohl überlegt, recht lieb ist, einige kleine Mängel an ihm entdeckt zu haben, weil ich in der Tat der Gefahr sonst nahe war, ihn zu vergöttern. Die Spuren der Menschheit, die ich an ihm finde, sind mir so kostbar, als die blendendste seiner Vollkommenheiten. Sie sind sogar für mich lehrreicher, als alle diese zusammen genommen.

Mit Nachdruck fügt Lessing hinzu: "So muß der sprechen, der aus Überzeugung und nicht aus Heuchelei lobt. Aus dieser letztern Quelle sind leider ein großer Teil der uneingeschränkten Lobsprüche geflossen, die Luthern von unsern Theologen beigelegt werden."[17]

Nachdem sich Lessing auf diese Weise gegen den möglichen Vorwurf, Luther selber nicht hochzuschätzen, vorsichtig und kräftig verschanzt hat, macht er sich (mit offenbarem Vergnügen) daran, einigen "Spuren der Menschheit" bei Luther nachzugehen, und zwar solchen, die in dem Streit mit Simon Lemnius an den Tag getreten seien. Im Jahre 1538, "eben als das Werk der Reformation am feurigsten getrieben ward," ließ der Poet Lemnius zwei Bücher lateinischer Epigramme in Wittenberg drucken, in denen Melanchthon "nichts Anstößiges" fand, wie dessen Schwiegersohn Sabinus "dem Drucker versicherte."[18] Als sie darauf bekannt wurden, geschah das Folgende: "Kaum waren sie einige Tage in den Händen der Leser gewesen, als Luther auf einmal ein entsetzliches Ungewitter wider sie und ihren Verfasser erregte." Lessing, der nach der Ursache für solche Empörung und solche Wut des Reformators fragt, stellt die feste Behauptung auf, daß die fraglichen Epigramme weder "jene *lascivam verborum licentiam*," die doch nach Martial zum Epigramme gehöre, noch "giftige Verleumdungen . . . eines unschuldigen Nächsten" noch gar persönliche Beleidigungen Luthers selber enthielten: "Nein; alles das, weswegen Sinnschriften mißfallen, mißfiel Luthern nicht, weil es nicht darinne anzutreffen war; sondern das mißfiel ihm, was wahrhaftig an den Sinnschriften das Anstößige sonst nicht ist: einige Lobeserhebungen." Diese Lobeserhebungen nun galten Albrecht, dem Erzbischof von Magdeburg und Kurfürsten von Mainz, der "unter den damaligen Beförderern der Gelehrsamkeit . . . einer der vornehmsten" war. Lemnius, der "Wohltaten von ihm empfangen" hatte, "lobte ihn als einen gelehrten Prinzen und als einen guten Regenten," wobei er sich jedoch wohlweislich hütete, "es nicht auf Luthers Unkosten zu tun." Ohne des Kardinals "Eifers für die Religion" auch nur "mit einem Worte" zu gedenken, drückte er lediglich "seine Dankbarkeit mit ganz allgemeinen, obgleich hin und wieder übertriebenen Schmeicheleien"[19] aus. "Gleichwohl verdroß es Luthern; und einen katholischen Prinzen, in Wittenberg, vor seinem Angesichte zu loben, schien ihm ein unvergebliches Verbrechen." In einer Anmerkung, die erst in der Ausgabe von 1784 erschien, kritisiert Lessing solche geistige Unduldsamkeit Luthers auf das schärfste: "Es war den ersten Reformatoren sehr schwer, dem Geiste des Papsttums gänzlich zu entsagen. Die Lehre von der Toleranz, welche doch eine wesentliche Lehre der christlichen Religion ist, war ihnen weder recht bekannt noch recht behaglich. Und gleichwohl ist jede Religion und Sekte, die von keiner Toleranz wissen will, ein Papsttum." Um seine Behauptung von Luthers "päpstlicher" Gesinnung wissenschaftlich zu erhärten, gibt Lessing die Stelle in Luthers Werken an, wo das Verdammungsurteil zu finden sei: "Ich dichte diesem großen Manne . . . nichts an, und berufe mich deswegen auf sein eigen Programma, welches er gegen den Dichter anschlagen ließ, und das Sie, mein

Herr, in dem 6. Tome seiner Schriften, Altenburgischer Ausgabe, nachlesen können. Hier werden Sie seine Gesinnungen in den trockensten Worten finden." Wenn Lessing ironisch hinzufügt, daß dies Gesinnungen seien, "welche man noch bis auf den heutigen Tag auf dieser hohen Schule beizubehalten scheinet," so sind wir bereits im Bilde und brauchen uns nur an den schon dargestellten Angriff der Wittenberger Theologen auf Professor Bose im achtzehnten Jahrhundert zu erinnern.

Die Unduldsamkeeit der Orthodoxie seiner Zeit verfolgt Lessing demnach bis auf ihren Gründer zurück, an dem er somit gleich abstoßende Züge hervorhebt: "Luther donnerte also mündlich und schriftlich wider den unbehutsamen Epigrammatisten," der aus Wittenberg flüchtete, als er hörte, "daß Luther die ganze Akademie mit seinem Eifer ansteckte." Erst als Lemnius sich in Sicherheit gebracht hatte, begann er "seine Verbannung zu verdienen, und tat, was er noch nicht getan hatte; . . . er schimpfte; er schmähte; er lästerte." Als genau lesender Philologe stellt Lessing fest, daß in den zwei ersten Büchern der Epigramme, die Luthers Zorn hervorriefen, der Reformator in keiner Weise belästigt wird. Noch einmal betont Lessing, daß Lemnius "den Kurfürsten Albrecht zwar lobt, aber stets bloß als einen Beförderer der Wissenschaften und als einen Beschützer der Gelehrten, welches auch Erasmus und Hutten getan haben, niemals aber als einen Feind der damals aufkommenden reinern Lehre."[20]

Lessing, dem Luthers Intoleranz sichtlich ärgerlich ist, geht noch weiter und verteidigt die Flucht des Lemnius, der eigentlich "als ein akademischer Bürger . . . sein Urteil hätte abwarten sollen."[21] Mit einem strafenden Hinweis auf Luthers "blinde Hitze" bemerkt Lessing: "Wenn ich augenscheinlich sehe, daß mir meine Richter die Gerechtigkeit versagen werden, so entfliehe ich nicht meinen Richtern, sondern Tyrannen, wenn ich ihnen entfliehe. Ein aufgebrachter Luther war alles zu tun vermögend." Selbst wenn Spötteleien der Grund für des Reformators Wut gewesen wären,

. . . wie hat Luther sagen können, daß ein paar satyrische Züge gegen Privatpersonen mit dem Leben zu bestrafen wären; er, der auf gekrönte Häupter nicht stichelte, sonern schimpfte? In ebender Schrift, in welcher er den Epigrammatisten verdammt, wird er zum Pasquillanten. Ich will seine Niederträchtigkeiten eben so wenig wiederholen, als des Lemnius seine. So viel aber muß ich sagen: was Lemnius hernach gegen Lutherus ward, das ist Luther hier gegen den Kurfürsten von Mainz.

Auf diese von Lessing mit wirklicher Erbitterung niedergeschriebenen Worte folgt dann die Stelle, die gewöhnlich dahin interpretiert wird, daß er Luther trotz dessen Unduldsamkeit als großen Mann geschätzt hat:

Gott was für eine schreckliche Lektion für unsern Stolz! Wie tief erniedrigt Zorn und Rache, auch den redlichsten, den heiligsten Mann! Aber, war ein minder heftiges Gemüte geschickt, dasjenige auszuführen, was Luther ausführte? Gewiß, nein! Lassen Sie uns also jene weise Vorsicht bewundern, welche auch die Fehler ihrer Werkzeuge zu brauchen weiß!

Die bald daruf (1754) entstandene weitere *Rettung des Hieronymus Cardanus*, die diesen Mann "vom Vorwurf des Atheismus befreien" will,[22] enthält eine Art früher Fassung jener Nathanszene, in der die großen historischen Religionen einander gegenübergestellt werden. Ein Muselmann macht dem Christen Cardan den seiner Meinung nach schweren Vorwurf, daß für die Christen der bloße Glaube, ein wahrhaftiges "Ungeheuer,"[23] zur Erlangung der Seligkeit genüge: "Diesem (dem Glauben) gebt ihr die Schluüssel des Himmels und der Höllen; und Glücks genug für die Tugend, daß ihr sie mit genauer Not zu einer etwaigen Begleiterin desselben gemacht! Die Verehrung heiliger Hirngesprinster macht bei euch ohne Gerechtigkeit selig, aber nicht diese ohne jene. Welche Verblendung!" Es liegt auf der Hand, daß Lessing mit dieser weniger leidenschaftlichen als ironisierenden Anklage auch die lutherische Orthodoxie treffen will. Man wird sich erinnern, daß er bereits in den *Gedanken über die Herrnhuter* den Lutheranern den gleichen Vorwurf gemacht hatte. In den wenigen Jahren, die zwischen den beiden Schriften liegen,[24] hat sich Lessing also nicht genug in Luther eingelesen, um diese ungerechte Beschuldigung jedenfalls von dem Reformator selber abzuwenden. Zur Ehre Luthers, die er doch sonst so geflissentlich betont, hätte er wohl sagen müssen, daß ein werkloser Glaube für Luther eben kein Glaube ist. Aber über diese ungezählten Stellen in Luther, die jedem Unvoreingenommenen in die Augen springen, muß Lessing einfach hinweggelesen haben.

Aus demselben Jahre 1754 stammt die *Rettung des Cochläus, aber nur in einer Kleinigkeit*, eine weitere Streitschrift, in der sich Lessing mit einer Göttinger Dissertation auseinandersetzt, derzufolge Cochläus der erste gewesen sei, welcher "Luthers Abfall aus der Begünstigung der Benediktiner [?] vor den Augustinern beim Ablaßkram erklärt" habe.[25] Lessing beginnt wieder mit einer Verbeugung vor Luther: "Ich gestehe es ganz gerne ein, daß Cochläus ein Mann ist, an den ein ehrlicher Lutheraner nicht ohne Abscheu denken kann. Er hat sich gegen unsern Vater der gereinigten Lehre nicht als einen wahrheitliebenden Gegner, sondern als einen unsinnigen Lästrer erwiesen."[26] Weiter stellt Lessing fest, daß die Katholiken behaupten, die Triebfeder der Reformation sei nicht "heiliger Eifer," sondern "Neid" gewesen: "Es verdroß Luthern, daß man seinem Orden den Ablaßkram entzogen und ihn den Dominikanern gegeben hatte."[27] Gegen solche katholische "Erklärung" der Ursache der Reformation habe ein gewisser Herr D. Kraft im Jahre 1749 in einer lateinischen Schrift ausführlich opponiert: *De Luthero contra indulgentiarum nundinationes haud quaquam per invidiam disputante*. Von dieser erfolgreichen Arbeit erschien nach einigen Jahren eine freie Übersetzung unter dem Titel *Die gerettete Ehre des sel. D. Martin Luthers*. Den Hauptausführungen des Verfassers schließt sich

Lessing gern an: "Das Hauptwerk, was er beweisen wollen, hat er glücklich bewiesen." Nur in einem Punkte, einer "Kleinigkeit," kann sich Lessing mit Herrn D. Kraft nicht einverstanden erklären, in dessen Behauptung nämlich, "daß Cochläus der allererste Erfinder obgedachter Verleumdung sei, und daß vor ihm auch Luthers allerärgste Feinde nicht daran gedacht hätten." Unter Entfaltung großer Gelehrsamkeit macht sich Lessing daran darzulegen, daß man schon v o r Cochläus in Luthers Neid auf einen den Augustinern vorgezogenen Mönchsorden den Ursprung der Reformation gesucht habe. Mit dieser Feststellung, daß Cochläus nicht der erste gewesen sei, der Luther diesen Vorwurf gemacht habe, will Lessing jedoch nicht behauptet haben, daß dieser Vorwurf selber zu Recht bestehe. Solche Auslegung seiner Rettung des Cochläus weist Lessing auf folgende Weise zurück:

> Indem ich aber leugne, daß dieser geschworene Feind des großen Reformators der Erfinder gedachter Beschuldigung sei, so will ich sie doch deswegen für nichts weniger als für wahr halten. Sie hat zu wenig Wahrscheinlichkeit, wenn man sie mit Luthers uneigennützigem und großmütigem Charakter vergleicht. Er, der durch seine Glaubensverbesserung nichts Irdisches für sich selbst zu gewinnen suchte, sollte den die Gewinnsucht oder, welches auf Eins hinauskömmt, der Neid über den Gewinn eines Anderen dazu angetrieben haben?[28]

Wenn Lessings Cochläusschrift mit diesem "Bekenntnis zu Luther" aufhörte, so würden die Lutherfreunde nicht allzuviel daran auszusetzen gehabt haben. Es folgen aber noch einige Schlußparagraphen, die das Positive über Luther doch wieder in ungewisserem Lichte erscheinen lassen. Lessing schreibt: "Ich sehe nicht, was unsere Gegner gewinnen würden, wann es auch wahr wäre, daß Luthern der Neid angetrieben habe, und wann auch sonst Alles wahr wäre, was sie zur Verkleinerung dieses Helden vorbringen."[29] Gesetzt den Fall also, der Neid hätte eine Rolle gespielt, so erklärt sich Lessing für seine Person völlig damit zufrieden, "daß durch die Reformation unendlich viel Gutes . . . gestiftet worden, . . . daß wir in dem Genusse ihrer Früchte sitzen." Man gewinnt irgendwie den Eindruck, daß Lessing die Ursachen der Reformation letzten Endes gleichgültig sind, so sehr er auch selber glaubt oder doch zu glauben behauptet, daß sie edler Art waren. Aber Lessing, dem die Reformation lediglich Mittel zum Zweck, eine Station auf dem Befreiungswege des menschlichen Geistes ist, kommt es lange nicht so sehr auf das W i e als auf das D a ß der Reformation an: die Reformation ist eine geschichtliche Tatsache, sie ist d a ; freuen wir uns, "daß wir in dem Genusse ihrer Früchte sitzen." "Was gehen uns allenfalls die Werkzeuge an, die Gott dazu gebraucht hat? Er wählt überhaupt fast immer nicht die untadelhaftesten, sondern die bequemsten. Mag doch also die Reformation den Neid zur Quelle haben; wollte nur Gott, daß jeder Neid ebenso glückliche Folgen hätte!" Es ist klar, worauf Lessing dabei vorzüglich hinzielt:

er will die ihm unausstehliche hyperlutherische Ansicht untergraben, wonach Luther eben eine Art unfehlbarer Mensch gewesen sei:

> Ich weiß wohl, daß es auch eine Art von Dankbarkeit gegen die Werkzeuge, wodurch unser Glück ist befördert worden, gibt; allein ich weiß auch, daß diese Dankbarkeit, wenn man sie übertreibt, zu einer Idolatrie wird. ... Billig bleibt Luthers Andenken bei uns in Segen; allein die Verehrung so weit treiben, daß man auch nicht den geringsten Fehler will auf ihm haften lassen, als ob Gott das, was er durch ihn verrichtet hat, sonst nicht würde durch ihn haben verrichten können, heißt, meinem Urteile nach, viel zu ausschweifend sein.

Ähnliche Äußerungen, Luther ja nicht zum Götzen zu machen, auf seine Worte ja nicht zu schwören, kommen auch sonst noch in verschiedenen Rezensionen dieses und des folgenden Jahres 1755 zum Ausdruck.[30] Selbstverständlich wird auch in ihnen von der Größe des Reformators gesprochen, die man nur nicht zur unfehlbaren machen darf, ohne Lessings scharfen Protest herauszufordern.

Interessant ist nun, daß auf das eben behandelte Jahrfünft von 1750 bis 1755, in dem von Luther verhältnismäßig oft die Rede ist, ein Zeitraum von etwa fünfzehn Jahren folgt, in dem Luther so gut wie nicht erwähnt wird. So schwierig es auch ist, bestimmtere Gründe für dies Schweigen Lessings anzugeben, so verlockend ist es doch wieder, über diese Tatsache zu spekulieren. Wenn man sich die Eigenart des junglessingschen Lutherbildes überlegt, läßt sich die Vermutung sicher nicht von der Hand weisen, daß die Auffassung Luthers als eines Streiters auf dem Wege zur Wahrheit von diesem Gesichtspunkte aus eben keiner Erweiterung und Vertiefung fähig war. Mit der kräftigen Heraushebung der Verdienste Luthers um geistige Freiheit und dem scharfen Angriff auf kritiklose Luthervergötterung und -anbetung hatte Lessing gewissermassen sein Pulver verschossen. Es ist sogar nicht ausgeschlossen, daß Lessing, wenn man von seinen sprachlichen Lutherstudien absieht, vielleicht überhaupt nicht wieder auf den Reformator zurückgekommen wäre, wenn er ihn nicht in den theologischen Streitigkeiten der Wolfenbüttler Jahre gebraucht hätte. Selbst die schon 1770 erfolgte Herausgabe des *Berengarius Turonensis* widerstreitet dieser harten Behauptung kaum, insofern die Bezugnahmen auf Luther in dieser Schrift, wie wir sehen werden, mehr politisch-exoterischer als einwandfrei wesentlich-esoterischer Natur sind.

Ohne nun den Ursachen für den Mangel an Lutherstellen von 1755 bis 1770 weiter nachzugehen, da wir über Vermutungen nicht hinaus kommen, wenden wir uns dem eben erwähnten *Berengarius Turonensis* zu, in dem Name und Werk Luthers zum ersten Mal nach der fünfzehnjährigen Pause wieder auftauchen. Eigentümlich ist in diesem Zusammenhange, daß Lessing hier auf die Abendmahlslehre näher eingeht, die er bereits 1750 in dem Aufsatz über die Herrnhuter flüchtig gestreift, seitdem aber nicht wieder berührt hatte. Es liegt kein Grund vor anzunehmen, daß Lessings persönliches Interesse an Abendmahlsfragen irgendwie größer geworden war als vor fünfzehn Jahren, wo er sie verächtlich als einen Streit über Worte, über ein Nichts bezeichnet hatte. In Wirklichkeit kommt es Lessing auch vor allem auf die Rettung des Berengar an, der, ein Zeitgenosse Abälards, im elften Jahrhundert gegen die kirchliche Autorität protestierte. Daß es sich dabei zufällig um die Abendmahlsfrage handelte, ist Lessing letzten Endes gleichgültig, wenn ihm dies auch aus "kirchenpolitischen" Gründen damals gerade nicht ungelegen kam. Seit den Rettungen des Lemnius und Cochläus war nämlich die lutherische Orthodoxie trotz Lessings lauter Betonung seiner Lutherverehrung stark verstimmt gewesen, denn sie spürte wohl, daß der "Retter" von Luthers Feinden, mochte er sich noch so oft und tief vor dem Reformator verbeugen, letztlich auf die Untergrabung der lutherischen Kirche hinzielte. Ein wahrscheinlich nicht ganz ungewollter Nebenertrag des *Berengarius* war nun, daß man sich im Lager der argwöhnischen Lutheraner wieder einigermaßen mit Lessing aussöhnte. Auch dem eigenen Vater, der in Kamenz seine letzten Tage erlebte und dem die bisherigen theologischen Schriften des Sohnes kaum Freude gemacht hatten, mußte das neue *opus theologicum* sicher willkommen sein. In seinem letzten Briefe an den Vater schreibt Lessing über den *Berengarius*:

> Gleich anfangs habe ich unter den hiesigen Manuskripten . . . eine Entdeckung gemacht, welche sehr wichtig ist, und in die theologische Gelehrsamkeit einschlägt. Sie kennen den Berengarius, welcher sich in dem XIten Jahrhunderte der Lehre der Transsubstantation widersetzte. Von diesem habe ich nun ein Werk aufgefunden, von dem ich sagen darf, daß noch kein Mensch etwas davon weiß; ja dessen Existenz die Katholiken schlechterdings geleugnet haben. Es . . . enthält . . . die unwiderstehlichsten Beweise, daß Berengarius vollkommen den nachherigen Lehrbegriff Lutheri von dem Abendmahle gehabt hat, und keines Wegs einer Meinung davon gewesen, die der Reformierten ihrer beikäme.[31]

Man kann sich leicht denken, daß der alte strenglutherische Vater diese Mitteilung des gelehrten Sohnes mit innerer Genugtuung aufgenommen haben muß. Während aufgeklärte Freunde Lessings den *Berengarius* nur mit Kopfschütteln lasen, war es übrigens nicht nur die Orthodoxie, die angenehm überrascht war, sondern auch die wissenschaftliche Theologie begrüßte, in einem Vertreter jedenfalls, Lessings neueste Schrift: "Ernesti, der philologische Theolog, ein Anhänger der Abendmahlslehre Luthers, erkannte seinen einstigen Schüler des Doktorhutes des *ordo venerabilis* wert."[32] Lessings eigene Stellung ergibt sich ziemlich klar aus einem sicher ehrlich gemeinten Brief an Eva König vom 25. Oktober 1770:

> . . . in dem nächsten Wiener Verzeichnisse von verbotenen Büchern, werden Sie den Titel (*Berengarius*) wohl angezeigt finden. Sie glauben nicht,

in was für einen lieblichen Geruch von Rechtgläubigkeit ich mich dagegen bei unsern lutherischen Theologen gesetzt habe. Machen Sie sich nur gefaßt, mich für nichts Geringeres, als für eine Stütze unserer Kirche ausgeschrieen zu hören. Ob mich das aber so recht kleiden möchte, und ob ich das gute Lob nicht bald wieder verlieren dürfte, das wird die Zeit lehren.[33]

Was die letzte warnende Prophezeiung angeht, so braucht nur gesagt zu werden, daß in demselben Briefe der Name des Hauptpastors Goeze schon verhängnisvoll wetterleuchtet.

Um Lessings Verhältnis zu Luther im *Berengarius* näher zu erörtern, ist zunächst festzustellen, daß Berengar für Lessing eine Art frühester "Vorreformator" ist, ein Mann, der den Ehrennamen eines "Ketzers" im Lessingschen Sinn verdient: er war "ein Mensch, der mit seinen eigenen Augen w e n i g s t e n s s e h e n w o l l t e ."[34] Dieses Lob, das Lessing auch Luther in den *Gedanken über die Herrnhuter* schon gezollt hatte, stellt die erste Verbindung zwischen Berengar und Luther her. Auf diesem Fürsichselbersehenwollen ruht durchaus der Akzent. Daß die eigentliche Abendmahlsfrage, bei der sich Berengars Auflehnung gegen die römische Autorität zeigte, von Lessing nur insofern gewertet wird, als sie Ausdruck des Protestes eines selbständigen Denkers in gebundener Zeit war, das erhellt schon aus der herablassenden Art und Weise, wie Lessing von "den unglücklichen sakramentarischen Streitigkeiten" redet.[35] Während sich Lessing mit ungewöhnlicher Wärme für Berengarius als einen vom herrschenden Dogmenglauben seiner Zeit freieinwollenden Menschen einsetzt, wird er verhältnismäßig kühl, sobald er auf die Abendmahlsfrage selber zu sprechen kommt. Aus dem für den "Ketzer" Berengar leidenschaftlich Partei ergreifenden "Retter" Lessing wird im Handumdrehen der leidenschaftslos berichtende Historiker von gewesenen Dogmenstreitigkeiten, die ihm wirklich gleichgültig sind. Die von Luther überzeugungsmäßig verfochtene Abendmahlsauffassung muß es sich gefallen lassen, von Lessing sachlich-nüchtern dargestellt zu werden. Im sechzehnten Jahrhundert sei Berengars "wahre" Meinung dahin verdreht worden, daß man ihm die fälschliche Behauptung zuschrieb, im Abendmahl seien nur Brot und Wein vorhanden. Luther selber sei in dem Irrtum befangen gewesen, daß dies Berengars Stellung gewesen sei. Rein historisch-objektiv erläutert Lessing Luthers Ablehnung von Berengars vermeintlicher Ansicht:

> . . . da er (Luther) immer noch der Transsubstantiation geneigter blieb als dem bloßen Tropus, da er sich überführt hatte, daß diese Auslegung mehr mit dem Wesentlichen des Glaubens streite als jene, so bezeigte er seinen ganzen Unwillen gegen den Berengarius und erkannte nicht allein die von dem Papst gegen ihn gebrauchte Gewalt für Recht, sondern billigte auch die Ausdrücke des ihm aufgedrungenen Widerrufs sogar mehr, als sie selbst von manchen Katholiken waren gebilligt worden.

172

Zur wissenschaftlichen Unterbauung dieser Behauptung zitiert Lessing, der übrigens die anfänglich sachlich gehaltene Schilderung der Position Luthers in eine unmißverständliche Anklage seiner "papistischen," ja überpapistischen Neigungen auslaufen läßt, die in Frage kommende Stelle aus Luthers *Vom Abendmahl Christi, Bekenntnis* (1528), einer Nichttheologen gewiß weniger bekannten Schrift, deren Kenntnis jedoch nicht notwendigerweise der schon bestehenden ausgedehnten Lutherbelesenheit Lessings zugutegeschrieben zu werden braucht. Wahrscheinlicher dürfte sein, daß er in den Vorarbeiten zum *Berengarius* auf dieses Werk Luthers gestoßen ist und es lediglich aus historischem Interesse gelesen hat. Wie dem auch sei, Lessing fährt fort: "Berengar ward in seinen (Luthers) Augen das Schlimmste, was er sein konnte, ein Vorläufer der ihm so verhaßten Sakramentarier, dessen Irrtum Carlstadt und Zwinglius bloß erneuerten; und was Berengarius in Luthers Augen war, das blieb er in den Augen seiner orthodoxen Nachfolger." Blickt man genauer hin, so merkt man, daß Lessing Luther eigentlich zweier Ungerechtigkeiten zeiht. Luther hätte einerseits "mehr Mißtrauen in die Glaubwürdigkeit" von Berengars Widerruf setzen sollen, und andererseits sei er tatsächlich ebenso autoritär wie der Papst darin gewesen, daß er die vom Papst gegen Berengar gebrauchte Gewalt für Recht erklärt habe.

Nach diesen indirekten Angriffen auf Luther, die trotz ihrer Verstecktheit der Schärfe nicht entbehren, geht Lessing dazu über, die Anschauungen Berengars als eine frühe Vorwegnahme der Lutherschen darzustellen. Es sei klar,

> daß Berengarius nur in einem einzigen Punkte sich von dem allgemeinen Glauben entfernt habe; daß er zwar die Transsubstantiation aber nicht die wirkliche Gegenwart Christi in dem Abendmahle geleugnet und bestritten habe. . . . Ist nun aber dieses, hat Berengarius die wirkliche Gegenwart Christi in dem Abendmahle geglaubt und bekannt, hat er seine Waffen einzig und allein gegen eine Lehre gerichtet, welche auch von unserer Kirche bestritten wird, so ist klar, daß, wenn er darum schon nicht ein Genosse unseres Glaubens muß gewesen sein, er doch ganz gewiß auch der Mann nicht sein kann, den die Reformierten zu ihrem Vorgänger annehmen dürfen.[36]

Lessing stellt sich überrascht, daß die lutherischen Theologen die Gelegenheit nicht beim Schopfe ergriffen haben, den Reformierten "einen so angesehenen Vorfechter abzuspannen":[37] "Ich will nicht sagen, ob sie in solchen Dingen überhaupt ein wenig zu gleichgültig sind, ob sie, von der Wahrheit ihrer Lehre überzeugt, sich nicht zu wenig bekümmerten, wer ihnen darin vorgegangen. Ich will nicht sagen, ob sie ein- für allemal gegen den Berengarius zu sehr eingenommen waren, als daß sie gern ein Wort um ihn verlieren wollten." Lessings Kritik ist klar. Er wirft der Orthodoxie geistige Trägheit und Unbeweglichkeit vor, welche Eigenschaften in Lessings Wertskala zu den schwersten Sünden gehören. Gegen Ende der Berengarius-Schrift legt Lessing noch einmal dar, daß es ihm bei seiner "Rettung" des Berengar hinsichtlich der Abendmahlfrage durchaus nicht auf den Inhalt des Dogmas angekommen sei, sondern daß er nur als "Dogmenhistoriker" geschrieben habe: "Ich mag kein unheiliges Feuer auf den Altar bringen, und am wenigsten wird es mir einfallen, die Hand nach der schwankenden Lade des Bundes auszustrecken."[38] Diesem Bekenntnis ist zu entnehmen, daß er weder für Berengars noch für Luthers Abendmahlsauffassung, deren Ähnlichkeit er wissenschaftlich festgestellt habe, sich irgendwie begeistern kann. Dieser langen Schrift zufolge sind Lessings faktische Lutherkenntnisse nicht unbeträchtlich, ohne daß man daraus Sympathie mit Luthers theologischen Ansichten annehmen darf, jedenfalls nicht im esoterischen Sinne, auf den es bei Lessing letzten Endes allein ankommt.

Wenn wir die Darstellung des Lessingschen Interesses an Luthers Sprache, das während der ganzen Wolfenbüttler Jahre angehalten hat, auf den Schluß der Arbeit verschieben, so fallen die nächsten wichtigen Äußerungen über Luther erst in das Goeze-Jahr 1778. Über sieben Jahre also findet sich so gut wie nichts Theologisch-Weltanschauliches über Luther, was doch wohl darauf hinweist, daß der Reformator in Lessings Leben mehr eine Art Werkzeug als ein Selbstwert ist.

In dem Streit mit Goeze braucht Lessing Luther wieder, um seine eigenen Anschauungen der Orthodoxie gegenüber zu stärken. "Sie, Herr Pastor," so ruft er in dem *Absagungsschreiben* aus, "Sie hätten den allergeringsten Funken Lutherischen Geistes?"[39] Und dann fallen Lessings wohl bekannteste Worte über Luther, den er in seinem Kampfe mit Goeze "am liebsten zum Richter haben möchte":

> Luther, du! – Großer, verkannter Mann! Und von niemanden mehr verkannt als von den kurzsichtigen Starrköpfen, die, deine Pantoffeln in der Hand, den von dir gebahnten Weg schreiend, aber gleichgültig daherschlendern! – Du hast uns von dem Joche der Tradition erlöst, wer erlöst uns von dem unerträglichern Joche des Buchstabens! Wer bringt uns endlich ein Christentum, wie du es j e t z t lehren würdest, wie es Christus selbst lehren würde! Wer?

Diese weitbekannte Stelle entbehrt nun sicher der Größe, des Pathos nicht, ohne daß sie jedoch von tieferem Eindringen in die Religion Luthers zeugt. Sie ruft nur den als Freiheitshelden verehrten Luther auf gegen eine alles andere als geistige Freiheit vertretende Orthodoxie. Trotz der Berühmtheit und Bedeutung dieser Stelle darf man nicht vergessen, daß sie bei aller in ihr zum Ausdruck kommenden inneren Erregtheit sich nicht allzuweit über das Niveau der Aufklärung im allgemeinen erhebt, die sich auch "so sicher" im "Verständnis des Reformators" wußte, daß sie "ihn am liebsten ins Leben zurückgerufen hätte."[40] Man vergleiche zum Beispiel was der Aufklärungstheologe K.F. Bahrdt hierüber schrieb: "O, wenn Luther jetzt aufstünde und im Lichte besserer Zeiten die

Wahrheit erblickte, wie würde er seine dummen Nachbeter anfahren und gegen die eifern, die sich frommer und weiser dünken, als andre, indem sie seinen Kehricht fressen!"[41] Trotz alles auf der Hand liegenden Unterschiedes kommt bei Lessing wie bei Bahrdt die Grundüberzeugung der Aufklärung zum Ausdruck, daß sie, und nicht die lutherische Orthodoxie, das wirkliche geistige Erbe der Reformation angetreten habe. Ohne für die Orthodoxie eine Lanze brechen zu wollen, muß doch wohl eingestanden werden, daß Lessing und Bahrdt wie die Aufklärung überhaupt mit solchen Berufungen auf Luther einen selbstgemachten Luther anriefen, denn das wirkliche Wesen des Reformators blieb ihnen weiterhin verschlossen. Luther ist und bleibt für Lessing der große Mann, der die Denk- und Gewissenfreiheit erworben hat: "Der wahre Lutheraner" — so wendet sich Lessing an Goeze — "will nicht bei Luthers Schriften, er will bei Luthers Geiste geschützt sein; und Luthers Geist erfordert schlechterdings, daß man k e i n e n Menschen in der Erkenntnis der Wahrheit nach seinem eigenen Gutdünken fortzugehen hindern muß."[42] Als Goeze Lessing den Vorwurf machte, durch die Herausgabe der *Fragmente* die schwachen Gewissen geärgert zu haben, beruft sich Lessing wiederum auf Luther und antwortet stolz: "Was dieses Ärgernis betrifft, darüber denke ich wie Luther."[43] Es sei ihm, Lessing, einfach unmöglich gewesen, ohne Gefahr seiner Seele die Schrift des Reimarus unter den Scheffel zu stellen. An den Anfang des zehnten *Anti-Goeze*, dem diese Stelle entnommen ist, hat Lessing denn auch das in Frage kommende Lutherzitat als Motto gesetzt: "Ärgernis hin, Ärgernis her! Not bricht Eisen und hat kein Ärgernis. Ich soll der schwachen Gewissen schonen, sofern es ohne Gefahr meiner Seelen geschehen mag, wo nicht, so soll ich meiner Seelen raten, es ärgere sich daran die ganze oder halbe Welt."[44]

Nicht ganz so leicht war es für Lessing, sich auf Luther in der heiklen Frage der Inspiration der Bibel zu berufen. Obschon er wußte, daß Luther manchen freien Gedanken über den Kanon geäußert hatte, wußte er doch auch, daß der Reformator andererseits die Bibel wieder übermäßig verehrt habe:

> Luther selbst hatte die heilige Schrift mehr als einmal Gott genannt, und wenn schon Luther des Falls zu entschuldigen wäre: hat er nie Jünger gehabt, hat er Jünger nicht noch, die sich dadurch einer ähnlichen Entschuldigung unwürdig machen, daß sie auch das nicht zu verwerfen wagen, was er selbst, *more scilicet magnorum virorum et fiduciam magnarum rerum habentium*, zu verwerfen und zu verbessern bei jeder Gelegenheit keinen Augenblick anstand? Mir ist Luther noch weit anstößiger in einer andern Stelle, wo er sagt, daß die heilige Schrift C h r i s t u s ' g e i s t - l i c h e r L e i b s e i, und eine solche Krudität mit seinem treuherzigen w a h r l i c h besiegelt.[45]

Es kann keinem Zweifel unterliegen, daß einem Lessing eine andere Äußerung Luthers viel lieber ist, derzufolge "die ganze Bibel . . . ohne das Zeugnis der

Kirche nicht mehr und nicht weniger wert" sei "als Aesopi Fabelbuch!" In den sogenannten *Briefen an Herrn Doctor Walch* bekennt sich Lessing, wie nicht anders zu erwarten, voll und ganz zu Luthers kritischer Stellung zur Bibel. Es paßt ihm durchaus in seinen Vorstellungskreis, daß Luther den Jakobusbrief eine stroherne Epistel genannt hat,[46] wobei man allerdings im Auge behalten muß, daß ihm die Eigenart der Lutherschen Kritik am Jakobusbrief völlig gleichgültig ist: die bloße Tatsache, daß Luthers Kritik an der Bibel geübt hat, ist ihm vollständig ausreichend.

Auf diese Weise hat Lessing Eigenschaften an Luther hervorgehoben, die die Orthodoxie lieber unterdrückt sehen wollte. Fest steht auf jeden Fall, daß Lessing immer wieder in Luther das Streben nach Freiheit von Geistesfesseln hervorhob und daß er darin das Wesentliche von Luthers Bedeutung für die moderne Welt sah.

Schließlich ist noch auf die wichtige Frage einzugehen, welche Lessingschen Äußerungen zu Luther esoterisch-dogmatikos und welche nur exoterisch-gymnastikos zu verstehen sind. Wenn Lessung sich im *Berengarius Turonensis* den Anschein gibt, als sei ihm die Luthersche Auffassung vom Abendmahl sympathisch — anders lassen sich einige Stellen kaum auslegen —, so ist das sicher nur exoterisch-gymnastikos zu deuten. Unangenehm berührt dabei, wenn Lessing, wohl unter Bezugnahme auf solche Stellen, im Juli 1778 folgendermaßen an den Herzog von Braunschweig zu schreiben nicht ansteht: "Ich habe das Zeugnis von ganz Deutschland vor mir, daß ich mich bei aller Gelegenheit als den orthodoxesten Verteidiger der Lutherischen Lehre erwiesen habe."[47] Selbst wenn man berücksichtigt, daß die Orthodoxie noch eine Macht darstellte und daß Lessing für die eigene Stellung gebangt haben mag, so wendet man sich von solchen Worten unwillkürlich ab, da man weiß, daß für Lessing nicht nur die Reformation eine überholte Epoche ist, sondern die christliche Religion überhaupt eine zu überwindende Größe repräsentiert. Esoterisch-dogmatikos gesprochen, existiert Luther für ihn nur als Freiheitsheros, während das Christentum als Ganzes einschließlich der Reformation dem Untergang bereits ins Auge schaue, da die meisten Theologen sich schon begnügten, "mit Verlust eines Fittichs noch eine Weile den Rumpf zu retten."[48]

Damit wären wir an das Ende der von Lessing selbst in Worte gefaßten Stellung zu Luther gekommen. Hinzuweisen wäre noch darauf, daß Lessing besonders in der Wolfenbüttler Zeit sich ziemlich eingehend mit Luthers Sprache beschäftigt hat. Er hat sich Listen von eigentümlichen Wendungen und sprichwörtlichen Redensarten aus Luthers Werken angelegt, und sogar ein mehrseitiges Bruchstück eines Wörterbuches zu Luther ist uns erhalten. Ferner ist er mit der allmählichen Entstehung von Luthers Bibelübersetzung bekannt. Mit Genugtuung stellt er fest, daß Luther bis zum Tode an der Verbesserung seiner Übersetzung gearbeitet hat: "In seinen übrigen deutschen Schriften ist Luther bis an sein Ende weit nachlässiger geblieben, und er hat auf keine derselben den Fleiß verwandt, den er auf die Bibel verwandte."[49]

Versuchen wir zum Schluß, Lessings Gesamtdarstellung zu Luther noch einmal knapp zu umreißen. Trotz ausgedehnter Lutherlektüre sieht Lessing in dem Reformator nur diejenigen Züge, die seinem eigenen Wesen entsprechen. Wenn er den Geist Luthers im Kampfe gegen die Orthodoxie beschwört, so ruft er lediglich den Luther der Aufklärung, seinen eigenen Luther an. Die Eigenart von Luthers Wesen hat Lessing nicht erfaßt, der Religion Luthers steht er innerlich fremd gegenüber. Seinem Lutherbild fehlt vor allem "der innerste Kern von Luthers Frömmigkeit,"[50] die schwer zugängliche Rechtfertigungslehre, die die Lessingzeit als eine "unheilvolle dogmatische Extravaganz eines großen und kühnen, aber zuweilen einseitigen Geistes"[51] bezeichnete. Für Lessings Lutherauffassung gilt schließlich auch, was für die Lutherauffassung seiner ganzen Epoche gilt: "Die ganze Aufklärung kennt das Innerste von Luthers Religion gar nicht. Sie wertet ihn nur als Bahnbrecher geistiger Freiheit."[52] Dies Urteil Gustav Krügers in der *Religion der Goethezeit* trifft auch für Lessing zu, sodaß Horst Stephan wohl unrecht hat, der über die Aufklärung Hinausgehendes in Lessings Lutherbild finden will; Leopold Zscharnack[53] hat eher recht mit der These, daß Lessing in diesem Punkte nur auf den alten Bahnen der Aufklärung weitergegangen sei. "Ein verkürzter, ein kritisch beschnittener und zurecht gemachter Luther"[54] war es, von dem Lessing und die Aufklärung redeten. Von wirklichem Lutherverständnis kann in der Goethezeit nur bei dem Magus des Nordens, Johann Georg Hamann, die Rede sein, wie Fritz Blanke überzeugend nachgewiesen hat.[55]

ANMERKUNGEN

1 *Werke* (Lachmann-Muncker), XIV, 157.
2 Ebenda, S. 155.
3 Ebenda, S. 159.
4 Vergleiche hierzu auch Hans Leisegang, *Lessings Weltanschauung* (1931), S. 35f.
5 *Werke* (La.-Mu.), XIV, 160.
6 Ebenda, S. 162f.
7 Selbstverständlich war auch die Reformationszeit weit von diesem Ideale entfernt. Man denke nur an Luthers ergreifende Klagen. Luther selber hat an seinem Ideal zeitlebens festgehalten und es immer wieder betont.
8 *Werke* (La.-Mu.) IV, 202.
9 Ebenda, S. 209.
10 Edenda, S. 211.
11 Ebenda, V, 11.
12 Erich Schmidt, *Lessing*, I, 122 (4. Auflage).

13 Meyers Lexikon, II, 103 (7. Auflage).

14 *Werke* (La.-Mu.) XVII, 28f.

15 Erich Schmidt, a.a.O., S. 221.

16 Lessing, *Werke* (Gosche-Boxberger), III, 320.

17 Ebenda, S. 320. Fußnote (1784).

18 Ebenda, S. 321.

19 Ebenda, S. 321f.

20 Ebenda, S. 327.

21 Ebenda, S. 330.

22 Erich Schmidt, a.a.o., S. 225.

23 Lessing, *Werke* (Go.-Box.) V, 141.

24 1752 hat sich Lessing "fast ein ganzes Jehr hindurch in Wittenberg aufgehalten, mit reformationsgeschichtlichen Studien beschäftigt." Franz Schna-
bel, *Das Zeitalter der Reformation* (1931), S. 289.

25 Erich Schmidt, a.a.O., S. 224.

26 Lessing, *Werke*, (Go.-Box.), V, 171.

27 Ebenda, S. 172.

28 Ebenda, S. 183.

29 Ebenda, S. 184.

30 Lessing, *Werke* (Go.-Box.), III, 181, 195, 198.

31 Ebenda, VIII, 309–310 (27. Juli 1770).

32 Erich Schmidt, a.a.O., II, 171.

33 Lessing, *Werke* (Go.-Box), VIII, 322.

34 Ebenda, V, 190.

35 Ebenda, S. 192.

36 Ebenda, S. 195.

37 Ebenda, S. 196.

38 Ebenda, S. 292.

39 Ebenda, VII, 371.

40 Horst Stephan, *Luther in den Wandlungen seiner Kirche* (1907), S. 61.

41 Ebenda.

42 Lessing, *Werke* (Go.-Box), VII, 415.

43 Ebenda, S. 483.

44 Ebenda, S. 478.

45 Ebenda, S. 548.

46 Ebenda, S. 575.

47 Ebenda, VIII, 605f.

48 Ebenda, S. 612.

49 Lessing, *Werke* (La.-Mu.), XV, 261.

50 Horst Stephan, a.a.O., S. 57.

51 Ebenda, S. 58.

52 Gustav Krüger, *Die Religion der Goethezeit* (1931), S. 14f.

53 "Reformation und Humanismus im Urteil der deutschen Aufklärung," *Protestantische Monatshefte*, XII (1908).

54 Ebenda, S. 91.

55 "Hamann und Luther," *Luther-Jahrbuch*, 1928.

HERDERS STELLUNG ZU LUTHER

Bernhard Suphan selber hat einmal bemerkt, daß "Herder in Luthers Schriften bewandert war wie wenige" Menschen des achtzehnten Jahrhunderts und daß "keiner von den klassischen Zeitgenossen die Größe des Reformators in so vollen Tönen und zu allen Zeiten gerühmt hat wie er."[1] Dies wichtige Gesamturteil, dem auch Rudolf Haym nicht widerspricht, weist auf den beträchtlichen Umfang der herderschen Lutherkenntnisse wie auch auf den hohen Grad seiner Lutheranerkennung hin, insofern manche andere Deutsche der Herderzeit, vor allem Hamann und Lessing, ebenfalls über ein beachtliches Lutherwissen verfügten und den Reformator gehörig lobten.[2] Ist Klopstocks Lutherinteresse vorwiegend sprachlich-künstlerisch, Goethes[3] und Schillers trotz mancher Feinheit und Prägnanz doch mehr peripherisch als zentral, so ist die Lutherkenntnis Hamanns, Herders und Lessings erheblich umfassender. Bei allem Gemeinsamen nun in dem Lutherbilde der drei Letztgenannten bestehen aber auch zwischen ihnen wesentliche Unterschiede in ihrer Stellung zu Luther, Unterschiede, die sich bis in den Kern ihrer verschiedenen Persönlichkeiten erstrecken. In Herders Verhältnis zu Luther lassen sich im allgemeinen drei Hauptepochen unterscheiden, die Rigaer, die Bückeburger und die Weimarer, von denen die letzte wegen ihrer Länge wie auch wegen ihrer Reichhaltigkeit in zwei Unterteile zerfällt, die Jahrzehnte von 1776 bis 1786 und, nach einem mehr als fünfjährigen Schweigen über Luther, von 1792 bis zu Herders Tod. Innerhalb dieser einzelnen Epochen jedoch wird die Darstellung nicht streng chronologisch verfahren, sondern, ohne Ansprüche auf Vollständigkeit bei der Masse des Materials, nur das Wesentliche mehr systematisch als historisch vorzulegen sich bemühen. Allein Hauptgesichtspunkte und Hauptentwicklungslinien können im Rahmen dieses Aufsatzes berücksichtigt werden.

Wenn wir in die überraschend zahlreichen Aussprüche und Bezugnahmen Ordnung bringen wollen, so behandelt Herder den Reformator in allen drei Epochen von vier Standpunkten: Persönlichkeit und Charakter; Künstlerisch-Sprachliches; Theologisch-Religiöses; allgemeine Kulturbedeutung Luthers und der deutschen Reformation. So gewiß bei der Unterordnung des Reichtums und der Mannigfaltigkeit der herderschen Gedanken über Luther unter diese wenigen Hauptpunkte manches Einzelne unter den Tisch fällt, so nötig ist jedoch diese Systematisierung für einen gedrängten Überblick, der nur auf das Wichtigste eingehen kann. Außer den hier vorgebrachten Kernpunkten gibt es noch manche interessante Einzelpunkte, die das Umfassende des Lutherbildes Herders nachhaltig bezeugen.

I. Persönlichkeit und Charakter

Was zunächst Herders Stellung zu Luthers Persönlichkeit und Charakter angeht, so steht seine durchaus positive Bewertung fest. Hatte Lessing gelegentlich Bedenken schwerwiegender Art über gewisse "Spuren der Menschheit"[4] bei Luther mit unverkennbarem Mißfallen geäußert, so fehlen solche Züge in Herders Lutherbild fast ganz, obwohl er natürlich auch für derartige Schwächen ein scharfes Auge hatte. Im Gegensatz zu Lessing aber hängte er sie nicht an die große Glocke, da sie im Verhältnis zu der Totalleistung Luthers ihm wohl zu unwichtig erschienen sein mögen. Der Gefahr, der Lessing nicht entgangen ist, durch zu nachdrückliche Hinweise auf das Menschlich-Allzumenschliche des Reformators sein Gesamtbild in ein etwas schiefes Licht zu bringen, hat sich Herder nicht ausgesetzt. Den Grund für Herders Stillschweigen über manches Unliebsame in Luthers Wesen darf man aber nicht einfach darin sehen wollen, daß ihm — im Unterschied zu Lessing etwa — die mephistophelische Ader abgegangen sei: wer mit solcher Erklärung zu spielen geneigt ist, hat vergessen, wie Herder mit dem jungen Goethe in Straßburg umgesprungen ist. Daß Herders Nichterwähnen der mehr menschlichen Seite Luthers auch nicht auf mangelhafte Belesenheit zurückzuführen ist, erhellt schon aus einem oberflächlichen Blick in den außerordentlichen Umfang seiner Lutherlektüre, die ihn sicher mit dem "Schlimmsten," was zu berichten wäre, vertraut gemacht hat. Wenn er trotzdem im Gegensatz zu Lessing solche Züge nicht betont, so muß die Ursache wohl mit darin liegen, daß sie in der Gesamtbewertung des Reformators und seines Werkes, in der Herder gerechter als Lessing ist, eben nicht die Rolle spielen, die ihnen der letztere zugewiesen hatte. Herders positive Stellung zu Luther, die natürlich auch Lessing trotz aller Ausstellungen teilt, ist selbstverständlich bei Hamann in dem gleichen ungeschmälerten Maße zu finden. Noch mehr als Herder nämlich war der Magus im Norden Luthern völlig ergeben und verdankte ihm geistig-religiös so viel, daß er kaum ein Stäubchen an seinem Helden entdeckte.

Von der Jugend bis ins Alter, von den ersten bis zu den letzten Äußerungen über Luther hat Herder also ununterbrochen des Reformators Persönlichkeit und Charakter gepriesen. Ist schon der Ton der Lutherstellen der Rigaer Zeit begeistert positiv, so singt Herder ihm in den Bückerburger Jahren wahre Loblieder: "Sein ganz uneigennütziger, lautrer, aufopfernder Charakter" (VII, 214). "Gesund, ganz stark, frei- und froh empfindend" (VII, 258) sei der Reformator gewesen, einer der gewaltigsten, die Zeiten überdauernden Menschen:

> Mächtige Eiche!
> Deutsches Stamms! Gotteskraft!
> Wie oben im Wipfel braust der Sturm,
> Sie bäumt mit hundertklauigen Armen
> Dem Sturm' entgegen, und steht!

Sturm braust fort! Es liegen da
Der dürren, veralteten Aeste
Zwey daniedergesaust. Sie steht!
Ist Luther!

Unter die ewige Eiche,
Deutsches Stamms, Gotteskraft,
Hier will ich mich setzen, und Stimme des Herrn
Hochahndend hören, und ruhn! (XXIX, 53)

In der berühmten Vorrede zu seinen deutschen Schriften habe Luther, nachdem
er sein großes Werk zum meisten Teil vollbracht, sich als "Mann ohne Eigen-
dünkel" gezeigt, dessen Bücher Herder selber nie "ohne tiefes Niederschlagen
all seines geringsten Autorstolzes" (VII, 190) aufschlagen könne. Nach diesem
im besten Sinn des Wortes *einfältigen* Genius, dem der auch für einen Herder
so wichtige "Name Volk . . . zu Herzen ging" (VII, 190) seien "an Kopf und
Herzen . . . sieche Zeiten . . . gekommen" (VII, 272), die gut daran gatan hätten
und, insofern auch die Gegenwart miteinbegriffen ist, noch gut daran täten, sich
an Luther und der Reformationsepoche mit ihrer Lauterkeit, Uneigennützigkeit
und innerer Stärke ein Muster zu nehmen. In der Tat gipfelt Herders Bewunderung von Luthers "Einfalt," Mächtigkeit und Gesundheit in der leidenschaftlich
ausgestossenen Frage: "Wenn kommst du . . . zweiter Luther" (VII, 190).
   In dem ersten Dezennium der Weimarer Periode fährt Herder in dem gleichen
warmen Tone fort, Luthers Persönlichkeit und Charakter mit Lob zu überschüt-
ten. Wieder redet er von dem ehrlichen Luther, der "ein heller, trefflicher Kopf"
(X, 9) gewesen und "trotz eiserner Härte und Stärke im Werke seines Berufs im
Privatleben der weichste und redlichste Mann" (VIII, 230) geblieben sei. Ähnlich
heißt es in Lavaters Physiognomischen Fragmenten, deren Lutherpassus allge-
mein Herders Feder zugeschrieben wird: "Das Kraft- und Geistvolle Gesicht
. . . das innige, gefühlte, tiefblickende, nicht sorgsam erlesende im Auge . . .
Der Raum zwischen den Augenbrauen . . . zeigt den Mann — der steht, 'und
wenn die Welt voll Teufel wäre'" (LX, 472–473). Wie eine Vorwegnahme von
Karl Holls feinsinnigem Aufsatz über Luthers Selbstbeurteilung[5] klingt es, wenn
Herder in schöner Einfühlung in sein Wesen feststellt, daß in dem Reformator
Bescheidenheit und Stolz in eigenartiger Mischung zugleich vorhanden gewesen
wären. Es zeugt von tieferem Eindringen in die luthersche Psyche, daß Herder
das eigentümliche, doch wieder so verständige Schwanken Luthers in seinen
Urteilen über sich selbst genügend erkannt hat, um es als charakteristisch für seinen Helden zu erfassen. Herder weist auch auf einen Umstand hin, der sicher
nicht von allen Zeitgenossen hinreichend gewürdigt wurde: "Luther kämpfte
lange mit sich, ehe er mit der Welt anfing zu kämpfen." Er war ein "Mann, der
mit sich selbst mehr rang, als manche von ihm glauben" (VII, 230). Solchen
Einblick in Luthers verborgenes Wesen hat Lessing nicht besessen, kaum Hamann. Nur Herder hat mit seiner feinen Einfühlungsgabe diese Tatsache nach-

drücklich hervorgehoben; seine ausgedehnte Lutherlektüre führte ihn zu solch wichtigen Beobachtungen. Von Interesse ist auch die Bemerkung, daß Luther aus engen Verhältnissen stamme und sich nur mit eiserner Energie in den Bereich der großen Welt erhoben und dort gehalten habe: "Mit Mühe" habe er sich "aus dem Nichts gezogen," ernstlich "sich empor gearbeitet" und seinen Fehlern nicht "den Zügel schießen" (XV, 248) lassen. In tiefere Schichten der Persönlichkeit des Reformators dringt Herders Nachweis, daß eine gewisse Duldsamkeit Luther nicht fremd gewesen ist. Wer sich an Lessings mißbilligende Blicke auf Luthers Intoleranz[6] erinnert, freut sich über Herders Hervorheben anderer duldamer Stimmungen zur Vervollständigung des Bildes: "Ich lasse . . . Jedermann seines Sinnes walten, will niemand an meinen Dünkel oder Urtheil verbunden haben: ich sage, was ich fühle; halte jeder davon, was ihm sein Geist giebt" (IX, 274). So richtig es ist, daß Lessing in diesem Zusammenhange mehr über Luthers Handlungen als über seine Worte spricht, so wahr ist es wiederum, daß Herders ausgedehnte Lutherlektüre ihm gestattet, durch ein entlegeneres Zitat Einseitigkeiten der lessingschen Lutheranschauung zu korrigieren und zu ergänzen. Herders Grundeinstellung läßt ihn Dinge in Luther bemerken, die Lessing entgangen waren. Herder hat etwas von dem köstlichen Humor Luthers gewußt, der ihn selbst in schwierigen Lagen nicht verließ. Mit Behagen erwähnt er die prächtige Szene auf der Koburg, wo der den kritischen Reichstag zu Augsburg gespannt verfolgende Luther die innere Freiheit und Gelöstheit findet, in dem Treiben der Dohlen und Krähen, die er von seinem Fenster aus sieht und hört, ein Bild der Augsburger Zustände zu erblicken und so "vom Reichstage der Dohlen und Krähen, dahinter doch ein großer Ernst ist" (XI, 211), in fast schelmischer Weise zu schreiben. So schwer es ist, Herders mannigfache Aussprüche über Persönlichkeit und Charakter des Reformators knapp zusammenzufassen, er selber hat ein paar prägnante Worte gebraucht, in denen der Grundeindruck anklingt, den Luther auf ihn gemacht hat: ". . . oft genug zu unserm Herzerquickenden Luther" zu gehen und seine "herzlichen, kräftigen" (X, 253) Werke immer besser kennen zu lernen, in ihren Reichtum und ihre Pracht sich lebenslänglich zu vertiefen — dies ist der Rat, den er jungen Theologen nach Abschluß ihrer akademischen Studien für die langen Jahre der praktischen Amtsarbeit erteilt.

Wie nach dem Vorausgehenden nicht anders zu erwarten ist, hat Herder auch in dem letzten Lebensjahrzehnt Luther von diesem Gesichtspunkt der "herzerquickenden" Persönlichkeit aus die Treue gehalten. Luther bleibt ihm "ein starker Geist, ein wahrer Prophet und Prediger unsres Vaterlandes" (XVI, 230). Mit dem letzten Wort ist allerdings eine neue Saite angeschlagen, die Herders Lutherbild von etwa 1792 an ein Sondergepräge verleiht: die vaterländisch-patriotische Note. Selbstverständlich hatte diese nie völlig bei Herder gefehlt; sie tritt aber an seinem Lebensabend in den Vordergrund. Nachdrücklicher als vorher wird jetzt hervorgehoben, daß Luther auch "ein patriotischer großer Mann" (XVII, 87) war, dessen Stellung vorbildlich sei. Wenn er Luther dahin zitiert, daß

Deutschland "Treu und Glauben" (XVII, 92) bewahren solle, so ist das wie so vieles in Herders Lutherauffassung vor allem eine Aufforderung an die eigene Zeit, den Luthergeist und – das dürfen wir hinzufügen – den Herdergeist, die in diesem Punkte gewiß identisch sind, nicht fahren zu lassen. Zu solchen zeitgenössischen Zwecken wird "Luthers edler Schatte" (XVIII, 64) des öfteren in Herders letztem Lebensjahrzehnt beschworen. Aus Sorge um die Nation wendet er sich so an den Reformator: "Werde nochmals der Lehrer Deiner Nation, ihr Prophet und Prediger; vielleicht hört Deutschland, Fürsten, Adel, Hof und Volk Deine Stimme, deren Wahrheit hell wie der Mittag, deren Ton und Laut so eindringlich ist, als zuweilen furchtbar und schrecklich" (XVIII, 512–513). Luther als verantwortlicher sittlicher Führer des deutschen Volkes – das ist die höchste Ehre, die Herder Martin Luther erweisen kann.

II. Künstlerisch-Sprachliches

Neben Luthers großer Persönlichkeit und edlem Charakter hat Herder dessen Künstlertum und Sprachmeisterschaft betont; er ist nicht müde geworden, bei jeder Gelgenheit an diese unvergängliche Seite der lutherschen Gesamtleistung zu erinnern. Wie die Lehre von Luthers sittlicher Persönlichkeit Herder sein ganzes Leben hindurch begleitet, so ist er von Anfang bis Ende seiner literarisch-theologischen Laufbahn von des Reformators Sprachgewalt bezaubert gewesen. Bereits die Schriften der Rigaer Periode sind reich an bedeutsamen Aussprüchen über Luthers außerordentliche Beherrschung der Muttersprache und über seine sehr wichtige Stellung in ihrer Geschichte. Der bekannteste Passus des jungen Herder über Luthers Sprache ist wohl, daß es kein anderer als Luther war, "der die Deutsche Sprache, einen schlafenden Riesen, aufgewecket und losgebunden" (I, 372). Was ihm zunächst an Luthers Sprache gefällt, ist ihr Reichtum an "Idiotismen," die "dem Sprachweisen die Schachten eröfnen, um das Genie der Sprache zu untersuchen" (I, 165). Im Mittelpunkt des sprachlichen Lutherinteresses des frühen Herder steht natürlich die deutsche Bibel, die er – hier vom rein literarischen Standpunkt – als hervorragende Leistung Luthers würdigt und den Zeitgenossen ans Herz legt. Wieder gehen historische Feststellung von Tatsachen und ihre bewußte Nutzbarmachung für die Gegenwart Hand in Hand. Herder weiß, daß das Aufklärungszeitalter mit seiner relativen Nüchternheit alles andere als die Stunde der Lutherbibel ist. Sein Sinn für den Vollklang der deutschen Bibel ließ ihn schon früh erkennen, daß die eigene Zeit diesem literarischen Hauptereignis der Reformationsepoche nichts Gleichwertiges an die Seite zu setzen habe: "Kommet her, ihr neuern schönen Geister . . . versucht es doch, aus euren reichen Vorrathskammern ein Buch unsres Jahrhunderts zu suchen, das in Absicht der Schreibart die Würde der Bibelübersetzung des Luthers erreichte" (I, 375). Herder ist "diese arme, simple, veraltete Bibelübersetzung, über die mancher Neuling am Geschmack spottet" (I, 375), ein Höhepunkt in der deutschen Sprachgeschichte, den er der Gegenwart vor Augen führen will. Sein unbestechliches Gefühl für echte Größe veranlaßt ihn, mit beißendem Spott ein biblisches Machwerk seiner Zeit, die Wertheimer Bibel, anzugreifen. Das beste Mittel, das Ungenügend-Unkünstlerische dieser Übersetzung einzusehen, sei die Lektüre der Lutherbibel: "Leset Luther, und dann den Wertheimer in seinem Paragraphenstil, mit Wolfischen Kunstausdrücken verbrämt" (I, 375). In einem vorzüglichen Vergleich bezeichnet er Luther als den "Griechischen Homer," während der "Wertheimer" sich damit abfinden muß, der "Deutsche Homer" genannt zu werden, "wenn er in der S a m m l u n g a l t e r R e i s e b e s c h r e i b u n g e n als ein reisender Schulmeister in Paragraphen übersezzt ist" (I, 375). Diesem neumodischen Deutsch gegenüber stehe "die alte Deutsche Kernsprache . . . in den Zeiten ihrer Nervenvollen Stärke" (I, 375). Die sprachliche Bedeutung der Lutherbibel für die Gegenwart sieht Herder in erster Linie darin, daß sie, aus einer Zeit stammend, da die deutsche Sprache ein "erhabnes Gothisches Gebäude" (I, 376) war, die Sprache des achtzehnten Jahrhunderts, die "viel von innerer Stärke verlohren," eben "zu dieser verlebten Jugendstärke" (II, 287) zurückbringen könne. "Wenn es wahr ist, daß allein in alten Schriftstellern diese Ader gediegenen Goldes anzutreffen . . . sei, so schlägt bei dem Stil der Bibelübersetzung Luthers die Wünschelrute zuerst. Reichhaltig ist die Ader, dies kann niemand läugnen, wer wahres Deutsch fühlet: Noth thut uns das Gold aus derselben" (II, 287). Luthers Sprache im allgemeinen und seine Bibelsprache im besonderen – das sei der Jungbrunnen des Deutschen der Herderzeit.

Hatte Herder sich in der Rigaer Zeit vor allem für Luthers deutsche Bibel eingesetzt, so tritt er als hauptamtlicher Pfarrer in Bückeburg mit gleicher Energie auch für Luthers Liederschaffen ein. Wie bei der Bibel lassen sich auch bei den Liedern zwei Seiten an Herders Interesse unterscheiden. Zuerst seien Luthers beste Lieder an und für sich Produktionen eines Künstlers. Daneben sei es nötig, daß das Aufklärungsjahrhundert, das sich angemaßt hat, des Reformators Lieder zu "verbessern," von diesem törichten Versuch Abstand nehme und Luthers Lieder unversehrt in ihrer Eigenart lasse. Vom künstlerischen Standpunkt hebt Herder dasselbe hervor, was er am Volkslied und bei Shakespeare preist: sinnliche, mächtige, starke Ausführung der Gedanken – "Und mit welchem Wurfe von Bildern!" (V, 199). Diese Lebendigkeit und Ursprünglichkeit sind es, die Herder es angetan haben: "Alle unsre alte Kirchenlieder sind voll dieser Würfe und Inversionen: keine aber fast mehr und mächtiger als die von unserm L u t - h e r " (V, 199). Begeistert lobt Herder die "Transgressionen, welche in 'Ein feste Burg ist unser Gott!', 'Gelobet seyst du Jesu Christ', 'Christ lag in Todesbanden!' und dergleichen vorkommen: und wie mächtig sind diese Übergänge und Inversionen!" (V, 199–200). Im Gegensatz zur Aufklärungszeit, die in solchen "Transgressionen" und "Inversionen" Übertretungen des guten Geschmackes sah, bewertete Herder sie positiv:

Wahrhaftig nicht Nothfälle einer ungeschliffenen Muse, für die wir sie gütig annehmen: sie sind allen alten Liedern solcher Art, sie sind der ursprünglichen, unentnervten, freien und männlichen Sprache besonders eigen: die Einbildungskraft führet natürlich darauf, und das Volk, das mehr Sinne und Einbildung hat, als der studirende Gelehrte, fühlt sie, zumal von Jugend auf gelernt, und sich gleichsam nach ihnen gebildet, so innig und übereinstimmend, daß ich mich z.E. wie über zehn Thorheiten unsrer Liederverbesserung, so auch darüber wundern muß, wie sorgfältig man sie wegbannet, und dafür die schläfrigsten Zeilen, die erkünsteltsten Partikeln, die mattesten Reime hineinpropfet (V, 200).

In Luthers Liedern werden dem Volke, jenem "großen ehrwürdigen Theil des Publicums," gerade "durch Bild und Feuer Lehre und That auf Einmal in Herz und Seele geworfen," ganz anders als in ihrer neuen Gestalt, in der "Lehren in trockner, schläfriger Dogmatischer Form, in einer Reihe todter, schlaftrunken nickender Reime" (V, 200) dargeboten werden. Mit diesen Worten Herders ist übrigens eine Art geistiger Verbindung zur Lyrik des jungen Goethe hergestellt. Es ist kaum denkbar, daß Herder den Liederdichter Martin Luther höher hätte loben können als ihn in die Nähe des Dichters Goethe zu rücken, dessen Straßburger und Frankfurter Lyrik dem herderschen Ideal so nahekam. Umgekehrt träfe ein herrlicher Ausspruch Herders über Luther auch auf den jungen Goethe zu: "sein Leben, Lieder und Schriften wie ganz sind sie Klang, lebendiger Gang, Handlung!" (VII, 318).

Herders frühe Überzeugung von Luthers sprachlicher Meisterschaft begleitet ihn auch in der verhältnismäßig langen Weimarer Periode. Gegen die Mitte dieser Epoche fällt einer seiner schönsten Aussprüche über Luthers Sprache. In den Bemerkungen über Lessing, in denen er ihn den größten Sprachmeister seit Luther nennt, nimmt er die deutsche Sprache gegen den Vorwurf der Plumpheit in Schutz mit dem Hinweis auf Luther und Lessing: "In beiden Schriftstellern hat sie nichts von der plumpen Art, von dem steifen Gange, den man ihr zum Nationaleigenthum machen will!" (XV, 487). Mit hohem Stolz auf diese beiden fährt Herder fort: "und doch, wer schreibt ursprünglich Deutscher als L u t h e r oder L e s s i n g ?" (XV, 487). Herder gibt zu, daß manche Deutsche plump und steif schreiben, weist aber die Idee zurück, daß solche stilistischen Mängel notwendig zu deutscher Art und Kunst gehören. Ganz im Gegenteil, echte deutsche Art und Kunst sei eben bei Luther und Lessing zu finden. Besonders Luther ist und bleibt ihm "der große Meister unsrer Sprache" (XII, 196), an dessen Lob er sich nicht genug tun kann. Wenige vor Herder haben so klar gesehen, daß Luther nicht nur objektiv zu den beredtesten Deutschen gehört sondern auch subjektiv sein ganzes Ich in seinen Schriften ausgedrückt habe: "er mahlt sich in jeder Zeile" (XI, 89). Erst seit Herder ist es ins allgemeine Bewußtsein gedrungen, daß auch für Luther das Goethewort gilt, die Werke seien Bruchstücke einer großen Konfession. Außerdem blieb Herder in Weimar Luthers geistlichen Liedern in ihrer Urform treu. Es ist bekannt, daß er seine hohe Meinung über diese wichtige Seite des lutherschen Schaffens, die er schon in Bückeburg ausgesprochen hatte, in Weimar in die Tat umsetzte: in dem Weimarer Gesangbuch, das Herder herausgab, hat er Luthers Lieder in ihrer ursprünglichen Gestalt wiederherzustellen sich bemüht. In voller Übereinstimmung mit seiner Überzeugung, daß "in den Gesängen Luthers" eine volle Seele, eine "ganze Brust" (XXXI, 710) sich aussprächen, hat er das Prinzip befolgt, nichts an Luthers Fassungen zu ändern. "Aus dem Herzen entsprungen, gehen sie zu Herzen" (XXXI, 710); darum habe er, Herder, "sorgfältig die alte wahre Lesart hervorgesucht" (XXXI, 708).

Auch im letzten Weimarer Jahrzehnt bekennt sich Herder weiter zu Luthers Sprachmeisterschaft und Künstlertum. Luther bleibt ihm der hochverdiente Mann, der "die classische Büchersprache der Deutschen zuerst fixiret" (XVI, 230). Bis in die letzten Lebensjahre sagt Herder den Zeitgenossen immer wieder, wie "frei und natürlich" (XX, 250) Luther geschrieben habe und wie sehr sie sich an seinem Stil ein Beispiel nehmen sollten. Selbstverständlich fährt Herder fort, die lutherschen Lieder zu preisen. Daß er trotz solchen Lobes kein blinder Verehrer der lutherschen Muse war, zeigen die kritischen Worte, die er in den letzten Weimarer Jahren ausspricht. Nachdem er noch einmal seine hohe Meinung geäußert hat, bemerkt er mit Recht, daß Luthers "Übersetzungen alter Hymnen ziemlich hart sind" (XVI, 230). Von dieser Ausstellung abgesehen, sind Herder Luthers Lieder so lieb und wert, daß er sie wie früher als musterhaft bezeichnet und nur bedauert, daß sie etwas Einmaliges darstellen und von den späteren Zeiten nicht wieder in ihrer Höhe erreicht wurden: "Es wäre zu wünschen gewesen, daß, wie in Allem, so auch in dieser Liedersprache sein Geist hätte forterben können" (XVI, 230). Diese Klage hatte er bereits in dem ersten Weimarer Jahrzehnt angestimmt, als er einmal die Bemerkung hingeworfen hatte, daß auf dem Gebiet der geistlichen Lieder Luthers "Gehülfen und Nachfolger" sich ihm zwar angeschlossen hätten, "nur freilich nach ihren Kräften" (XXV, 323). Nicht zu übersehen sind die paar Worte "wie in Allem." Nicht nur in der Liedersprache also sei Luthers Geist nicht fortgesetzt worden, sondern überhaupt in jedem Betracht sei er ohne Erbe geblieben. An einer andern Stelle, im Jahre 1799, erweitert Herder die Bemerkung über die Liedersprache, in der man Luther nicht habe nachfolgen können, zu der Frage der Benutzung der deutschen Sprache im allgemeinen, die nach Luthers Tode gleichfalls nicht in seinem Sinne aufrechterhalten blieb. Der Reformator habe sich, bei aller Beherrschung des lateinischen, der deutschen Muttersprache als eines vollwertigen Ausdrucksmittels bedient, was die Folgezeit nicht getan hätte: "Auch hier war L u t h e r für uns Deutsche ein hochverdienter Mann . . . Man ging ihm nicht nach, wie man hätte thun sollen; im Gebrauch der Landessprache kamen Frankreich und England uns weit voran" (XXI, 268). Trotz solcher Verehrung wegen seiner Leistungen auf dem Gebiete der deutschen Sprache hat Herder keine Illusionen über die Erweckung einer bedeutenden deutschen Literatur durch des Reformators eigene Tätigkeit. Beinahe wie eine frühe Vorwegnahme der These Wolfgang Stammlers von der 'lutherischen Pause' klingt es, wenn Herder nüchtern feststellt: "Für die Poesie" solle man "ja nicht zu viel davon" (d.i. von der Reformation) "erwarten" (XVI, 230)! In feiner Erkenntnis des Wesens der lutherschen Reformation fährt Herder fort: "Eine poetische Reformation bewirkte Luther also nicht; (dessen er sich auch nicht anmaßte;)" (XVI, 231). Den Grund dafür sieht Herder in der historischen Tatsache, daß theologische Auseinandersetzungen das Humanistische unterdrückten: es "gaben die dogmatischen Streitigkeiten, die durch seine Reformation entstanden, dem Geist der Gelehrten eine ganz andre, ziemlich unpoetische Wendung" (XVI, 231). Vielleicht noch wichtiger als Herders Überzeugung, daß Luther keine literarische Reformation heraufgeführt habe, ist ein weiterer Gedanke, der ebenfalls gewisse Schatten auf das sprachliche Wirken des Reformators wirft:

> . . . da mit dem obersächsischen Dialekt, der durch Luthers Bibelübersetzung und Schriften allgemach zur Büchersprache ward, die Mundarten andrer Provinzen in den Schatten gedrängt wurden: so gingen auch die in ihnen vorhandenen poetischen Producte des obern und niedern Deutschlands auf eine Zeitlang und für die meisten Provinzen fast in Vergessenheit über (XVI, 231).

Natürlich hat dieses Mitergebnis der Reformation Herders Blick für die Bedeutung der Lutherbibel und der sonstigen Schriften des Reformators nicht wesentlich getrübt. So sehr er auch die Zurückdrängung anderer Dialekte durch das Lutherdeutsch bedauert, so sehr weiß er Luthers übersetzerische Leistung an und für sich zu schätzen, des Mannes, den er immer als den "größesten Meister des Uebersetzens in unserer Sprache" (XXVII, 276) angesehen und als seinen Meister darin dankbar anerkannt hat. Herder begann und endete als ehrlicher Bewunderer des lutherschen Sprachgenies; Luther ist ihm sein ganzes Leben hindurch Muster gewesen, das er bei allen Gelegenheiten der eigenen Zeit vorgehalten hat.

In diesem Aufsatz ist bisher Herders Stellung zu Luthers Persönlichkeit und Charakter einerseits und zu seiner Sprachgenialität und Künstlerschaft andererseits dargestellt worden. Beide Aspekte der Gesamtexistenz Luthers haben das gemein, daß Herder ihnen von Anfang bis Ende seiner Laufbahn ununterbrochen hohe Verehrung entgegengebracht hat. Es ist von einiger Wichtigkeit, daß ein lebenslänglicher Lutherleser wie Herder sein frühes positives Urteil nie geändert hat: die mächtige, edle Persönlichkeit und der große Sprachmeister sind stets von Herder gepriesen worden.

III. Theologisch-Religiöses

Wenn wir uns nun dem Problem der herderschen Auseinandersetzung mit Luthers Theologie zuwenden, so bietet sich uns ein wesentlich anderes Bild dar.

Anstatt sein Leben lang die gleiche Stellung einzunehmen wie im Falle der Persönlichkeit und Sprache, hat Herder seine Meinung über Luthers Religion gewandelt. Das zeitlich Älteste sind wohl die lateinischen Thesen, die er aufstellte, ehe er *pastor adiunctus* in Riga wurde. Außer dem theologischen Examen, dem er sich unterziehen mußte, hatte er seine Thesen in einem auf das Examen folgenden Kolloquium zu verteidigen. In diesen Thesen vom Jahre 1767 zeigt sich der junge Herder als Lutheraner im Sinne des achtzehnten Jahrhunderts. Er wendet sich scharf gegen die Synergisten, tritt für Augustin gegen Pelagius ein und für "nostrum . . . Lutherum" gegen Erasmus. Vom genuin lutherschen Standpunkt aus überrascht nur der Gedanke, daß die Dogmen der lutherischen Kirche nicht vernunftwidrig seien: "Dogmata Lutheranae ecclesiae . . . rationi non contraria" (XXXIII, 26). In solcher Formulierung hört man wohl den in der lutherischen Orthodoxie mehr und mehr zu Wort gekommenen späteren Melanchthon, dessen Aristotelismus und Betonung des *lumen naturale* an die Stelle des die Vernunft im Religiösen ganz anders bewertenden Luther getreten war. Wenn Herder dann fortfährt, daß die Dogmata der lutherischen Kirche "verbo Dei exactissime consentanea" (XXXIII, 26) seien, so befindet er sich wieder auf gut lutherschem Boden. Die Frage ist natürlich, ob wirkliche Überzeugung diesen objektiv so orthodox klingenden Sätzen zugrunde liegt. Wir möchten vor allem wissen, ob die orthodoxe Gesinnung innerlich erlebt ist oder nur zu Examenszwecken angelesen. So gewiß nun diese Frage sich kaum mit letzter Sicherheit beantworten läßt,[7] so klar ist doch wohl, daß die Bedeutung der Thesen für den jungen Herder nur dann festzustellen ist, wenn wir seine anderen gleichzeitigen Schriften befragen. Allerdings muß man sich dabei der Schwierigkeit bewußt sein, daß die anderen Schriften trotz ihrer Reichhaltigkeit nicht eben theologische Dinge behandeln. Wir dürfen aber aus der Abwesenheit theologischer Erörterungen nicht folgern, daß der junge Herder nicht auch ernstlich über *theologica* nachgedacht hat. Die Frage ist nur, inwieweit Luther und Luthersches ihn persönlich beschäftigt haben. Die Quellen gestatten uns allein zu sagen, daß Aussprüche über den Theologen Luther selten in der Rigaer Periode sind. Nicht einmal in den Predigten Herders spielt der religiöse Denker eine Rolle, so sehr darin, besonders zur Zeit der engen Berührung mit dem lutherkundigen Hamann, von Sünde und Gnade die Rede ist. Gleichwohl ist auch diese orthodoxe Einstellung des sich überall leicht einfühlenden Mannes mehr anempfunden als in letzter Tiefe selbsterlebt.[8] Es dürfte sein, daß auch die Orthodoxie der lateinischen Thesen mit ihrer Parteinahme für zentrale Dogmen der lutherischen Kirche doch mehr angelesen und ererbt als wirklich echt und persönlich notwendig war. Dennoch weiß der Rigaer Herder sehr wohl um die letzte Verankerung Luthers in der Theologie. Bei aller Bewunderung für die Kraft und Schönheit der Sprache Luthers ist Herder nie versucht zu glauben, daß Luther selber etwa seine Sprachmeisterschaft irgendwie als Selbstzweck angesehen hätte. "Sprache," schreibt der junge Herder, "war bei ihm immer nur die dritte Sache" (IV, 301). Weit entfernt, die Sprache um ihrer selbst willen zu pflegen, bediene sich Luther seiner Beherrschung der Muttersprache in erster Linie als eines Mittels zum Zweck, der bei ihm rein religiös sei. Die "höheren Zwecke" (IV, 301), die Herder richtig hervorhebt, sind immer die theologisch-weltanschaulichen, denen alles Künstlerische untergeordnet ist. Trotz dieser Einschränkung der Geltung des Sprachlichen schätzt Herder die allgemeine Stellung der Sprache in Luthers Existenz weit höher als die meisten der Zeitgenossen. Ohne noch einmal auf das Kapitel Sprachlich-Künstlerisches zurückzugreifen, wäre hier auf eine interessante Stelle aufmerksam zu machen: "Auch in der Sprache haben wir von Luther noch lange nicht so viel gelernet, als wir lernen könnten und sollten" (II, 42). In diesem Ausspruch, der, wie Herder etwas dunkel andeutet, ein "Zitat" von Klopstock ist, hat eine feine Akzentverschiebung stattgefunden: während Klopstock schreibt, "sie" (die Deutschen) "haben von diesem großen Manne überhaupt weniger gelernt, als sie hätten lernen sollen,"[9] schwächt Herder das "überhaupt" zu "auch" ab. Wenn selbst Klopstock, der als Dichter das Sprachlich-Künstlerische an Luther besonders hochschätzt,[10] die außersprachliche Leistung des Reformators etwas stärker betont als Herder, so ist es kaum überraschend, bei Hamann, der sich dieses Klopstockzitates gleichfalls bedient, eine weitere Akzentverschiebung zu finden, natürlich nach der entgegengesetzten Richtung wie bei Herder. Hatte Herder das "überhaupt" zu "auch" herabgetönt, so hebt Hamann das "überhaupt" noch mehr hervor und druckt es gesperrt; in den *Sokratischen Denkwürdigkeiten* heißt es 1759, daß . . . "ein richtig und fein denkender Schwärmer jüngst uns erinnert, daß wir von diesem großen Manne (Luther) nicht nur in der deutschen Sprache, sondern ü b e r h a u p t nicht so viel gelernt als wir hätten sollen und können."[11] Für Hamann also, noch mehr als für Klopstock, steht die jenseits alles Sprachlichen liegende Bedeutung Luthers höher als für Herder. Das ist eine wichtige Überlegung, die zu Herders Lutherbild notwendig gehört: er weiß sehr wohl, daß die Sprache nicht das Letzte für Luther ist, aber er läßt diese Tatsache nicht so scharf hervortreten wie die Zeitgenossen Klopstock und vor allem Hamann. Im allgemeinen ist aber der Rigaer Herder schon Theologe genug, um zu bemerken, daß Luthers grosse Verdienste um die deutsche Sprache kritisch anzusehen sind, sobald es sich um die eigentliche "Sprache der Theologie" handele. Obwohl Luther "der Sprache der Theologie Ton gegeben" (IV, 301), dürfe man nicht vergessen, daß er das "oft freilich zum Nachtheil biblischer Begriffe" (IV, 301) getan habe. Was Herder damit sagen will, ist wohl klar: Luther habe häufig die historische Genauigkeit einer Art Verabsolutierung der Bibel geopfert, d.h., Luthers einheitliche Theologie, wie sie auch in seiner Bibelübersetzung zum Ausdruck komme, entspräche der vielklüftigen biblischen Theologie in keinem Sinne; die glättende Hand Luthers habe der geschichtlich gegebenen Unebenheiten gar zu viele aus dem Wege geräumt. Mit des Reformators eigenen Worten dürfte man Herders Kritik dahin zusammenfassen, es seien zu oft "Klötze und Wacken" beseitigt worden, die das Relativistische der biblischen Anschauungen dem Leser der sonst so großartigen Lutherbibel nicht immer zum Bewußtsein kommen lassen. Herder, der ein feines Ohr für historische Unterschiede hatte, wollte dies Individuelle auch in einer deutschen Bibel bewahrt sehen. Daß Luther das nicht getan hatte, mußte Herder von seinem Standpunkt aus bedauern.

Ist der Ertrag der Rigaer Jahre für Herders Stellung zum Theologen Luther nicht besonders groß, da der frühe Herder kaum wirkliches Interesse für orthodoxe Fragen besaß, so verändert sich die Lage in der Bückeburger Zeit beträchtlich. Das ist natürlich keine neue Einsicht, da die Herderforschung seit Hayms und Suphans Tagen betont hat, daß Herder sich in Bückeburg zum ersten Mal tiefer mit Problemen der Theologie befaßte. Der Theologe Horst Stephan[12] hat dieser Tatsache eine ganze Monographie gewidmet. Trotz ihrer Breite ist diese sorgfältige Untersuchung nicht eingehend genug, um das Spezialproblem der herderschen Stellung zu Luther genauer zu berühren. Eine besondere Darstellung ist daher nötig. Dem Leser der zahlreichen bedeutenden Aussprüche Herders über Luthers Theologie wird sofort klar, daß der Bückeburger Herder sich wirklich in Luther vertieft hat. Hatten bisher in Herders Denken über den Reformator die gewaltige, lautere Persönlichkeit und der geniale Sprachmeister vorgeherrscht, so wird in Bückeburg der T h e o l o g e Luther in das Zentrum des herderschen Lutherinteresses gerückt. Das erste Hauptergebnis der Bückeburger Lutherlektüre ist die Erkenntnis, daß Luther sich durchaus als b i b l i s c h e r Theologe fühlte. Gewiß hatte Herder als protestantisch erzogener und eingestellter Mensch das längst gewußt. Jetzt aber, unter dem frischen Eindruck der lutherschen Schriften, tritt ihm diese Verankerung Luthers in der Heiligen Schrift erst völlig ins Bewußtsein. War Luther ihm vorher vor allem ein edler Charakter und grosser Künstler gewesen (was Luther ihm natürlich weiter bleibt), so wird er jetzt an erster Stelle "unerreichter Prophet," "Bote Gottes ans Volk! Überbringer und Dollmetscher des Wortes für Welt und Nachwelt!" (VII, 190). Aus Luthers Vorrede zu seinen deutschen Schriften zitiert er nicht "ohne tiefes Niederschlagen all meines geringsten Autorstolzes" (VII, 190) Stellen, die betonen, daß Luther sich und alle Menschen für nichts mit der Schrift verglichen halte. Herder billigt durchaus, was Luther über die Ausnahmestellung der Bibel sagt: "Sie leuchtet von ihrem und nicht von unserm Lichte" (VII, 190). Mit Nachdruck macht er jedoch darauf aufmerksam, daß Luther – bei allem "Eifer für das Wort Gottes . . . bis an seinen Tod" (VII, 214) – kein "Sylbenstreiter" (VII, 257) war, kein "Starrkopf" in der "Dogmatik im eigentlichen Verstande" (VII, 257), "kein Grenzscheider und wie ers nannte, und die Leute sonderbar ansah, kein Jurist!" (VII, 215). Dabei wiederholt der Bückeburger Pfarrer, der offen gesteht, Gottes Wort sei ihm selber wie einem Luther "Beruf," daß dieses Gotteswort von seinem eigenen, keinesfalls aber "von unserm Lichte" (VII, 303) leuchte. Außer Luthers tiefer Ehrfurcht vor dem Worte Gottes hebt Herder auch die Seite seines Schaffens hervor, die den "Fortschritt der Auslegungskunst" betrifft, um den Titel einer bekannten Akademierede Karl Holls zu gebrauchen. Mit Vorliebe spricht Herder von Luthers "scharfem, gesundem Blick in den rechten Sinn der Bibel und seinem Feuerhaß gegen Allegorische Tändelei"

(VII, 78). Er stellt mit Genugtuung fest, daß der Reformator, dessen breite Auslegungstätigkeit er häufig begrüßt, "mit seinem Feuerblicke immer so gerade in den e r s t e n Sinn, den klaren Wortverstand drang, und diesen Grund der Auslegung seiner Kirche als Wahrheitsprobe, als Feld des Erkenntnisses übermachte" (VIII, 591, 78). Allerdings hat Herder zu seinem Ärger öfters Stellen in Luthers Schriften gefunden, in denen der Reformator tüchtig allegorisiert trotz seines heftigen Bestehens auf dem *sensus literalis* und seines Ablehnens des *sensus allegoricus*. Mißbilligend muß Herder feststellen, daß Luther, "der grosse Feind aller Mystischen Trändeleien" (VII, 21), selber manchmal bedenklich ins Allegorisieren gerät.

In diesen nachdenklichen Bückeburger Jahren ist Herder tief in Luther eingedrungen. Besonders aufschlußreich sind seine Äußerungen über *De servo arbitrio*. Obwohl zwischen der Bückeburger positiven Bewertung dieser lutherschen Grundschrift und den Rigaer theologischen Prüfungsthesen gewisse innere Beziehungen zu bestehen scheinen, so darf man doch nicht beide "Bekenntnisse" zu Luthers Theologie ohne weiteres identifizieren. Die Rigaer Thesen, zu einem bestimmten "beruflichen" Zwecke aufgestellt, sind kaum in dem Maße Niederschlag eigener religiöser Überzeugungen wie die spontanen Äußerungen der Bückeburger Jahre. Die Behauptung, daß Herder in Bückeburg dem Kern von Luthers Theologie sich genähert habe, stützt sich auf Luthers eigene Bemerkung, daß es in seinem Streit mit Erasmus, ob nämlich das *arbitrium servum* oder *liberum* sei, um letzte theologische Anliegen gehe. Was Herder in diesen Jahren über *De servo arbitrio* schreibt, zeugt von einem Lutherwissen, das neben dem Hamanns sehr wohl bestehen kann. Herders Bemerkung, daß Luthers Lehre vom geknechteten Willen "Halbweisen ein Ärgerniß und Halbtugendhaften eine Thorheit" (VIII, 308) sei, zeigt, wie sehr Herder sich in das Problem vertieft hat. Die neuere Lutherforschung stimmt mit Herder überein, daß mehr als Halbweisheit und mehr als Halbtugendhaftigkeit erforderlich sind, um den Sinn Luthers zu erfassen. Klar spricht Herder aus, daß Erasmus Luther in dieser tiefen Angelegenheit nicht verstanden habe (VIII, 307). Wie persönlich erkämpft Herders Lutherbevorzugung ist, geht auch daraus hervor, daß er seine eigene Stellungnahme in dieser wichtigen Frage scharf von der vieler Theologen abgrenzt. Man denkt an den berühmten Lutherappell Lessings, wenn Herder über die lutherische Orthodoxie redet: "Eine Heerde sprichts (d.h. die Theologie des *servum arbitrium*) ihm nach ohne Empfindung, als eine geerbte Lehre, der sie selbst widersprechen" (VIII, 308). Dem noch jugendlichen Herder ist Luthers Religion etwas Heiliges, dessen allzurasche Annahme seitens der orthodoxen Theologenschaft ihn stört. Herder wie Lessing bezweifeln, daß die Masse der "Lutheraner" des achtzehnten Jahrhunderts in einem selbständigen Sinne lutherisch sei. Wenn beide Männer hier in ihrer Kritik der lutherischen Orthodoxie in einem Atem genannt sind, so ist natürlich nicht zu vergessen, daß darüber hinaus ihre p o s i t i v e Einstellung zu Luther einander entgegengesetzt ist: Lessing ist gegen Luthers Theologie, der Bückeburger Herder dafür. Trotz solcher

Übereinstimmung Herders mit einer Zentrallehre Luthers stimmt er nicht völlig mit Luthers Anschauungen überein. Tatsächlich hat Herder, wie einige seiner weiteren Worte andeuten, Luthers Lehre ins mehr Philosophisch-Allgemein-menschliche umgebogen: ". . . eben diese Lehre," schreibt er, "bewies Luthers tiefes Gefühl in die Bande der Menschheit. . . . Der Vogel dünkt sich in seiner Netzkammer frei und der Vogler zweifelt keinen Augenblick am Strick seiner Knechtschaft" (VIII, 308). Damit ist der Ursinn der Schrift Luthers gebrochen. Solchen Ausführungen gegenüber, die die Parallele zu Hamanns Lutherbekenntnis wieder verblassen lassen, dürfen aber andere Stellen nicht unbeachtet bleiben, in denen von neuem der volle Lutherglaube zum Ausdruck kommt. Herder kann in diesen Jahren ohne jede Einschränkung über Luthers "tiefste Lehre vom Sündenfall und von Gottesgnade" (VII, 125) sprechen wie auch über "die Lehre Luthers de servo arbitrio und den Felsengrund seiner leider! verlassenen Biblischen Offenbahrung" (VII, 127). In eine andere Richtung weist Herders Kritik an Luthers bekannter Ablehnung des Jakobusbriefes. Unter klarer Beziehung auf Luthers Herabwertung der Epistel sagt Herder, daß "viel nahrhafte Frucht" unter der "Strohhülle" verborgen sei; Herder redet geradezu von dem "ernsten, edlen, goldschweren Brief Jakobi" (VII, 500). Luthers Kritik, daß der Brief "strohern" wäre, ruft eine beachtenswerte Bemerkung Herders über Luthers Stellung in der Geschichte des Christentums hervor, die sich kaum mit Herders Bekenntnis zur Religion des *servum arbitrium* reimen läßt:

> Luther nannte den Brief strohern. Der Zeitpunkt, in dem Luther schrieb und sahe, war, wie jeder weiß, enge und die Lieblingslehre, an der er sich hielt und zum Vortheil der Welt halten mußte, verengte ihm seinen Gesichtspunkt noch mehr. Die Sphäre des Geistes Gottes ist größer, als der Gesichtskreis Luthers (VII, 500).

Dieser Herder weicht von Luthers Lieblingslehre der *sola fides* zugunsten eines umfassenderen Blickpunktes ab. In der Bückeburger Periode ist Herder also vermöge seiner Einfühlungsgabe über Kern und Stern der lutherschen Religion nicht nur gut im Bilde sondern hat sie sogar tief erlebt. Obwohl er sich gelegentlich zu ihr bekennt, ist es kaum je ein völliges Bekenntnis, insofern verallgemeinernde Zusätze ihm die theologische Spitze nehmen. Es handelt sich eben nicht um die ganze Lutherhingabe des Magus.

In dieser Verbindung ist nun wichtig, daß Herder im ersten Weimarer Jahrzehnt fast nicht über den Theologen Luther spricht, wiewohl er auch in dieser Periode viel über Luther als Persönlichkeit und Künstler geschrieben hat. Eigentlich nimmt Herder in diesen Jahren nur einmal zu Luthers Theologie Stellung, und zwar in der Schlußfassung der Schrift *Vom Erkennen und Empfinden der menschlichen Seele*. Der ganzen Auffassung nach gehört der folgende Passus jedoch noch in die Bückeburger Zeit, wenn er auch das Datum 1778 trägt: "Luther, mit seinem Buch *de servo arbitrio*, ward und wird von den Wenigsten verstanden; man widerstritt elend oder plärret nach, warum? weil man nicht wie Luther fühlet und hinauf ringet" (VIII, 202). Mit diesen dem Wesen nach in die Bückeburger Epoche zurückreichenden Worten ist nichts Neues gesagt, es sei denn, daß in der Weimarer Fassung das Philosphisch-Allgemeinmenschliche dieser Stelle noch mehr in den Vordergrund tritt als früher. Wenn man von einem einzigen weiteren "theologischen" Ausspruch Herders aus dieser Zeit absieht, daß nämlich Luther zufolge die Bibel ein Buch wie andere menschliche Bücher sei (X, 9), so ist von dem Theologen Luther in der ersten Weimarer Epoche so gut wie nicht die Rede. Nimmt man noch dazu, daß diese letzte Bemerkung kaum richtig sein dürfte, so kann man sagen, daß Herder der Religion Luthers in den ersten zehn Jahren in Weimar, jedenfalls soweit schriftlich Niedergelegtes in Frage kommt, nicht weiter nachgegangen ist. Die bedeutenden Ansätze der Bückeburger Zeit scheinen unentwickelt geblieben zu sein.

Auch in der zweiten Hälfte der Weimarer Epoche sagt Herder verhältnismäßig wenig über Luthers Theologie, aber das Wenige, was er sagt, ist von grundlegender Bedeutung. An Klarheit und gereifter Stellungsnahme lassen Herders knappe Ausführungen nichts zu wünschen übrig. Auch der "alte" Herder hat sich in den Weimarer Spätjahren mit dem Kernstück der Lutherreligion innerlich auseinandergesetzt. Es ist richtig von der bisherigen Forschung gesehen, daß er, quantitativ betrachtet, sehr wenig zu sagen hat. Aber es ist nicht immer richtig bemerkt worden, daß dies Wenige von hohem geistigem Werte ist. In den paar in Frage kommenden Stellen, vor allem in der Hauptstelle vom Jahre 1798, ballt sich das Wichtigste gewissermaßen zusammen, was der reife Herder in den letzten Lebensjahren über Luther gedacht hat. Was zunächst den großen Passus von 1798 angeht, so ist er nicht leicht zu überschätzen. In ihm kommt Herders Abschiednehmen von dem Theologen Luther unmißverständlich zum Ausdruck. Die Abkehr von der Theologie Luthers ist ein bewußt vollzogener geistiger Akt, der ohne genaues Wissen um das Herz der lutherschen Weltanschauung nicht denkbar ist. Es wäre fast eine Unterschätzung der Gelehrsamkeit des alternden Herder, dessen kulturhistorischer und kulturphilosophischer Blick immer weiter reicht, wenn man hier nur von einem Verblassen des Lutherbildes reden wollte. Schon der Umstand, daß Herders Bruch mit dem Theologen Luther innerhalb eines weitgespannten geistigen Rahmens stattfindet, sollte vor zu einfachen Formulierungen warnen. Fast leidenschaftlich wendet sich der Weimaraner gegen Augustin und seine Gnadenlehre. Mit Bedauern stellt er den ungeheuren Einfluß dieses Denkers auf Luther und seine Welt fest: "Entbehrlicher Weise kam der Augustinismus auch ins Luthertum hinüber; denn gewiß war der Streit, der zwischen Luther und Erasmus über den freien Willen des Menschen entstand, dem Christentum sehr entbehrlich" (XX, 69). Der mehr und mehr auf Humanität und Toleranz bedachte Herder ist entsetzt über die *rabies theologorum*: "Nach dem Tode des großen Mannes wurden . . . seine treuesten Gehülfen, mit ihnen andere gelehrte und verdiente Männer als Synergisten gekränkt, beschimpft, verfolgt und verläumdet." Noch viel bitterer aber als die Klage über die theologischen Streitigkeiten sind seine Worte über die Auffassung des Menschen, die der Reformation zugrunde lag: ". . . der Mensch sollte fortan in der sogenannten B E K E H R U N G durchaus ein Stock und Block bleiben" (XX, 69). Trotz der unverkenntlichen Schroffheit der Sprache ist der springende Punkt erfaßt. Die Passivität des lutherschen Menschen in rein religiöser Hinsicht, für die Luther selber weniger abstoßende Bilder gefunden hat, steht wohl fest. Herder widerstrebte das lutherische Menschenbild so sehr, daß er, der Protestant, die im Tridentinum niedergelegte Auffassung des Verhältnisses von Gott und Mensch erträglicher findet: "Stöcke und Blöcke fand man auf dem Wege der Seligkeit dergestalt unentbehrlich, daß das verschlagene Tridentinische Concilium selbst sich des menschlichen Verstandes anzunehmen gut fand, und einen feinen Semi-Pelagianismus decretirte" (XX, 69). Mit scharfen Worten bringt Herder den wohl schon in den Jahren des Stillschweigens über luthersche Theologica vollzogenen Bruch mit der genuinen Lutherreligion zum Ausdruck: "Glücklicherweise hat die Zeit alle diese Bibel- und Geistlosen Verwirrungen, so wie den ganzen Streit über die mancherlei Gnaden, der ohn' alle Gnade geführt ward, in den breiten Strom der Vergessenheit gesenkt; und verdorren müsse die Hand, die ihn je daraus hervorholet!" (XX, 69–70). Es ist nicht möglich, härter seine Abneigung gegen die Religion der *sola fides* und des *servum arbitrium* darzulegen. Herder hat einen festen Strich unter das Kapitel "Die Theologie Luthers" gezogen, wodurch jedoch nur der Öffentlichkeit gesagt wird, was Herder für sich selber schon länger wußte, daß er nämlich dem rein religiösen Luthertum den Rücken gekehrt hatte.

Die Frage drängt sich auf, auf welche Weise Herders Ablehnung der lutherschen Theologie sich von Lessings Abwendung von Luther unterscheide: Lessings Bruch mit Luther hat sich auf einer anderen Ebene vollzogen; er ist viel eher eingetreten und leichter vonstatten gegangen, weil Lessing, soweit seine schriftlichen Äußerungen kundtun, sich eigentlich nie mit dem Herzstück der lutherschen Religion auseinandergesetzt hat. Der alternde Generalsuperintendent dagegen griff in schärfster Form eben die *sola fides* und das *servum arbitrium* in allen ihren Auswirkungen an. Er steht in seinem Verhältnis zur Theologie Luthers in der Mitte zwischen Lessing und Hamann. Sein Bruch mit Luther ist tiefgehender als der Lessings, weil er mit dem wirklichen Luther stattfand anstatt mit einem von vornherein zurechtgemachten, verkürzten Luther.[13] Hamanns persönliches Verhältnis zu dem Reformator ist zwar noch tiefer als das Herders, aber sein Verständnis der Moderne kann sich mit dem Herders nicht messen. Nicht Hamann sondern Herder ist es, der den schweren Kampf um die Geltung Luthers ausgetragen hat. Sein Entscheid für eine "erasmisch-goethesche" Weltanschauung ist von epochemachender Wichtigkeit für die weitere deutsche Geistesgeschichte: er bedeutet, daß Herder, der in beiden Welten zu Hause war, sein Gewicht in die Schale der Moderne legte und ihr mit zum Siege verhalf. Es ist ein vom Standpunkt der neueren europäischen Geistesgeschichte wichtiger Kampf, den Herder in sich ausgetragen hatte. Daß dieser Konflikt zwischen

Moderne und Mittelalter im Verborgenen sich abspielte, daß wir leider nur — und noch dazu ziemlich unvermittelt — den endgültigen Sieg des Erasmus über Luther erfahren, ohne die Zwischenstufen vom Bekenntnis zu Luther (bis 1778) zu dem zu Erasmus (1798) zu kennen — das alles ist für den Historiker zwar unangenehm aber leider nicht zu ändern. An dem Ernst und an der Intensität des inneren Kampfes ist nicht zu zweifeln. Ganz im Gegenteil, die bittere Schärfe, mit der 1798 Luthers Theologie verworfen wird, ist psychologisch aus der Härte des Konfliktes zu erklären. Der alte Herder, der Luthers religiöse Hauptüberzeugungen aufgab, wußte, was er aufgab. Im Lichte dieser Abwendung von Luthers Theologie bei gleichzeitiger Anerkennung des lutherschen Genius im allgemeinen ist auch Herders Erklärung des Katechismus Luthers vom selben Jahre 1798 zu verstehen. Bei der grundsätzlichen Ablehnung des Theologen Luther sind wir kaum überrascht, wenn Herder nach der üblichen Verbeugung vor Luther[14] "so viel möglich, alles ausgelassen . . ., was zur gelehrten oder streitenden Theologie gehöret" (XXX, 306) und Luther weithin für die "Bedürfnisse" seiner eigenen Zeit zurechtgemacht hat. Gewiß kann man eigentlich nicht mehr von Luthers Katechismus sprechen, und es wäre besser gewesen, Herder hätte nur seinen eigenen Namen auf das Titelblatt gesetzt. Bei aller Ablehnung des Kernes der Luthertheologie bleiben dennoch gewisse Lieblingsvorstellungen Herders über Luthers kirchengeschichtliche Bedeutung weiterbestehen. 1799 bemerkt er wie früher, daß Luther, "ein hochverdienter Mann," die Scholastik gestürzt habe" (XXI, 268), und noch 1801 wiederholt er mit Nachdruck, daß der Reformator "von der äußern heuchlerischen Werkheiligkeit" (XXVIII, 293) nichts habe wissen wollen. Sogar über die dem Herzen Luthers so nahestehende Abendmahlsfrage kann er im Alter noch sagen, daß Luthers "hellsehender Geist das Unzureichende der Tropus-Erklärung, die einem einzigen Wort nachjagte, einsah und die prägnantere Bedeutung der ganzen Handlung dunkel fühlte" (XX, 209) und überhaupt "dem Begriff Paulus am nächsten" (XX, 210) gekommen sei. Allerdings schränkt Herder dies Lob durch die folgenden in Klammern gesetzten Worte stark ein: "wenn man die harten Ausdrücke ausnimmt, denen er in dem damaligen beengten Streitfelde nicht entgehen konnte" (XX, 210).

Zusammenfassend wäre über das theologische Lutherbild des letzten Herder zu sagen, daß er wohl weiß, worin das Wesen der lutherschen Religion liegt, daß er aber diese Gottes- und Menschenanschauung total abweist. Man darf behaupten, daß der Weimarer Herder verbrennt, was der Bückeburger Herder "angebetet" hatte. Der reife Herder bekennt sich weltanschaulich zur Weimarer, nicht zur Wittenberger Klassik. Soweit er Theologe ist, ist er säkularisierter Humanitätstheologe erasmischer Prägung, dem das *servum arbitrium* fast noch unlieber ist als dem Basler Meister. Dem Theologen Luther hat Herder den Abschied gegeben. Was Herder von Lessing, Schiller und Goethe in der Sache des Lutherbildes unterscheidet, ist nur das genauere Wissen um den historischen Luther; philosophisch steht er da, wo der bedeutendste Vorklassiker neben ihm und die

Klassiker selber standen. Alle lehnten den echten Luther ab, ob sie sich dessen bewußt waren oder nicht; Herder tat es mit klarer Einsicht.

IV. Allgemeine Kulturbedeutung Luthers und der Reformation

Zum Schluß ist noch kurz auf einen Aspekt des herderschen Verhältnisses zu Luther einzugehen, der charakteristisch für Herders Leben und Denken ist. Herder, den praktische Lebensfragen nie unbeteiligt liessen und dem gleichzeitig die weiteren Zusammenhänge eines wichtigen Gegenstandes am Herzen lagen, hat sich lange Jahre hindurch, mit steigendem Alter immer mehr, die Frage vorgelegt, wie es denn eigentlich um die Bedeutung Luthers für die Gegenwart und die überblickbare Zukunft stehe, welche Rolle der Reformator in der europäischen Kulturgeschichte spiele. Es ist bereits betont worden, daß Herders Abwendung von dem Theologen Luther keine Abwendung von Luther überhaupt war; Herder blieb nicht nur seiner frühen Bewunderung für Luthers Charakter und Künstlerschaft treu, sondern darüber hinaus betrachtete er die Gesamterscheinung und das Totalwerk des Reformators dankbar und zustimmend. Versuchen wir, uns Herders Denken über Luthers Allgemeinbedeutung und Aktualität von der Rigaer Zeit bis zu den letzten Weimarer Jahren zu vergegenwärtigen.

In Riga hebt Herder besonders hervor, daß Luther "die Scholastische Wortkrämerei, wie jene Wechslertische, verschüttet" und daß er "durch seine Reformation eine ganze Nation zum Denken und Gefühl erhoben" (I, 372) habe. In diesem Sinne weist er auch den bekannten Vorwurf des Erasmus zurück, daß Luther "der Lateinischen Literatur Abbruch" (I, 372) getan hätte; er verteidigt Luthers partielle Zurückdrängung der lateinischen Sprache, weil ohne die energische Benutzung der Muttersprache der Bann der mittelalterlichen Kirche viel schwerer zu brechen gewesen wäre, seien doch "Lateinische Religion, Scholastische Gelehrsamkeit und Römische Sprache zu sehr in einander verwebt" (I, 372) gewesen. Er spricht von dem "Schroot und Korn der Deutschen Sprache, der alten Lutherischen Religion, der alten Freiheit, Ehrlichkeit, und gesunden Vernunft unserer Väter" (I, 220) in einem Atem; Luther ist auf das engste mit allem Besten im deutschen Wesen verbunden. Der Rigaer Herder ist überzeugt, daß die lutherische Reformation aus den Tiefen des germanischen Geistes stamme und daß sie für Gegenwart und Zukunft aktuell sei.

Interessant sind auch die Urteile aus der Zeit der Bückeburger Vertiefung in Luthers Schriften. Luther wird in seiner Wirkung auf das Ganze als einer der großen Reformatoren der Weltgeschichte hingestellt (V, 581). Dabei ist Herder nie in Gefahr, Luther und dessen Schriften zu verabsolutieren. Im Gegensatz zur Orthodoxie warnt Herder, Luther und seine Werke ja nicht im Absoluten, das der Zeit und dem Momente nichts verdanke, aufgehen lassen. Herders Sinn für das Individuell-Bedingte, das Einmalig-Gegebene läßt ihn Folgendes sagen: Luthers Schriften sind "die Länge hinunter" wirklich "Kasual . . . d.i. aus Zeit-bedürfnissen entstanden, Zeitmittel brauchend, auf zeitige Zwecke strebend. Auf diese Weise . . . war die ganze Reformation Kasual: jedes Wort . . . Luthers flog wie ein Pfeil zum Ziel . . ." (VII, 276). Herder will mit solchen Worten die Bedeutung Luthers natürlich nicht schmälern, er will nur dem Individuum Luther gerecht werden, denn "ein Baum, der nirgend wachse, überall und nirgend Individueller Baum sei, ist ein Unding!" (VII, 276). Nachdem Herder so Luthers einmalige Persönlichkeit betont hat, ermahnt er die Zeitgenossen: "als Luthers eurer Zeit" (VII, 279) hätten sie so "zeitartig" zu werden, wie es Luther einst war. Wie sich Herder schon früher gegen Winckelmanns verabsolutierendes Griechenbild gewandt hatte, so kritisiert er auch ein ähnlich gehaltenes Lutherbild: immer sieht Herder das Persönlich-Nichtwiederholbare und besteht darauf, dies Individuell-Kasuale zu erfassen. Es kommt ihm darauf an, daß seine Zeit Luther nicht bloß mechanisch nachahme sondern ihm lebendig nachstrebe.

In Weimar bleibt Herder dabei, daß Luther als einmaliges Ereignis zu verstehen sei und daß seine Werke Gelegenheitsschriften seien. Ausgedehnte Lektüre hat ihm gezeigt, daß Luthers "Seele immer das Anliegen ausgoß, das sie zunächst drückte" (VIII, 555). Abgesehen von seiner künstlerischen Vorliebe für die "herzlichen, kräftigen" (X, 253) Schriften Luthers, die in jeder Zeit das ganze Wesen des Mannes widerspiegeln, betrachtet Herder Luthers fleißiges Studium der Bibel auf Grund der Ursprachen als dauernden geistigen Gewinn: das Treiben der Sprachen und Streben nach dem *sensus literalis* bleiben für Herder eine Notwendigkeit für "wahre Lutheraner" (XI, 119), zu denen er selber sich immer gerechnet haben wollte. Noch höher allerdings als die philologische Beschäftigung mit der Heiligen Schrift bewertet Herder die Luthertat von Worms:

> Der Mensch, der im Luthertum oder in einer protestantischen Kirche Gewissen und klare Überzeugung aufheben will, ist der ärgste Anti-Lutheraner. Er hebt das Principium der Reformation, ja aller gesunden Religion, Glückseligkeit und Wahrheit, nämlich F r e i h e i t d e s G e - w i s s e n s auf; er verdammt Luther, alle seine Gehülfen, alle freien, wahren Männer der Vorzeit in ihren Gräbern (XI, 203).

Mit diesen erregten Worten rühren wir sicher an das Herz der herderschen Lutherverehrung: Luthers Bestehen auf dem Recht des Gewissens ist es, was ihn, vom ethisch-religiösen Standpunkt, immer wieder zu dem Wittenberger zog. So wenig Herder die Hilfe der Fürsten bei der Durchführung der Reformation unterschätzte und so wenig er deren politische Motivierung mißverstand, er ist keinen Augenblick darüber im Zweifel, daß Luther selber "reformirte, weil ihn G e w i s s e n u n d Ü b e r z e u g u n g trieb (XI, 203). Luther der Kämpfer für Freiheit und Menschheit tritt mehr und mehr in den Vordergrund in Weimar.

Das letzte Lebensjahrzehnt Herders setzt diese Gedankengänge in noch verstärktem Maße fort. Er erwähnt immer wieder mit Genugtuung, daß Luther gegen alle geistige Bevormundung Sturm lief. Der Reformator wird gefeiert "als wahrer Herkules," der "den geistigen Despotimus, der alles freie gesunde Denken aufhebt oder untergräbt" (XVIII, 87) angegriffen habe. War Luther ihm in den Rigaer Jahren in erster Linie Lehrer der Deutschen gewesen, so wird er für den älteren Herder "Mitreformator des ganzen jetzt aufgeklärten Europa" (XVIII, 87). Selbst "Völker, die seine Religionssätze nicht annehmen, geniessen seiner Reformation Früchte" (XIV, 52). Der deutsche Reformator sei es gewesen, der "ganzen Völkern, und zwar zuerst in den schwersten, den geistlichen Dingen den Gebrauch der Vernunft" (XVIII, 87) wiedergegeben habe. Herder hebt Luthers Eintreten für "freie Untersuchung" hervor und kann nur wünschen, daß man seinem Geist auch in Sachen, die nicht in der "Mönchs- und Kirchensphäre lagen" (XVIII, 87), gefolgt wäre. Auf viele außerkirchliche Dinge nämlich träfen die Grundsätze zu, "nach denen er dachte und handelte" (XVIII, 87). Da die Vergangenheit leider davon nicht Gebrauch gemacht hätte, fordert Herder die Gegenwart auf, Luthers kritischen Geist zu beherzigen: "Lasset uns seine Denkart . . . für unsre Zeit nutzen und anwenden!" (XVIII, 87). Er schreibt: "Geist ist das Wesen des Lutherthums . . . freie Überzeugung, Prüfung, und Selbstbestimmung." Für ihn ist das Prinzip der Reformation "Protestantismus gegen alle Knechtschaft der Unwissenheit und des Aberglaubens" (XIX, 52). Was Luther vorschwebte, war "die reine, freie Religion der Gewissenhaftigkeit des Verstandes und Herzens" (XXIV, 47), die er auch gepflanzt habe, "wiefern seine Zeit es zuließ" (XXIV, 48). Diese letzten Worte deuten auch Herders Überzeugung über die noch lange nicht erschöpfte Bedeutung der Reformation für Deutschland und Europa an. So großartig der Einfluß Luthers auf den Gang der Aufklärung schon gewesen sei, die historische Reformation selber sei "unvollständig" (XIV, 52) und "unvollkommen" (XXXII, 530) geblieben; es sei aber "ein fortgehender Geist in ihr" (XXXII, 530), der noch zu mancherlei Hoffnungen berechtige. Mit solchen Zukunftsmöglichkeiten lutherschen Geistes ist Herders Beurteilung der letzten Motive der Reformation zu verbinden: "das Unternehmen" sei so "rein" gewesen, "wie irgend ein menschliches es seyn kann" (XXXII, 529). Nicht zum mindesten wegen der Reinheit dieser Bewegung glaubt Herder fest, daß ihrem gestaltenden Geist noch eine große Zukunft bevorstehe: "Ich fahre fort zu glauben, daß wer jetzt, worüber es sei, reine Gesinnungen, die Kraft seines Geistes und Herzens, auf den Altar des Vaterlandes legt, das Werk Luthers fortsetze . . . d.i. Gewissenhaftigkeit und Überzeugung fördre." Darin bestehe "echtprotestantischer, lutherischer Glaube" (XXIV, 48). Es ist klar, daß zwischen Herders und Goethes bekannter Einschätzung der Reformation wenig Unterschiede sind: Luthers Geist wird währen, solange die Menschen Gewissenhaftigkeit und Freiheit hochachten; da die Reformation unvollendet blieb, gilt es, immer weiter zu "protestieren."

Schließlich wäre noch auf Herders Überzeugung hinzuweisen, daß wahres Luthertum, wo es sonst auch immer zu finden sei, kaum in der sogenannten lutherischen Orthodoxie anzutreffen wäre. Beifällig zitiert er das berühmte Lessingwort: "Luther, du! Großer, verkannter Mann! . . . Du hast uns von dem Joche der Tradition erlöset; wer erlöset uns von dem unerträglichern Joche des Buchstabens?" (XXIV, 100). Begeistert bekennt Herder sich zu Lessings Satz: "Der wahre Lutheraner will nicht bei Luthers Schriften, er will bei Luthers Geist geschützt seyn" (XXIV, 100). Einem Herder ist genau so klar wie einem Lessing, daß "Luther selbst" den "verfolgend-frechen Dogmatismus einer . . . absterbenden Stereodoxie" mit Nachdruck "zuerst würde verachtet haben" (XXIII, 460). In dem Bewußtsein, "echter" Luthererbe zu sein, bricht Herder in die stolzen Worte aus: "Die Rechte, die Luther hatte, haben wir alle; lasset uns dieselben so aufrichtig, vest und groß wie Er üben. Vom Joch des Papismus und der Kirchenväter hat er uns befreit; unter das Joch hergebrachter Formeln und Worte hat er unsern Verstand weder zwingen können, noch wollen" (XIX, 52). Der Anklang an die oben zitierten Lessingworte ist kaum zufällig: im Geist sind Lessing und Herder völlig einig. Luther ist für Herder Deutschlands und Europas guter Geist, der größte Deutsche, der Freiheit und Gewissen in sich verkörpert habe und dem in dieser Beziehung nachzufolgen Pflicht und Ehre jedes Menschen sei. Habe Luther auf sittlichem Gebiete europäische Geltung, so habe er wegen seiner außerordentlichen Sprachbegabung dauernden Einfluß auf den gesamtdeutschen Sprachbezirk, denn, "seitdem Er schrieb, muß jeder Deutsche . . . evangelisch, protestantisch, lutherisch, schreiben, und wenn er es auch wider Willen täte" (XXIV, 48). Ein Grösserer und Einflußreicherer sei im deutschen Geistes- und Sprachraum noch nicht aufgetreten als der Wittenberger Professor, der Prophet der Deutschen geworden und auf noch nicht absehbare Zeit bleiben werde.

Wir sind am Schluß der Darstellung von Herders Lutherbild in seinen Hauptzügen. Es ist ein nicht uninteressanter Weg gewesen, einem der eifrigsten Lutherleser[15] des achtzehnten Jahrhunderts nachzugehen, der noch dazu einer der bedeutendsten Menschen dieses grossen Jahrhunderts ist. Wir haben gefunden, daß Herders Würdigung Luthers die Mitte einhält zwischen den Antipoden Hamann und Lessing. Wenn wir von dem hauptsächlich am Sprachlichen interessierten Rigaer Herder hier absehen, so kommt er in der Bückeburger Periode Hamann ziemlich nahe, während in der langen Weimarer Epoche irgendwie der Anschluß an Lessing gefunden ist. Daß es sich in der wichtigen Weimarer Zeit dabei um keine bloß äußere Nachahmung Lessings handelt, sondern um eine tiefgehende innere Übereinstimmung, ist bei einem Denker von der geistigen Regsamkeit und Selbständigkeit des reifen Herder kaum besonders zu betonen. Selbst in den Bückeburger Jahren mit ihrem an Hamann gemahnenden "kirchlichen" Lutherbild ist Herder kaum direkt von Hamann abhängig, sondern auch hier hat Herders eigene reiche Lutherbelesenheit ihm sein damaliges Lutherbild vorgezeichnet. Bei allem Anklang an die beiden bedeutendsten Lutherkenner neben ihm ist Herder eigenständig. Die faszinierendste Frage ist natürlich die nach den Gründen, die Herder bewogen, sich mehr und mehr dem Ethos der lessingschen Lutherauffassung zuzuwenden. Die Antwort liegt wohl in der Weltanschauung des Alternden, die in ihrem grundsätzlichen Humanismus und ihrem Ideal der Humanität sich *für* Erasmus und *gegen* den Luther des *servum arbitrium* erklären mußte. Die Losung war: Hie Weimar – hie Wittenberg. Die Wittenberger Welt, wenn man ihr Wesen in der *sola fides* und der *iustitia Dei passiva* sieht, ist durch eine nicht zu überbrückende Kluft von der Weimarer Welt geschieden. Trotz der Hochachtung vor dem Luther von Worms und trotz der Dankbarkeit, die man dem ersten Protestanten gegenüber empfand, ist es augenscheinlich, daß die weiter protestierenden "Protestanten" Lessing, Herder und auch Goethe der Aufklärung weit verpflichtet waren und, wie der Marburger, von Hamann wiederentdeckte unverkürzte Luther gesagt haben würde, einen prinzipiell "anderen Geist" hatten. Dennoch sollte trotz des Unausreichenden des Lutherbildes der e i n z e l n e n Hauptvertreter immer im Auge behalten werden, daß Hamann, Herder und Lessing, z u s a m - m e n g e n o m m e n , ein hervorragendes Verständnis Luthers und der deutschen Reformation besitzen. Wenn Hamann dem T h e o l o g e n Luther verständnisvoll nachgegangen ist und Lessing manche Elemente des G e i s t e s - h e r o e n Luther kongenial erfaßt hat, ist Herder vor allem der G e s a m t - p e r s ö n l i c h k e i t und dem K ü n s t l e r Luther gerecht geworden. Die drei Großen des achtzehnten Jahrhunderts haben jeder für sich wesentliche Aspekte der Reformation erkannt. Herders Beitrag zu dieser Gesamtschau ist von außerordentlicher Bedeutung.

ANMERKUNGEN

1 Herders *Sämmtliche Werke*, herausgegeben von Suphan, XVIII, 543.
2 Vergleiche hierzu: Fritz Blanke, "Hamann und Luther," *Luther-Jahrbuch*, X (1928), 28–55 und Heinz Bluhm, "Lessings Stellung zu Luther," *Germanic Review*, XIX (1944), 16–35.
3 W. Richter, "Wandlungen des Lutherbildes und der Lutherforschung," Monatshefte, XXXVIII (1946), 137–139.
4 Bluhm, a.a.O., 21ff.
5 Gesammelte Aufsätze zur Kirchengeschichte I (Tübingen: Mohr, 1923), S. 381ff.
6 Bluhm, a.a.O., 23–24.
7 Vergleiche zur Sache Joh. Kirschfeldt, *Herders Konsistorialexamen in Riga 1767* (Riga: Herdergesellschaft, Abhandlungen Bd. 5, 1935). K. ist durch-

aus der Meinung, daß Herder sich "einwandfrei zur evangelisch-lutherischen Kirche" (S. 31) bekenne. Interessant ist auch K.s Bemerkung, daß "der Pietismus in Riga nie heimisch gewesen" (S. 33) sei.

8 Eduard Gronau, "Herders religiöse Jugendentwicklung," *Zeitschrift für systematische Theologie*, VIII (1930), 308—346.

9 *Der Nordische Aufseher*, I; 26. Stück, 18. Mai 1758, S. 223—4. Die Angabe in Suphan, II, 368 ist ungenau.

10 Man denke an die Ode "Die deutsche Bibel."

11 S. 30. Jeder Zweifel, daß mit dem "Schwärmer" Klopstock gemeint sei, wird beseitigt durch Hamanns handschriftliche Eintragung in dem Exemplar der von Faber du Faur'schen Sammlung in Yale: "Klopstock im Nordischen Aufseher, den Kramer . . . herausgegeben."

12 *Herder in Bückeburg* (Tübingen, 1905).

13 Bluhm, a.a.O., 34—35.

14 Suphan, XXX, 307: "Wer war Luther? — Ein gelehrter und frommer Mann, der die christliche Lehre, die zu seiner Zeit sehr verderbt war, von vielen Irrthümern und Aberglauben gereinigt hat."

15 Eine Liste der von Herder zitierten Werke Luthers, die ich mir provisorisch zusammengestellt habe, ist von erstaunlichem Umfang und unterstützt Suphans maßgebendes Urteil, daß Herder zu den lutherbelesensten Menschen des achtzehnten Jahrhunderts gehört.

DAS LUTHERBILD DES JUNGEN NIETZSCHE

Es ist bekannt, daß der ältere Nietzsche mit zu den schärfsten und bittersten Gegnern Martin Luthers gehört, die bis heute gegen ihn und die deutsche Reformation auf den Plan getreten sind. Weniger bekannt[1] scheint zu sein, daß der junge Nietzsche, der Verfasser der Geburt der Tragödie, der Bildungsanstaltenvorträge und der Unzeitgemäßen Betrachtungen, für den deutschen Reformator und sein Werk warme, ja wärmste Worte der Verehrung gefunden hat. Plötzlich und scheinbar unvermittelt wendet sich dann der Nietzsche des Menschlichen-Allzumenschlichen gegen den eben noch öffentlich gepriesenen Luther und verbrennt, was er, wenn auch nicht angebetet, so doch emphatisch gelobt und gutgeheißen hatte. Zweifellos ist nun das Sonderproblem des Umschwungs in Nietzsches innerer Einstellung zu Luther nur *ein* Teil des Allgemeinproblems des großen Wandels überhaupt, der sich in Nietzsches Denken seit etwa der Mitte der siebziger Jahre bemerkbar macht. Ohne diese wesentlichen Zusammenhänge des hier zu behandelnden Spezialproblems mit der Gesamtwandlung Nietzsches aus den Augen zu verlieren, hat es dennoch etwas ungemein Verlockendes, den Sonderfall 'Nietzsche-Luther' aus dem ganzen Problemkomplex einmal behutsam herauszu*lockern*, ohne ihn vollständig herauszu*lösen*. Es wäre sogar nicht ausgeschlossen, daß bei solch induktivem Vorgehen möglicherweise neues Licht auf die m.E. immer noch nicht befriedigend beantwortete Grundfrage nach den tieferen Ursprüngen des zweiten Nietzsche fiele. Wie konnte es geschehen – so soll das vorliegende Individualproblem formuliert werden –, daß aus dem Lutherverehrer in kurzer Zeit ein Lutherfeind wurde? Wie schon angedeutet, ist dies nur ein Teil und zwar ein dem Nichtfachmann wohl kaum in die Augen springender Teil der Gesamtfrage, wie aus Nietzsche dem Metaphysiker und Kunstjünger der wissenschaftlich-theoretische Mensch wurde, aus dem Wagnerverehrer der Wagnerfeind. Was unsere Spezialfrage angeht, so ist vorerst unter Heranziehung aller Tatsachen genau zu untersuchen, wie sich das Lutherbild des jungen Nietzsche eigentlich entwickelt hat und wie umfassend und tiefgehend es wirklich gewesen ist. Mit anderen Worten, es soll festgestellt werden, welcher Art der Luther war, den der frühe Nietzsche verehrte und bald darauf verwarf.

Ehe wir aber an die sorgsame Rekonstruktion des jungnietzschen Lutherbildes gehen, soll nachdrücklich auf die verhältnismäßig eng gezogenen Grenzen dieser Arbeit hingewiesen werden. Ihr liegt nichts ferner, als mit den bedeutenden Lutherstellen der großen Nietzschebücher Ernst Bertrams[2] und Kurt Hildebrandts[3] in Wettstreit zu treten. Diese beiden Forscher, die sich um etwas weit Grandioseres als die vorliegende ziemlich nüchterne Untersuchung bemühen, sind mit schönem Erfolg bestrebt, die geistig-seelische Verwandtschaft Nietzsches mit Luther herauszuarbeiten. Da nun innere Verwandtschaft bestehen kann, ohne daß der Spätere von dem Früheren genügende historische Kenntnis, ein der Wahrheit gemäßes Bild hat, ist das von Bertram und Hildebrandt behandelte Problem ganz anders als das dieser Arbeit, deren bescheideneres Ziel einfach die Erkundung dessen ist, was der junge Nietzsche tatsächlich von dem Reformator gewußt hat. Nur die Entstehung und die Eigenart von Nietzsches erstem Lutherbild sollen hier erörtert werden.

Rein bibliographisch ist schließlich noch vorauszuschicken, daß es meines Wissens nur eine einzige Arbeit gibt, die sich in ihrem ersten Teile jedenfalls mit dem gleichen Problem befaßt. Da aber dieser aus der Feder des bekannten Theologen Emanuel Hirsch[4] stammende Aufsatz bereits 1921 erschienen ist, so beruht er selbstverständlich noch nicht auf dem beträchtlichen neuen Material, das die ersten Bände der historisch-kritischen Gesamtausgabe von Nietzsches Werken und Briefen[5] dem heutigen Forscher zugänglich machen.

Wenn Hirsch seine Darstellung von Nietzsches Lutherbild mit der Geburt der Tragödie beginnt, gestattet uns die neue Nietzscheausgabe, bedeutend weiter zurückzugreifen, bis in das fünfzehnte Lebensjahr, wo der Pfortenser Schüler gelegentlich einer Reisebeschreibung bemerkt, daß es ihm in Jena "besonderes Vergnügen"[6] gemacht habe, die Häuser aufzusuchen, in denen "die größten Häupter unser (sic) Nation, wie Luther, Göthe, Schiller, Klopstok (sic), Winkelmann (sic) und viele andere"[6] zeitweilig gewohnt hätten. Etwa ein Jahr später, Pfingsten 1860, schildert er ziemlich eingehend einen Besuch im Lutherhaus zu Eisleben[7] und betont, daß ihn dort vieles interessiert habe.[8] Aus den ersten Jahren in Schulpforta, der Zeit des noch ungebrochenen Kinderglaubens, läßt sich lediglich feststellen, daß der kleine Nietzsche, wie es für den Sohn eines protestantischen Geistlichen wohl selbstverständlich ist, genügend Interesse für Martin Luther zeigt, sich dessen "Denkwürdigkeiten"[9] anzusehen. Die paar überlieferten Bemerkungen enthalten nichts, was über den geistigen Gesichtskreis eines Sohnes des gebildeten, protestantisch mehr als durchschnittlich orientierten deutschen Mittelstandes hinausgeht.

Weit wichtiger und aufschlußreicher als das, was der Vierzehn- und Fünfzehnjährige über diese äußeren Lutherdinge zu sagen hat, ist nun die Tatsache, daß in den uns erhaltenen Aufzeichnungen der Sekundaner- und Primanerjahre Nietzsches kein Wort über Luther zu finden ist. Daß schriftliche Spuren irgendwelcher Beschäftigung mit Luther vollständig fehlen, ist doch bemerkenswert, besonders da gerade diese Jahre in Schulpforta von schweren religiösen Erschütterungen nicht frei waren. Weder die Lehrer noch seine erstaunlich umfangreiche Privatlektüre scheinen ihn zu Luther geführt zu haben. Auf Grund des heute vorliegenden Materials gewinnt man den Eindruck, daß der reifere Schüler Nietzsche in den Jahren der ersten größeren Weltanschauungsnöte so gut wie kein inneres Verhältnis zu Luther gehabt hat. Da der berühmte Koberstein in Schulpforta Deutschunterricht erteilte,[10] fragt man sich unwillkürlich, ob ihm denn von diesem bedeutenden Gelehrten keine Anregung gekommen sein mag, sich in Luther zu vertiefen. Ein Blick in Kobersteins Literaturgeschichte verrät jedoch, daß abgesehen von Luthers Verdiensten um die deutsche Sprache, die gern und nachdrücklich anerkannt werden, auf den *Reformator* Luther und sein Werk überhaupt nicht eingegangen wird. Von Koberstein dürfte also, soweit seine Literaturgeschichte uns zu dem Schlusse berechtigt, kaum ein Hinweis auf Luther als Denker gekommen sein. Über den Religions- und Geschichtsunterricht Nietzsches ist meines Wissens nichts Näheres bekannt. Da er sich aber völlig darüber ausschweigt, so darf man wohl annehmen, daß wahrscheinlich auch von dieser Seite keine Ermunterung ausgegangen sein wird, in die Schriften des Reformators einzudringen. Was auch die letzte Ursache sei, die Tatsache drängt sich dem Nachforschenden auf, daß Luther einfach keine Rolle in den wichtigen geistigen Entwicklungsjahren des Knaben und Jünglings Nietzsche gespielt hat. Dem sechzehn- bis zwanzigjährigen Nietzsche bedeutet Luther scheinbar nicht genug, um sich, soweit unsere Quellen reichen, irgendwie mit ihm auseinanderzusetzen.

Die ersten beiden Semester des Studenten Nietzsche, die er in Bonn verbrachte, sind insofern von einigem Interesse für diese Untersuchung, als er in ihnen zwar noch nichts über Luther selber zu sagen hat, aber doch jedenfalls auf den Protestantismus im allgemeinen zu sprechen kommt. In der Universitätsstadt Bonn fand der in protestantischem Hause und protestantischer Schule erzogene Nietzsche eine überwiegend katholische Bevölkerung vor, deren religiöses Leben ihn abstößt und zu der Frage veranlaßt, ob er denn auch wirklich im neunzehnten Jahrhundert lebe. Besonders unangenehm berühren ihn die Jesuiten, die "unter den Studierenden . . . großen Einfluß durch die sogenannten marianischen Sodalitäten" haben, welche "die Ausbreitung des Katholicismus und Vernichtung des Protestantismus bezwecken."[11] Unter diesen Umständen scheint sich der junge Nietzsche mit einem Male seines protestantischen Erbes schärfer als vorher bewußt geworden zu sein. Es verstimmt ihn z.B., daß "unser Reformationsfest von der Universität nicht berücksichtigt wird."[10] In solcher ihm fremden Umgebung schloß Nietzsche sich bald dem dortigen Gustav-Adolfsverein an, der sich allerdings in einem etwas lethargischen Zustande befand, der ihn bitter enttäuschte und der sicher dazu beitrug, daß Nietzsche sich bereit erklärte, einen wissenschaftlichen Vortrag zu übernehmen. Diesem Eintritt nun, der wohl mehr geistige Protestgeste als Bekenneract ist, verdanken wir eine nicht uninteressante Rede über *Die kirchlichen Zustände der Deutschen in Nordamerika*,[12] die er im März 1865 in dem Verein hielt. Für unsere Zwecke kommen vor allem die Stellen in Frage, wo er auf die Verhältnisse der lutherischen Kirche in den Vereinigten Staaten eingeht. Beachtenswert ist in diesem Zusammenhange, daß er über die unierte evangelische Kirche Deutschlands freundliche Worte der Anerkennung findet, wohingegen er die eigentlich lutherische Kirche ziemlich schroff ablehnt. An der ersteren hebt er die Eigenschaften der "Innerlichkeit und sinnigen Contemplation"[13] lobend hervor und spricht die Hoffnung aus, daß sie "wohltätig ergänzend auf den amerikanischen Protestantismus,"[13] der "Mangel an tiefem historischen Sinn, an gemüthsvoller Theologie"[14] habe, "einwirken"[13] werde. Die lutherische Kirche dagegen, besonders deren "alt-lutherische Fraktion" mit dem Motto 'Gottes Wort und Luthers Lehr vergehet nun und nimmermehr,'[15] ist ihm durchaus unsympathisch. Er beschreibt sie wie folgt: "Die lutherische Kirche . . . hat im Laufe der Zeit alle jene Differenzen und Spaltungen in sich erzeugt, die wir auch an unsern deutschen lutherischen Kirchen kennen."[15] Ironisch fährt er dann fort:

> Sie scheiden sich in Folge von fortwährenden Zwiespalten in lauter ganz kleine Parteien mit den geringsten Schattirungen. Sie kämpfen mit un-christlicher Leidenschaftlichkeit gegen einander. Ein aus Preußen einge-wanderter Lutheraner Pastor Grabau beweist klärlich in der von ihm her-ausgegebenen Kirchenzeitung, daß die vermaledeiten calvinistischen Ketzer sechshundert 66 Sätze mit den Türken gemein hätten, und daß sie statt des lebendigen Gottes einen 'Brüllochsen' oder gar den leibhaf-tigen Teufel lehren und anbeten. Derselbe Pastor verflucht jeden Grün-donnerstag von der Kanzel herab alle, die nicht zu seiner Kirche dh. zu seinem Synödchen, gehören, das etwa 6 Pfarrstellen umfasst.[16]

Neben dieser altlutherischen Kirche existiere auch eine neulutherische, die "am meisten mit amerikanisch-puritanischen Einflüssen versetzt . . . und wesent-lich undeutsch in ihrer Sprache, ihren Neigungen und Abneigungen"[15] sei. Schließlich sei noch "die gemäßigt lutherische Richtung"[17] vertreten, die zwar auch "sämmtliche symbolischen Bücher mit Einschluß der Concordienformel für verpflichtend erklärt, aber in der letzten Zeit" — und das gibt ihr einen hö-heren Rang in Nietzsches Wertskala — "sich zu der neueren evangelischen Theo-logie Deutschlands"[17] hinneigt. Wärmer begrüßt der junge Referent den deutsch-evangelischen Kirchenverein, der, von "deutschen unirten Predigern gegrün-det,"[18] auf die Union der beiden großen evangelischen Konfessionen hinar-beite. Erst dreißig Prediger hätten sich diesem Verein angeschlossen der "noch ein großes Arbeitsfeld vor sich" habe und bei dem man "schmerzlich . . . den Mangel an geistlichen Kräften und Mitteln"[18] beklagen müsse.

Im Hinblick auf das engere Thema der vorliegenden Untersuchung läßt sich diesem Jugendvortrag Nietzsches zusammenfassend entnehmen, daß ihm die lutherische Kirche in Nordamerika wie die in Deutschland sichtlich fatal ist und daß seine Sympathie, gewiß keine an und für sich allzustarke, auf Seiten einer mehr fortschrittlich eingestellten evangelischen Union steht. Selbst wenn man berücksichtigt, daß der Vortrag im wesentlichen auf einem größeren Buche eines deutschamerikanischen Theologieprofessors[19] fußt, so muß jedem, der sich einigermaßen in Luther selber eingelesen hat, auffallen, daß Nietzsche mit keinem Worte darauf hinweist, wie wenig von Luthers Geist in solchen ver-meintlichen Verköperungen seiner Ideen lebe. Gerade diese Tatsache, daß Nietzsche an keiner Stelle auch nur andeutet, in welch geringem Maße die von

ihm zum Teil recht ironisch geschilderten lutherischen Kirchen dem Reformator selber entsprechen, bestärkt einen in der Überzeugung, daß der junge Nietzsche, der im ersten Bonner Semester neben seinen philologischen Studien auch
theologische Vorlesungen hörte, ja eigentlich "nur in die theologische Fakultät
eingeschrieben"[20] war, sich kaum mit Luther beschäftigt haben kann. Was der
griechentrunkene Nietzsche einige Jahre später so faßte, daß das "Gefühl für das
Hellenische, w e n n es einmal erwacht ist, sofort aggressiv wird und in einem
unausgesetzten Kampfe gegen die angebliche Cultur der Gegenwart sich ausdrücken muß,"[21] ließe sich auch dahin umschreiben, daß das Gefühl für das
Luthersche, w e n n es einmal erwacht ist, sofort aggressiv wird, und in einem
unausgesetzten Kampfe gegen die von Nietzsche oben geschilderte lutherische
Kirche sich ausdrücken muß. Wenn er auch bloß *einige* grundlegende Schriften
Luthers gelesen hätte, so hätte er, sei es auch nur in ein paar Zeilen, eine Art
Lessingscher Ehrenrettung Luthers vollziehen und die empörende Identifizierung solcher Kirche mit dem Wesen Luthers, wie sie aus seinem Stillschweigen
implicite folgt, leidenschaftlich zurückweisen m ü s s e n. Meines Dafürhaltens
ist dieser Vortrag ein weiteres Zeichen, daß der jugendliche Nietzsche Luther
eben nicht gekannt und gelesen haben kann. Sein Bonner 'Protestantismus' ist
hauptsächlich, wenn nicht gar gänzlich, nur als eine Art "Gegenwehr"[22] gegen
das ihm grundsätzlich fatale katholische Milieu zu verstehen, als eine etwas vage
Gebärde antikatholischer Stimmung, ohne jede Spur irgendeiner Kenntnis,
gleichviel welcher Herkunft, geschweige denn persönlichen Studiums der Werke
des deutschen Reformators.

Wer mit der Gedankenwelt des jungen Nietzsche leidlich vertraut ist, wird
sich also des Gefühls nicht erwehren können, daß dieser Vortrag wenig mehr
als eine höfliche Verbeugung vor dem Protestantismus ist, die in erster Linie
aus Nietzsches Unbehagen dem rheinischen Katholiszismus gegenüber herrührt
und die besonders darauf hinzielt, den nicht sehr regen Gustav-Adolfverein zu
kräftigerem Widerstande anzuspornen. Den Eindruck, daß die Rede eher in die
Rubrik der Tendenz – als der Bekenntnisschriften fällt, verstärken einige kurze,
mehr andeutende als ausführende Notizen über die Weltanschauung des katholischen Mittelalters, der protestantischen Orthodoxie und der Moderne, die
zwischen August und Dezember 1865, also in den Ferien nach dem Bonner
Studienjahr oder spätestens zu Anfang des ersten Leipziger Semesters[23] entstanden sind. Diese in der historisch-kritischen Gesamtausgabe noch nicht vier
Seiten einnehmenden 'Gedanken' gewähren einen tieferen Einblick in seine
innere Stellung zur Reformation als der Vortrag im Gustav-Adolfverein. Das
bei weitem Interessanteste an diesen im allgemeinen recht unsystematischen
Aufzeichnungen ist die klar ausgesprochene These Nietzsches, daß die protestantische Orthodoxie in wichtigen religiös-weltanschaulichen Fragen keines-
wegs über das katholische Mittelalter hinausgekommen sei. Im Gegensatz zu
der traditionellen Betonung der Unterschiede zwischen beiden Konfessionen
vertritt Nietzsche hier eine Einstellung, die geradezu wie eine Vorwegnahme von

Grundanschauungen Ernst Troeltschs anmutet, der ja bekanntlich den Altprotestantismus dem Katholizismus geistig weit näher rückt als gewöhnlich geschieht. Nietzsche behauptet, daß in Hinsicht auf die eigentliche Lehre die Reformation "im Wesentlichen mit dem Glauben der alten Kirche vom 4t. bis 6t. Jahrhundert übereinstimmend"[24] geblieben sei und daß man "trotz Kopernikus . . .
seinen alten Himmel, seine alte Erde seine alte Hölle"[24] beibehalten habe. Weit
entfernt davon, in der Reformation eine innere Wandlung der seelischen Beziehungen zwischen Kreatur und Schöpfer zu sehen, ist für Nietzsche die Reformation "zunächst nur eine Veränderung in dem praktischen Verhältnis des
Menschen zu Gott."[25] "Allerdings," führt er aus, "wurden einige Stücke wie
Fegefeuer, Messe, die Macht der Heiligen fortgeräumt."[25] Trotz der konzessi-
ven Partikel 'allerdings' faßt Nietzsche die in diesem Satze aufgezählten Ver-
änderungen mehr als praktisch-äußerlicher denn als innerlicher Natur auf und
meint, daß das Entscheidende, "die Lehre"[25] nämlich, unverändert blieb. Worin
besteht nun die Weltanschauung des katholischen Mittelalters, zu der sich nach
Nietzsche auch die protestantische Orthodoxie bekennt? Nietzsche beginnt so:
"Im Mittelpunkt des Weltalls die Erde, um sie sieben Himmel mit Sonne, Mond
und Planeten. Dann die achte Sphaere mit den unkörperlichen Sternen, die
neunte der krystallinische Himmel, die zehnte das Empyrium."[25] Welche Antwort gibt die moderne Lutherforschung auf die Frage nach der Weltauffassung
der Reformation? Arnold Berger, einer der bedeutendsten Lutherforscher,
schreibt hierüber: "Um die Erdkugel dreht sich das Himmelsgewölbe; es besteht aus den sieben Planetenhimmeln, dem Sternenhimmel oder Firmament,
dem krystallinischen Himmel und dem 'ersten beweglichen,' während der höchste Himmel, das Empyreum oder die lichtdurchflossene Wohnung Gottes, un-
beweglich ist."[26] Wenn Berger außerdem besonders bemerkt, daß "Luthers
Weltbild geozentrisch" war und daß ihm "die umwälzende Entdeckung des
Kopernikus . . . als Narrheit"[26] galt, so ist gegen Nietzsches Gleichsetzung dieser Seite des Katholizismus und Altprotestatnismus kaum etwas einzuwenden
wie auch nicht gegen seine weitere Behauptung, daß noch in der Reformationszeit "die Mythologie des Teufels" "weit ausgesponnen" und "Luther darin nur
ein Kind seiner Zeit"[24] gewesen sei. Zu beachten ist bei solcher Problemstellung
jedoch die allerdings bedenkliche Tatsache, daß Nietzsche seine These von der
essentiellen Identität beider Konfessionen auf verhältnismäßig äußerliche Merk-
male gründet, die die moderne Reformationsforschung als nebensächlich und
zeitbedingt und den Kern der Sache gar nicht berührend bezeichnet. Wenn man
unter dem 'Glauben' in erster Linie den Glauben an ein bestimmtes Weltbild
versteht, so liegt es auf der Hand, daß Luther auf keinen Fall als ein in dieser Hinsicht moderner Geist angesehen werden kann. Nietzsche faßt aber den
Bereich des Glaubens noch weiter und schließt die christlichen Grunddogmen
der Erbsünde und Erlösung in die von der Reformation beibehaltene und nachdrücklich geforderte 'Lehre' ein: "D e r M e n s c h i s t b ö s e d u r c h
f r e m d e S c h u l d u n d g e r e c h t d u r c h f r e m d e s V e r -

d i e n s t."[27] Auch an dieser Feststellung Nietzsches hat die gegenwärtige Lutherforschung nichts auszusetzen. Bei Arnold Berger, dem feinsten Lutherkenner unter den Germanisten, lesen wir in diesem Zusammenhange: "Luther hat zwar das mittelalterliche Transsubstantiationsdogma und die römische Sakramentslehre überhaupt zu Fall gebracht, ebenso die päpstliche und konziliare Unfehlbarkeit, aber das Gefüge des a l t e n Dogmas hat er . . . nicht angetastet . . . Das W a s des Glaubens hat er nicht verändert, nur das W i e . . ."[28] Von dieser Veränderung des W i e des Glaubens jedoch, die Berger gerade "das schlechthin Bezwingende . . . an seiner ganzen Theologie"[29] nennt, redet der junge Nietzsche mit keiner Silbe. Den Zauber, den Luthers königlicher Weg des Glaubens auf keine Geringere als Ricarda Huch[30] ausübt, hat Nietzsche einfach nicht verspürt. Was der bekannte schottische Reformationshistoriker James MacKinnon Luthers "fiducial faith"[31] nennt, scheint dem jungen Nietzsche fremd geblieben zu sein. Man hat den Eindruck, daß ihm, dem das Weltbild des Altprotestantismus begreiflicherweise ungenießbar war, der andere, eigentümlichere und wertvollere Sinn von 'Luthers Glaube' als einem fröhlichen, überschwenglichen Etwas, dem "hohen muot" der Stauferzeit Verwandten nicht aufgegangen ist. Wenn man natürlich auch nicht annehmen darf, daß dem Zögling einer erzprotestantischen Schule und (allerdings nur einsemestrigen) Studenten der Theologie der reformatorische Grundgedanke der Glaubensgerechtigkeit rein faktisch unbekannt gewesen sein kann, so scheint es doch mit einiger Sicherheit festzustehen, daß er es diesem im Numinoen verankerten Urerlebnis Luthers gegenüber bestenfalls zu einem schwachen Bildungserlebnis gebracht hat, wenn man überhaupt von einem Erlebnis sprechen darf. Er muß über jene bloßen Dogmatiker nicht hinausgekommen sein, die, wie Rudolf Otto klagt, immer und ewig versuchen, Dinge wie die Rechtfertigung, die "einen unbegrifflichen und gefühlsmäßigen Stempel tragen, in b e g r i f f l i c h e n T h e o - r i e n zu entwickeln und zu Gegenständen von Spekulationen zu machen, sodaß sie schließlich zu dem fast mathematischen Kalkül der 'Imputationslehre' und ihrer drastischen Umrechnung des 'Verdienstes Christi' auf den 'Sünder' werden . . ."[32] Worauf es in der vorliegenden Arbeit ankommt, ist nun nicht die Berechtigung von einigen Aussprüchen Nietzsches über die protestantische Orthodoxie in Frage zu stellen, sondern nur seine augenscheinliche, stillschweigende Identifizierung Luthers selber mit dem Altprotestantismus genügend hervorzuheben. Es scheint, daß Nietzsche gleich Troeltsch den ungeheuren "Abstand des sogenannten Luthertums von der Genialität eines Luther zu gering veranschlagt und den Reichtum ganz anderartiger Entwicklungsmöglichkeiten in Luthers Gedankenwelt in einer unzulässigen Verkürzung sieht."[33] Anders ausgedrückt, dem Studenten Nietzsche ist meiner Meinung nach das eigentliche Werk Luthers eine *terra incognita* gewesen.

Wenn wir früher in dieser Arbeit hatten feststellen können, daß Nietzsches erste uns überlieferte Berührung mit Luther auf den Besuch von Lutherstätten (1859–60) hinauslief und daß in den wichtigen religiösen Entwicklungsjahren von 1861–65 keine Spur von Lutherschem Einfluß zu entdecken war, so müssen wir nunmehr über das Bonner Studienjahr und die sich daran anschließenden Sommerferien,[34] in denen die zweite schriftlich überlieferte Berührung mit der Welt Luthers stattfand, Folgendes zusammenfassend sagen. Trotz momentaner Aufwallung des protestantischen Bluterbes in der katholisch-jesuitischen Umwelt, die zu dem Eintritt in den Gustav-Adolfverein und dem Vortrag über die deutschamerikanischen Kirchen führt, ist eine unmißverständliche Ablehnung der lutherischen Orthodoxie vorhanden. In den Aufzeichnungen über die Weltanschauung der beiden großen Konfessionen wird das altprotestantische Weltbild als mit dem frühmittelalterlich-katholischen identisch dargestellt und als unhaltbar abgetan. Im Gegensatz dazu ist "die kopernikanische Weltanschauung . . . ins Blut der Zeit,"[35] somit auch in sein eigenes, "übergegangen."[35] Was den Reformator selber angeht, so haben wir gesehen, daß Nietzsche von Luther fast[36] gar nicht spricht, wiewohl der Leser den Eindruck gewinnt, daß Nietzsche kaum zwischen Luther und der protestantischen Orthodoxie unterscheidet. Nichts in dem uns heute zugänglichen Schrifttum des Studenten Nietzsche deutet darauf hin, daß er sich damals selbständig mit Luther beschäftigt oder auch nur ein gutes Buch über Luther mit Anteilnahme gelesen hat.

Wie auf das Jahr 1859–60, innerhalb dessen wir die ersten Bezugnahmen auf Luther fanden, eine fast fünfjährige Periode des Stillschweigens bis zu dem eben behandelten Jahre 1865 folgte, so schließt sich diesem letzteren Datum ein weiterer Zeitraum von über fünf Jahren des völligen Fehlens von Äußerungen über Luther an. Erst 1871 begegnen wir wieder Aussprüchen über Luther und die Reformation. Diese Aussprüche von 1871 bis 1876, also bis in die ersten Anfänge von Menschliches Allzumenschliches I, sind es nun, deren lutherfreundliche wenn nicht gar lutherbegeisterte Grundnote der oben schon angeführte Theologe Hirsch in seinem feinen Aufsatz festgestellt hat.[37]

Ehe wir auf die Ursachen für diesen anscheinend unvermittelten Umschwung in des jungen Nietzsche Lutherauffassung eingehen, sind zunächst die wichtigsten Stellen, in denen die neue Wendung sich zeigt, in ihrem Zusammenhange anzuführen. Gleich in dem ersten Werk, mit dem Nietzsche vor die Öffentlichkeit getreten ist, findet sich der früheste Niederschlag der veränderten Einstellung. Behält man im Auge, daß Hirsch seine Arbeit über Luther und Nietzsche mehr als ein Jahrzehnt vor der Veröffentlichung der historisch-kritischen Gesamtausgabe verfaßte, muß man ihm völlig recht geben, wenn er damals schrieb: "Nietzsche hat begonnen mit einer fast schwärmerischen Verehrung der deutschen Reformation . . . und der Person Luthers . . ."[37] Um die Art dieser "fast schwärmerischen Verehrung . . . Luthers" möglichst klar zu verstehen, ist es notwendig, sich das allgemeine Ethos der Schriften, in denen die Lutherstellen vorkommen, kurz zu vergegenwärtigen. Die Geburt der Tragödie, jenes sich der bloßen *ratio* niemals völlig erschließende, mit Blut geschriebene Glaubensbekenntnis des Griechenjüngers und Wagnerverehrers,[38] ist unter anderem auch ein mächtiger Protest gegen eine seichte, wesentlich undeutsche Gegenwart, der

gegenüber der junge idealistische Nietzsche das echte, tiefe Deutschtum herauf-
beschwört, welches aus den Sklavenbanden der Verflachung der Gründerjahre
befreien soll. Die einem Nietzsche so fragwürdige 'Jetztzeit' ist nur darum erträg-
lich, weil sie ihn eine zeitweilige Verirrung vom wahren deutschen Wesen dünkt
und "mit dem edeln Kerne unseres Volkscharakters nichts gemein hat."[39] Sein
Trost in öder Zeit ist, daß unter dem innerlich leeren Sokratismus seiner Zeit
"eine herrliche, innerlich gesunde, uralte Kraft verborgen liegt, die freilich nur
in ungeheuren Momenten sich gewaltig einmal bewegt und dann wieder einem
zukünftigen Erwachen entgegenträumt."[40] Zu diesen "ungeheuren Momenten"
nun, in denen das echte deutsche Wesen mit Glanz hervorgebrochen ist, zu diesen höchsten Augenblicken der Offenbarung lauteren deutschen Geistes gehört
für den Nietzsche der frühen siebziger Jahre die Epoche Martin Luthers: "Aus
diesem Abgrunde ist die deutsche Reformation hervorgewachsen."[41] Mit diesen
schwerwiegenden Worten ordnet der um echte Kultur unendlich besorgte Nietzsche Luther und die Reformation in die wenigen ganz großen Epochen deutschen Geisteslebens ein. In der Geburt der Tragödie, die ein tiefernster Mahnruf
an sein altgewordenes Säkulum ist, fordert er die zeitgenössischen Deutschen
zur Selbstbesinnung auf und drückt die große Hoffnung aus, daß sie "die inner-
liche Nöthigung,"[42] zu dem "reinen und kräftigen Kerne des deutschen Wesens"[43] zurückzukehren, "in dem Wetteifer"[42] finden mögen, "der erhabensten
Vorkämpfer auf dieser Bahn, Luther's ebensowohl als unserer großen Künstler
und Dichter, stets werth zu sein."[42] Die in denselben Monaten entstandenen
Bildungsanstaltsvorträge, in denen die nämliche tiefe Sorge um deutschen Geist
und deutsche Bildung mächtig erklingt, halten gleichfalls Ausschau "nach dem
hohen Wolkengange"[44] ebendieses Geistes und weisen hin auf "jenen aus der
Reformation her gesund bewahrten Geist des Bergmannssohnes Luther" als
auf ein erhabenes Beispiel des höchsten Fluges des "männlich ernsten, schwer-
gemuthen, harten und kühnen deutschen"[45] Geistes. Während die stark wirt-
schaftlich-utilitaristisch orientierte Zeit Nietzsches in ihrem Erziehungswesen
es seiner Meinung nach nur bis zu Anstalten zur Befriedigung der *Lebensnot*,
nicht aber der *Bildungsnot* bringt, behauptet er, daß das Gymnasium als Stätte
echter Bildung "in den wunderbaren, tiefsinnig erregten Zeiten der Reformation"[46] in erster herrlicher Blüte gestanden habe. Die Wiedergeburt wahrer
Bildung muß kommen aus dem "echten deutschen Geiste . . . , der aus dem
innersten Kerne der deutschen Reformation, der deutschen Musik, der deutschen
Philosophie so wunderbar zu uns redet, und der, wie ein edler Verbannter,"[47]
von der nüchtern-praktischen Gegenwart "so gleichgültig, so schnöde angesehn
wird."[48] Im Gegensatz zu dem auf schnellen und lauten Erfolg ausgehenden
'Geist' des damaligen Deutschland tritt Nietzsche für das Festhalten "an dem
deutschen Geiste" ein, "der sich in der deutschen Reformation und in der
deutschen Musik offenbart hat und der in der ungeheuren Tapferkeit und
Strenge der deutschen Philosophie . . . jene nachhaltige, allem Scheine abgeneigte

Kraft bewiesen hat, von der wir auch einen Sieg über jene modische Pseudocultur der 'Jetztzeit' erwarten dürfen."[49] Bemerkenswert ist die an Stellen wie der eben zitierten zum Ausdruck kommende geistesgeschichtliche Reihe, in der die deutsche Reformation von Nietzsche erblickt wird. Mit einem Griff stellt er ein seelisches Band her zwischen der deutschen Reformation, der deutschen Musik und der deutschen Dichtung und Philosophie. In Sonderheit ist es die geistige Verbindung der Reformation und der großen deutschen Musik, über die der junge hochmusikalische Nietzsche mehr als nur Allgemein-Andeutendes zu sagen hat. In kühner ideengeschichtlicher Sicht stellt er die immerhin frappierende Behauptung auf, daß in dem "Choral" der deutschen Reformation "die Zukunftsweise der deutschen Musik zuerst erklang. So tief, muthig und seelenvoll, so überschwänglich gut und zart tönte dieser Choral Luther's, als der erste dionysische Lockruf, der aus dichtverwachsenem Gebüsch, im Nahen des Frühlings, hervordringt. Ihm antwortete in wetteiferndem Wiederhall jener weihevoll übermüthige Festzug dionysischer Schwärmer, denen wir die deutsche Musik danken —."[50] Der Musiker Luther ist hier zum ersten deutschen Vertreter dionysischer Kunst verklärt und damit zum Urahn des dionysischen Meisters in Nietzsches eigener Zeit, den der begeisterte Jünger als Endglied der imponierenden Reihe der großen deutschen dionysischen Künstler erblicken lehrt: "Und wenn der Deutsche zagend sich nach einem Führer umblicken sollte, der ihn wieder in die längst verlorne Heimath zurückbringe, deren Wege und Stege er kaum mehr kennt — so mag er nur dem wonnig lockenden Rufe des dionysischen Vogels lauschen, der über ihm sich wiegt und ihm den Weg dahin deuten will."[51] Nachdem wir Nietzsches Lutherbild aus der Zeit der Geburt der Tragödie und der Bildungsanstaltenvorträge mit einiger Ausführlichkeit dargestellt haben, können wir endlich die sicher längst auf den Lippen liegende Frage nach dem Ursprung solcher auf ihre Weise durchaus positiven Einstellung zu Luther berühren. Wie ist es gekommen, daß der die Reformation 1865 so bestimmt ablehnende Nietzsche einige Jahre später dieselbe Bewegung freudig begrüßt? Emanuel Hirsch hat diese Frage in ihren Grundzügen richtig beantwortet, wenn er bemerkt, daß "Nietzsches Frühurteil über Luther wie alle seine Frühurteile im Zeichen der Wagnerfreundschaft" stehe. "Richard Wagners 'Beethoven' von 1870, auf den die Geburt der Tragödie ausdrücklich Bezug nimmt, ist wohl der unmittelbarste Anlaß zu dem . . . Hymnus Nietzsches auf den lutherischen Choral. Auch in der Verknüpfung Luthers mit dem deutschen Geiste treffen sich die beiden Freunde."[52] Zum vollen Verständnis der Entstehung von Nietzsches Lutherbild in dieser ersten großen Schaffensperiode ist es unerläßlich, Wagners Stellung nicht nur zu Luther und der Reformation sondern auch zum Gesamtchristentum knapp zu umreißen. Nachdem Wagner anfänglich "unter dem Einflusse Feuerbachs und Ruges" eine "ablehnende Haltung . . . dem Christentum gegenüber"[53] eingenommen, dann aber "unter Schopenhauers Einfluß das Christentum mit anderen Augen anzusehen gelernt"[53] hatte, hatte er "einer gewissen katholischen Grundstimmung, wie sie seiner neuen bayrischen Heimat entsprach, das Wort geredet."[54] Neben Schopenhauers mehr "quietistischer Weltauffassung," die "dem Geiste des Katholizismus . . . näher liegt als demjenigen des Protestantismus," hatte auch die "Freundschaft mit dem frommen Katholiken Liszt"[54] die katholisierenden Neigungen Wagners verstärkt. Arthur Drews, dessen schönem Buch *Der Ideengehalt von Richard Wagners dramatischen Dichtungen im Zusammenhange mit seinem Leben und seiner Weltanschauung* diese kurze Zusammenfassung von Wagners religiöser Entwicklung entnommen ist, fährt mit Bezug auf den späteren Wagner fort:

> Die Arbeit an den "Meistersingern" hatte alsdann ein Verblassen der katholischen Denkweise und eine entschiedene Hinwendung zum Protestantismus bei ihm gezeigt. Sie hatte ihm die Reformation, den Lutherfreund Hans Sachs mit seinem Liede auf die "Wittenbergische Nachtigall," den Protestanten Albrecht Dürer näher gebracht . . . Bachs protestantische Kirchenmusik war ihm immer mehr ans Herz gewachsen. Er hatte auch bei dem katholisch getauften und erzogenen Beethoven das Deutsch-Protestantische hervorgehoben und ihn mit Luther verglichen und in seinem "Kaisermarsche" hatte er den Choral "Ein' feste Burg ist unser Gott!" wie einen Hymnus auf die Reformation erklingen lassen, ein Beweis dafür, wie eng sich ihm die Idee des "deutschen Geistes," dem er mit jenem Marsche zu huldigen beabsichtigte, mit derjenigen des Protestantismus verknüpfte.

Ausserdem hatte er Cosima veranlaßt, zum lutherischen Glauben überzutreten, . . ." und pflegte auch sonst "seinen protestantischen Standpunkt bei jeder Gelegenheit mit Stolz und Entschiedenheit hervorzuheben."[55]

Was nun Einflüsse bestimmter Art angeht, die Wagners Lutherauffassung nachweisbar auf Nietzsche ausgeübt hat, so finden sich die für uns in Frage kommenden besonderen Stellen in Wagners bedeutender Beethoven-Abhandlung vom Jahre 1870. Hirsch macht auf zwei aufmerksam, an deren erster jedenfalls Wagner über Luther auf eine Weise redet, die sofort an Nietzsches bereits zitierte Worte gemahnt. Wagner, der sich von den bloß theologischen Streitigkeiten der Reformationszeit abgestoßen fühlt, schreibt Luthers ausgesprochener Musikalität eine wohltuend-rettende Rolle zu:

> Man muß die religiösen Sekten der Reformationszeit, ihre Disputate und Traktätlein sich zurückrufen, um einen Einblick in das Wüten des Wahnsinns zu gewinnen, welcher sich der vom Buchstaben besessenen Menschenköpfe bemächtigt hatte. Man kann annehmen, daß nur Luthers herrlicher Choral den gesunden Geist der Reformation rettete, weil er das Gemüt bestimmte und die Buchstabenkrankheit der Gehirne damit heilte.[56]

Bezeichnend für Wagners Stellung zu Luther ist diese positive Interpretation von der Musik her, die der junge Nietzsche nicht nur übernahm sondern schöpferisch dahin weiterbildete, daß er aus Luthers Choral das dionysische Anfangsglied der großen deutschen Musik machte und ihn so in den Bannkreis Wagners selber zog. Die zweite Stelle, an der Wagner Luther sogar mit Namen nennt, ist eine Verherrlichung des unabhängig-richterlichen Geistes Beethovens, dem im Schlußsatz der neunten Symphonie Schillers Worte "Was die Mode streng geteilt" nicht ausgereicht hätten, um seinen Grimm auf die 'Mode' als geistiges Symbol auszudrücken. Wagners Meinung nach war einem Beethoven "das Wort 'streng' für seinen zürnenden Ausdruck nicht genügend . . . So setzt er (Beethoven) denn aus eigener Machtvollkommenheit ' f r e c h ' hin, und nun singen wir: 'Was die Mode f r e c h geteilt'!"[57] Erregt bemerkt Wagner: "Wir glauben L u t h e r in seinem Zorne gegen den Papst vor uns zu sehen!"[58]

Wichtiger als die zweite der beiden von Hirsch angeführten Stellen, der ausser dem Vorkommen der Worte "freche Mode"[59] bei Nietzsche nichts entspricht, scheint mir nun eine dritte Stelle zu sein, an der Wagner das wesentlich Protestantische an dem doch katholischen Beethoven noch klarer hervorhebt und es geradezu mit dem deutschen Geiste gleichsetzt. Beethovens kräftige "Abwehr einer frivolen Lebens- und Geistestendenz"[60] deutet Wagner auf folgende Weise:

> Katholisch getauft und erzogen, lebte durch solche Gesinnung der ganze Geist des deutschen Protestantismus in ihm. Und dieser leitete ihn auch als Künstler wiederum auf dem Wege, auf welchem er auf den einzigen Genossen seiner Kunst treffen sollte, dem er ehrfurchtsvoll sich neigen, den er als Offenbarung des tiefsten Geheimnisses seiner eigenen Natur in sich aufnehmen konnte . . . so ward der grosse S e b a s t i a n B a c h . . . sein Führer. Bachs Wunderwerk ward ihm zur Bibel seines Glaubens; . . . Das waren dieselben rätselhaft verschlungenen Linien und wunderbar krausen Zeichen, in welchen dem grossen A l b r e c h t D ü r e r das Geheimnis der . . . Welt und ihrer Gestalten aufgegangen war . . . Was nur das Auge des deutschen Geistes erschauen, nur s e i n Ohr vernehmen konnte, was ihn aus innerstem Gewahrwerden zu der unwiderstehlichen Protestation gegen alles ihm auferlegte äußere Wesen trieb, das las nun Beethoven klar und deutlich in seinem allerheiligsten Buche und − ward selbst ein Heiliger.[60]

Dieser in seiner Art gewaltige Passus, demzufolge man in Wagner wirklich einen der Väter neuerer gewagtester geistesgeschichtlicher Konstruktionen erblicken darf, nennt deutschen Geist und Geist des deutschen Protestantismus, d.h. doch gewiß Luther, in einem Atemzuge und sieht das Eigenste beider in dem scharfen Gegensatz zu aller "frivolen Lebens- und Geistestendenz"[60] und in dem mächtigen Proteste "gegen alles . . . äußere Wesen."[60] Deutscher protestantischer Geist ist also identisch mit dem deutschen Geiste schlechthin. Beide sind tief und innerlich und stehen in wesensnotwendigem Widerspruch zu dem fremden katholischen Geiste, der auf "wirkliche Frivolität"[61] eingestellt sei und im Äußerlichen aufgehe. Ohne die Berechtigung solcher Stellungnahme hier weiter zu untersuchen, begnügen wir uns mit der wichtigen Feststellung, daß in Wagners Beethoven-Essay vom Jahre 1870 die beiden Hauptelemente des Nietzscheschen Lutherbildes von 1871–1872 enthalten sind: die "Verknüpfung Luthers mit dem deutschen Geiste" und der "Hymnus . . . auf den lutherischen Choral,"[62] Dinge, die vor der Berührung mit Wagner Nietzsches Denken fernlagen und die, soweit sich aus den Quellen ermitteln läßt, erst durch diese Berührung in Nietzsches Gesichtskreis traten.

Ehe wir uns der Eigenart solchen Lutherbildes näher zuwenden, ist noch auf einen erst Ende 1938 veröffentlichten Brief Cosima Wagners hinzuweisen, den diese am 15. Mai 1870, also nur wenige Monate vor Wagners Beethoven-Abhandlung[63] an Nietzsche schrieb. Cosima antwortet darin auf einen leider verlorengegangenen Brief Nietzsches, dessen für unsere Zwecke wichtige Stelle wir jedoch aus einem gleichzeitigen Brief Nietzsches an Erwin Rohde rekonstruieren können. In diesem Briefe Nietzsches an Rohde vom 30. April 1870 stehen die berühmt gewordenen Worte: "In dieser Woche habe ich d r e i m a l die Matthäuspassion des göttlichen Bach gehört, jedesmal mit dem Gefühl der unermeßlichen Verwunderung. Wer das Christenthum völlig verlernt hat, der hört es hier wirklich wie ein Evangelium; es ist die Musik der Verneinung des Willens, ohne die Erinnerung an die Askesis."[64] Diese Zeilen oder solche ganz ähnlicher Art[65] muß Cosima im Sinne haben, wenn sie sich wie folgt dazu äußert: "Wie gern hätte ich die Passionsmusik gehört; sie ist für mich die höchste Blüte des innig tiefen Gefühles welches LUTHER beseelt hat. In ihr finde ich die erhaben ernste Gottesfürchtigkeit welche dem Protestantismus seine Helden und Märtyrer gegeben hat, und sich sehr — wie Sie richtig bemerken — von der katholischen Ascese unterscheidet."[66] Das für die vorliegende Arbeit außerordentlich Aufschlußreiche dieser beiden Briefe[67] besteht meiner Ansicht nach darin, daß der junge Nietzsche sein großartig geschildertes Bacherlebnis in keinerlei Verbindung mit Luther bringt, während Cosima, die im Unterschied zu Nietzsche Luther wirklich kennt,[68] sofort die Ideenparallele Bach — Luther zieht. Wie andere von Luther Ergriffene, die der Musik nicht ganz fremd gegenüberstehen, sieht sie in Bach den großen Künstler, der Luthers Seele in seiner Musik zum vollen Erklingen gebracht hat. Es sieht nun so aus, als ob der junge Nietzsche, der Luther in dem Jahrfünft des totalen Schweigens über protestantische Dinge gewiß innerlich nicht nähergekommen war, bei seinem zweifellos tiefgehenden Bacherlebnis von sich aus gar nicht an Luther gedacht hat. Er ist erstaunt, ja erschüttert von der Herrlichkeit Bachs, und der Gedanke kommt ihm, daß ein dem Christentum gänzlich Entfremdeter (wie zum Beispiel der junge Nietzsche) es hier neu lernen könne. Das Wichtige dabei ist, daß ihm bei diesem prägnanten Gedankengange Luther als Bach zutiefst verwandte Gestalt überhaupt nicht in den Sinn kommt. Die Verbindung von Bach zu Luther stellt erst Cosima Wagner her; Nietzsche selber ist so lutherfremd, daß andere, in diesem Falle Cosima und bald darauf Richard Wagner in der Beethovenschrift, ihn auf diese inneren Beziehungen erst aufmerksam machen müssen.

Was nun endlich die oben gestellte Frage nach dem eigentümlichen Wesen des jungnietzscheschen Lutherbildes betrifft, so muß die Antwort einfach lauten, daß es über allgemeinste, willkürlich geistesgeschichtliche Züge nicht hinausgeht. Ohne sich in Luther irgendwie vertieft zu haben, läßt er sich durch die gewiß blendenden ideengeschichtlichen Ausblicke Richard Wagners bestricken und baut sie im Sinne seiner eigenen faszinierenden Theorie des Dionysischen zum Teil noch weiter aus. Von eigenem Studium Luthers verraten sie nicht das Geringste, wenn sie auch seine und Wagners geistesgeschichtliche Neigungen hell und grell beleuchten. Auf die kürzeste Formel gebracht: Nietzsches Lutherbild in der Geburt der Tragödie und den Bildungsanstaltenvorträgen ist nicht nur durchaus unselbständig, angelesen gewissermaßen, sondern auch recht vage, welche letztere Kritik übrigens auch für das Wagnersche Lutherbild dieser Jahre gilt. Schließlich wäre noch zu bemerken, daß Nietzsches 'positives' Lutherbild der ersten siebziger Jahre das negative von 1865 auf keinen Fall aufhebt, da das spätere rein ästhetisch-ideengeschichtliche mit dem früheren ausgesprochen religiös-theologischen absolut keine Berührungspunkte hat.

Zur Vervollständigung der Lutherauffassung des jungen Nietzsche sind nun noch die weiteren Schriften bis zum ersten Teil von Menschliches Allzumenschliches kurz heranzuziehen. In *Vom Nutzen und Nachtheil der Historie für das Leben*, der zweiten Unzeitgemäßen aus dem folgenden Jahre, 1873, kommen nur zwei Lutherstellen vor, deren erste Emanuel Hirsch geradezu als schlagenden Beweis für Nietzsches Mangel an irgendwelchen positiven Lutherkenntnissen ansieht. Nietzsche redet von der Notwendigkeit, daß der Mensch die Vergangenheit kritisch betrachten müsse, d.h. daß er "eine Vergangenheit . . . vor Gericht zieht, peinlich inquirirt und endlich verurtheilt."[69] Nachdem Nietzsche Goethe dahin zitiert hat, daß alles, was entsteht, wert sei, daß es zu Grunde geht, fährt er so fort: "Luther selbst hat einmal gemeint, daß die Welt nur durch die Vergeßlichkeit Gottes entstanden sei; wenn nämlich Gott an das 'schwere Geschütz' gedacht hätte, er würde die Welt nicht geschaffen haben."[70] Hirsch, der schon am Eingang des Aufsatzes behauptet hatte, daß "irgendwelche Spuren einer persönlichen Berührung mit Luthers Schrifttum"[71] nicht nachzuweisen seien, bemerkt zu der eben zitierten Stelle: "Ein einziges Mal wird, arg entstellt und rein als rednerischer Schmuck, ein Lutherwort aus den Tischreden erwähnt."[71] Die von Hirsch angegebene Quelle[72] dieses 'Zitats' scheint jedoch reichlich weit hergeholt, sodaß ich selber mich des Urteils hier vorläufig enthalten möchte, obwohl ich trotz eigenen Nachsuchens und Nachfragens keine andere in Frage kommende Stelle habe auffinden können und die von Hirsch angeführte wohl nicht völlig von der Hand zu weisen sein dürfte. Welches aber auch der Ursprung dieser Lutherreminiszenz sei und auf welche fragwürdige Weise Nietzsche auch seine Quelle behandelt haben mag, — welcher letzte Umstand allerdings Hirschs

These von Nietzsches wesentlicher Lutherunkenntnis bestätigen würde –, eins steht fest: Luther wird auch in diesem Zusammenhang positiv gewürdigt, insofern er in Verbindung mit Goethe als Autorität gebraucht wird, die Richtigkeit von Nietzsches eigenen Anschauungen in der zweiten Unzeitgemässen zu unterstreichen. Diese allgemeine Hochschätzung Luthers seitens des jungen Nietzsche kommt ferner zum Ausdruck in dem scharfen Angriff auf die "vollkommen historische ... Behandlung"[73] großer geistiger Bewegungen, durch welches "reine Wissen" man die große Bewegung "auflöst und ... vernichtet."[73] Dergleichen "historische Secirübungen," durch die das "Lebendigste" "mit dem ganzen gelehrten Wust des Biographischen überschüttet" würde, lähmen "zur Unzeit" die "lebendigen Wirkungen"[65] von noch gar nicht erschöpften Geistesepochen. Zu solchen Bewegungen, die noch Leben haben, denen sozusagen noch "eine umwälzende und reformierende Heilkraft"[74] innewohnt, rechnet der junge Nietzsche auch die Anfänge "der lutherischen Reformation,"[75] von der sich "die Neubegierde auf zahllose Mikrologien des Lebens und der Werke"[73] fernhalten solle. Für die lutherische Reformation als noch lebendige Kraft gelte diese Einsicht: "Alles Lebendige braucht um sich eine Atmosphäre, einen geheimnisvollen Dunstkreis."[75] Wie sehr Nietzsche zu dieser Zeit noch im Banne seines Wagnererlebnisses steht, zeigt die weitere Ausführung dieses Gedankens: "So ist es nun einmal bei allen großen Dingen, 'die nie ihn' ein'gen Wahn gelingen,' wie Hans Sachs in den Meistersingern sagt."[75]

Unter den in die Nachgelassenen Werke aufgenommenen Vorarbeiten zu der zweiten unzeitgemässen Betrachtung gibt es noch zwei kurze Lutherstellen, die die eingeschlagene Linie einhalten. Luther wird auch hier zu den größten Deutschen gezählt: "Wenn wir vom d e u t s c h e n G e i s t e reden, so meinen wir Luther, Goethe, Schiller und einige andere. Besser wäre es schon, von lutherartigen Menschen u.s.w. zu reden"[76] Wenn hier dem von Nietzsche verachteten Durchschnittsdeutschen der große luther- und goetheartige Mensch als Idealdeutscher entgegengesetzt wird, so bezeichnet Nietzsche in der zweiten auf Luther bezüglichen Stelle die "Lieder des letzten deutschen Kriegs" und die "Märsche der vorangehenden preussischen Kriege"[77] als "plumpe, mitunter sogar süsslich-widrige Gemeinheit, die Hefe jener 'Bildung,' die jetzt so gerühmt wird."[78] Als ob er einen letzten Trumpf ausspielte, bricht er dann in die zornig-verächtlichen Worte aus: " 'Pfui dich mal an, Jungfer Bildung!' würde Luther sagen."[79] Ganz ähnlich appelliert an Luther als eine Art höchsten Richters der schlimmen 'Jetztzeit' eine Stelle in den gleichzeitigen *Gedanken zu der Betrachtung: Die Philosophie in Bedrängniß*: Die sogenannten "gelehrten und gebildeten Stände," die sich gegen die Not der "niedern ungelehrten Menschen"[80] verschließen, werden mit Luthers Maß gemessen und von Luther her ermahnt: "Wenn jetzt ein Luther entstünde, so würde er gegen die ekelhafte Gesinnung der besitzenden Classen sich erheben, gegen die Dummheit und Gedankenlosigkeit, ..."[80] Der junge Nietzsche erblickt in Luther also einen idealistischen Bundesgenossen in seinem eigenen Kampfe gegen den Materialismus seiner Zeit und vergleicht ihn implicite mit dem damals noch hochverehrten Schopenhauer, von dem er gleicherweise rühmend feststellt, daß er "die Verweltlichung" "zertrümmert."[81] Durchaus als Lob Luthers ist es denn auch gemeint, wenn er schreibt: "Schopenhauer ist einfach und ehrlich: er sucht keine Phrasen und Feigenblätter, . . . Er ist grob wie Luther."[82]

In unserer chronologisch vorgehenden Darstellung der Bezugnahmen auf Luther kommen wir jetzt zu einem recht interessanten Punkte. Man wird sich an Hirschs von uns geteilte Überzeugung erinnern, daß die Anfänge von Nietzsches Lutherverehrung mit dem Namen Wagner auf das engste verknüpft sind. Wenn Hirsch jedoch ebenfalls behauptet, daß Nietzsches "Frühurteile über Luther und die Reformation mit der Wagnerfreundschaft zusammen vergangen"[83] seien, so führt eine sorgfältige Untersuchung der Quellen zu einem nicht ganz so einfachen Ergebnis. Das als *Gedanken über Richard Wagner aus dem Januar 1874* im zweiten Nachlaßbande herausgegebene Material legt vielmehr den Schluß nahe, daß nämlich der junge Nietzsche den Bayreuther Meister früher als Luther aufgegeben hat. Unter den schweren Bedenken, die er Wagner gegenüber hier zum ersten, wohl nur für sich selber[84] bestimmten Ausdruck bringt, finden sich diese drei Stellen. Erstens, "man muß nicht unbillig sein und nicht von einem Künstler die Reinheit und Uneigennützigkeit verlangen, wie sie ein Luther u.s.w. besitzt. Doch leuchtet aus Bach und Beethoven" (d.h. also doch Künstlern) "eine reinere Natur"[85] (als aus Wagner). Zweitens, "Wagner ist für einen Deutschen zu unbescheiden; man denke an Luther, . . ."[86] Und drittens, "eine besondre Form des Ehrgeizes Wagner's war es, sich mit den Größen der Vergangenheit in Verhältniß zu setzen: mit Schiller-Goethe, Beethoven, Luther, der griechischen Tragödie, Shakespeare, Bismarck."[87] Wie ein allererstes Aufleuten der in wenigen Jahren kommenden Ablehnung Luthers und der Reformation will es scheinen, wenn Nietzsche fortfährt: "Nur zur Renaissance fand er" (d.h. Wagner) "kein Verhältniß; aber er erfand den deutschen Geist gegen den romanischen. Interessante Charakteristik des deutschen Geistes nach seinem Vorbilde."[87] In diesen lapidaren Sätzen ist der Kern von Nietzsches späterer Umwertung der deutschen Reformation enthalten. Dem jungen Nietzsche, dessen Neigungen mehr und mehr zur Renaissance und zur romanischen Formkultur hinstreben werden, ist Wagners Gleichgültigkeit ebendiesen Erscheinungen gegenüber so verdächtig geworden, daß er des großen Freundes Auffassung vom Wesen des deutschen Geistes als idiosynkratische Erfindung und bloß eigenwillige, den historischen Tatsachen nicht entsprechende Konstruktion schon abzutun im Begriffe ist. Daß bei der uns genug bekannten engen und engsten Verbindung Luthers mit dem 'deutschen Geiste,' die Nietzsche anscheinend von Wagner übernommen hatte, auch Luther selber bald stark angezweifelt und dann abgelehnt werden wird, wird niemand sehr überraschen, der um Nietzsches geringe positive Lutherkenntnisse weiß. Den ersten bestimmteren Anzeichen einer gewissen Unsicherheit der Reformation gegenüber begegnen wir in den *Gedanken und Entwürfen zu der Betrachtung: Wir Philologen*, wo an einer in das Jahr 1875 gehörenden Stelle Folgendes zu lesen ist: "Die deutsche Reformation entfernte uns vom Alterthum: mußte sie das? Sie entdeckte den alten Widerspruch 'Heidenthum − Christenthum' von neuem; sie war zugleich ein Protest gegen die d e c o r a t i v e C u l t u r der Renaissance; . . ."[88] Man spürt, daß hier eine Wandlung in der Bewertung der Reformation sich leise vorbereitet, obwohl die Bezeichnung der Renaissance als bloß "decorative Cultur" noch auf innere Hemmungen hindeutet, die Nietzsche erst überwinden muß, ehe er sie als geistige Lebensform rückhaltlos wird anerkennen können. Ein Passus wie der obige läßt einen tiefen Blick tun in die ungemein komplizierte Seele des dreißigjährigen Mehr-als-Philologen, der trotz solcher beginnenden skeptischen Anwandlungen im Grunde seines Wesens zu dieser Zeit[89] doch wohl noch mehr in der germanischen Reformation als in der romanischen Renaissance seine geistige Heimat hatte, wie aus einem bedeutsamen Brief an Erwin Rohde vom 28. Februar desselben Jahres 1875 unmißverständlich hervorgeht. Aus Nietzsches engerem Bekanntenkreis war der Privatdozent Romundt zum Katholizismus übergetreten. Der über das Ereignis tief verärgerte Nietzsche macht sich Luft in einem Schreiben, in dem Trauer und Zorn, daß so etwas in seiner geistigen Nähe geschehen konnte, um die Vorherrschaft kämpfen: "Ich bin etwas innerlich verwundet dadurch," so beginnt er, "und mitunter empfinde ich es als das Böseste, was man mir anthun konnte . . . Unsre gute reine protestantische Luft! Ich habe nie bis jetzt stärker meine innigste Abhängigkeit von dem Geiste Luthers gefühlt als jetzt, und allen diesen befreienden Genien will der Unglückliche den Rücken wenden?"[90] Der folgende Gefühlsausbruch mutet geradezu grotesk an, es sei denn, daß man darin die instinktive Stimme des protestantischen Blutes in Nietzsche zu hören bereit ist: "Ich frage mich, ob er noch bei Verstande ist und ob er nicht mit Kaltwasserbädern zu behandeln ist: so unbegreiflich ist es mir, daß dicht neben mir, nach einem 8 jährigen vertrauten Umgange, sich dies Gespenst erhebt. . . . auch ich glaube etwas Heiliges zu vertreten und ich schäme mich tief, wenn ich dem Verdachte begegne, daß ich irgend was mit diesem mir grundverhaßten Katholischen Wesen zu thun hätte."[90] Dieser Brief, dessen psychologischer Wert gerade darin besteht, daß Nietzsche seinen beleidigten protestantischen Urgefühlen dem Freunde gegenüber keinerlei Zügel anlegt, ist ein nicht zu überschätzendes Zeugnis für den Protestantismus als energische Gebärde, wenn er sich auch hier in uns bereits bekannter Weise nur im Gegensatz zum Katholiszismus äußert.

Zum letzten Mal erscheint die positive Einstellung zu Luther und der Reformation in der vierten Unzeitgemäßen und den Vorarbeiten dazu. Je näher die Aufführung des Nibelungenrings in Bayreuth heranrückte, desto stärker wurde der Wunsch in Nietzsche, trotz der unverkennbaren inneren Abwendung von Wagner die Mitwelt auf den immer noch großen Sinn der bevorstehenden Bayreuther Tage aufmerksam zu machen. "Noch einmal," schreibt Drews in seinem schon zitierten Wagnerbuch, "rief er sich die Stunden reinsten Glückes ins Gedächtnis, deren er im Umgang mit Wagner und durch dessen Musik teilhaftig geworden war. Die alte Liebe zu Wagner, diese höchste Beseligung seines ganzen bisherigen Lebens, flammte noch einmal zu heller Lohe in ihm auf. Er sagte sich, daß er unmöglich die Festspiele vorübergehen lassen könnte, ohne auch seinerseits ein Wort über die Bedeutung des Ereignisses für die gesamte deutsche Kultur beizusteuern."[91] Dieser "unter großen innerlichen Schwierigkeiten"[91] entstandene Essay *Richard Wagner in Bayreuth* mag nun gewisser Spuren seines Ursprunges aus seelischem Zwiespalte in Bezug auf *Wagner* nicht entbehren, so wenig merklich sie auch sein mögen; was die Aussprüche über *Luther* jedoch angeht, will es scheinen, daß ihnen noch keine innere Unsicherheit anhaftet, sondern daß sie weiter echter Ausdruck eines trotz früher festgestellter skeptischer Momente wesentlich ungebrochenen positiven Verhältnisses zu dem Reformator als reiner, wahrhaft deutscher Gestalt sind. Wagner, so lesen wir in den Vorarbeiten zu der vierten Unzeitgemäßen,

> sucht für das Kommende im Gewesenen die Analogien, so erscheint ihm das Deutsche Luther's, Beethoven's und seiner selbst . . . als Bürgschaften, daß etwas Analoges von dem, was er für nöthig in der Zukunft hält, einmal da war; Tapferkeit, Treue, Schlichtheit, Güte, Aufopferung, wie er alles dies in der herrlichen Symbolik seines "Kaisermarsches"[92] zusammen gesagt hat – das ist sein Deutschthum. Er sucht den B e i t r a g, den die Deutschen der kommenden Cultur geben werden . . . i n d e m g r o - ß e n u n b e f r i e d i g t e n H e r z e n, d a s w e i t g r ö ß e r i s t a l s e i n e N a t i o n – das nennt er deutsch.[93]

Der scharfe Strich, den Nietzsche in den *Gedanken über Richard Wagner aus dem Jahre 1874* zwischen Wagner und Luther zugunsten des letzteren gezogen hatte, ist in dieser für die Öffentlichkeit bestimmten Werbeschrift verschwunden oder jedenfalls wieder verwischt. In dem Essay selber sind Wagner und Luther ebenfalls noch einmal gleichgesetzt; an einer schönen Stelle über Wagners Universalität stehen die folgenden herrlichen Worte:

> Wer sich über die Nachbarschaft des Tristan und der Meistersinger befremdet fühlen kann, hat das Leben und Wesen aller wahrhaft großen Deutschen in einem wichtigen Punkte nicht verstanden: er weiß nicht, auf welchem Grunde allein jene eigentlich und einzig d e u t s c h e H e i t e r k e i t Luther's, Beethoven's und Wagner's erwachsen kann, die von andern Völkern gar nicht verstanden wird und den jetzigen Deutschen selber abhanden gekommen scheint – jene goldhelle durchgegohrne Mischung von . . betrachtendem Sinne und Schalkhaftigkeit, wie sie Wagner als den köstlichsten Trank allen Denen eingeschenkt hat, welche tief am Leben gelitten haben und sich ihm gleichsam mit dem Lächeln des Genesenden wieder zukehren.[94]

Mit diesen wunderbaren, dichterisch verklärten, gleichsam 'gesungenen'[95] Worten sind wir wie durch Zauberschlag in die Anfänge von Nietzsches Lutherverehrung zurückversetzt, in die schwer zugängliche Welt der Geburt der Tragödie, wo zum ersten Male der neue Ton von einer aus abgründigen Tiefen erwachsenen 'Heiterkeit' erklang. Der Kreis des zweiten Teils unserer Untersuchung schließt sich: Wagner, Beethoven und Luther, die größten Vertreter der 'deutschen Heiterkeit,' treten in eine Reihe mit den aufs Höchste verehrten Griechen, die die Geburt der Tragödie schon als heiter aus Tiefe gepriesen hatte. Größere Ehre konnte der junge Nietzsche seiner damaligen Geistesverfassung nach dem deutschen Reformator nicht antun als ihn mit den geliebten 'aus Tiefe heitern' Griechen gleichzustellen.

Im Laufe der folgenden Jahre wandelt sich Nietzsche vollständig. Über Luther und die deutsche Reformation urteilt er nun so in Menschliches Allzumenschliches I:

> Die italiänische Renaissance barg in sich alle die positiven Gewalten, welchen man die moderne Cultur verdankt: . . . Es war das goldene Zeitalter dieses Jahrtausends, trotz allen Flecken und Lastern. Dagegen hebt sich nun die deutsche Reformation ab als ein energischer Protest zurückgebliebener Geister, welche die Weltanschauung des Mittelalters noch keineswegs satt hatten . . . Sie warfen mit ihrer nordischen Kraft und Halsstarrigkeit die Menschen wieder zurück, . . . Die große Aufgabe der Renaissance konnte nicht zu Ende gebracht werden, der Protest des . . . zurückgebliebenen deutschen Wesens . . . verhinderte dies. Es lag in dem Zufalle einer außerordentlichen Constellation der Politik, daß damals Luther erhalten blieb und jener Protest Kraft gewann: . . . Ohne diess . . . wäre Luther verbrannt worden wie Huss — und die Morgenröthe der Aufklärung vielleicht etwas früher und mit schönerem Glanze, als wir jetzt ahnen können, aufgegangen.[96]

Wenn wir uns nun zum Schluß noch die Frage vorlegen, wie nach der schier absoluten Erhöhung Luthers in den frühen siebziger Jahren die ebenso absolute Erniedrigung von etwa 1876–77 an zu erklären sei, so ist hier nur hervorzuheben, daß die Lutherbegeisterung bei aller poetischen Schönheit faktisch auf recht schwachen Füßen stand und letztlich nur ein seltsames Zwischenspiel zwischen der Lutherablehnung des Studenten einerseits und des Positivisten andererseits darstellt. Emanuel Hirschs hartes Urteil über Nietzsches späteres Lutherbild wie auch über das frühe, das allein in der vorliegenden Arbeit untersucht ist, besteht meines Erachtens zu Recht: es handele sich dabei um "Phantasien ohne Wirklichkeitsboden."[97] Und doch möchte ich persönlich das Wort "Phantasien" positiver werten als Hirsch zu tun scheint: unter den Lutherstellen von der Geburt der Tragödie bis zu Richard Wagner in Bayreuth sind einige, die man nur als herrliche Jugendphantasien eines großen Künstlers und Erzgeistesgeschichtlers bezeichnen kann, selbst wenn sie nicht einmal selbständig sondern zum großen Teil nur übernommen sind! Im allgemeinen kann man jedoch nur bedauern, daß der verschwenderisch begabte Nietzsche, aus welchem Grunde auch immer, nicht dazu gekommen ist, sich in den ebenfalls bis zur Verschwendung begabten größeren Luther zu vertiefen, dem er noch dazu, wie Ernst Bertram gezeigt hat, in tiefer Seele verwandt war. Wenn Nietzsche nicht die lutherische Orthodoxie in verhängnisvoller Weise mit Luther verwechselt hätte und nur einigermaßen in Luthers Hauptwerken belesen gewesen wäre, so hätte sicher aus seinem großen Bacherlebnis ein ähnlich großes Luthererlebnis werden können. In der Musik Sebastian Bachs nämlich, so faßt Arnold Berger es trefflich zusammen, "empfängt man von der unergründlichen Tiefe Lutherischer Innerlichkeit einen ungleich machtvolleren Eindruck, als ihn die Geschichte der protestantischen Kirche und Theologie irgend zu vermitteln vermag."[98] Welche ungeheuren geistigen Perspektiven tun sich auf bei dem Gedanken an die Möglichkeit, daß der junge Nietzsche auch über Martin Luther seine ergreifenden Worte über Bach hätte schreiben können: "Wer das Christenthum völlig verlernt hat, der hört es hier wirklich wie ein Evangelium."[99] Wer mit Arnold Berger überzeugt ist, "daß der größte deutsche Musiker nichts andres ist, als der in die Welt der Töne übersetzte religiöse Genius Luthers,"[98] wird immer beklagen müssen, daß aus der in Nietzsches Bacherlebnis an den Tag gelegten inneren Bereitschaft zum Luthererlebnis nicht 'Ereignis' wurde. Und der Grund? Blosser Enthusiasmus, selbst dionysisch-jungnietzschescher Art, ist nicht ausreichend, wenn nicht schlichtes Lernen und mühsame philologische Arbeit das feste Fundament bilden, auf dem allein der Turm geistesgeschichtlicher Schau und Zusammenschau errichtet werden darf.

ANMERKUNGEN

1 Vergleiche z.B. Curt von Westernhagen, *Richard Wagners Kampf gegen seelische Fremdherrschaft* (München: J.F. Lehmann, 1935). S. 47, 80.
2 Ernst Bertram, *Nietzsche. Versuch einer Mythologie*. 7. Auflage (Berlin: G. Bondi, 1929).
3 Kurt Hildebrandt, *Wagner und Nietzsche. Ihr Kampf gegen das neunzehnte Jahrhundert* (Breslau: F. Hirst, 1924).
4 Emanuel Hirsch, "Nietzsche und Luther," *Jahrbuch der Luther-Gesellschaft*, II−III (1920/21), 61−106 (nur die Seiten 63−66 behandeln unser Thema).
5 Friedrich Nietzsche, *Werke und Briefe*, Historisch-kritische Gesamtausgabe (München: C.H. Beck, 1933 ff.).
6 *Werke*, I, 115 (HKG).
7 Ebenda, 205−206.
8 *Briefe*, I, 105 (HKG).

9 *Werke*, I, 139 (HKG).
10 *Briefe*, I, 313 (HKG).
11 *Briefe*, I, 284 (HKG).
12 *Werke*, III, 84–97 (HKG).
13 Ebenda, 87.
14 Ebenda, 86.
15 Ebenda, 94.
16 Ebenda, 94–95.
17 Ebenda, 95.
18 Ebenda, 96.
19 Ebenda, 89: *Amerika, die politischen socialen, kirchlich-religiösen Zustände in den Vereinigten Staaten von Nordamerika mit besondrer Rücksicht auf die Deutschen aus eigner Anschauung dargestellt* von Dr. Philipp Schaff Professor der Theologie zu Mercersburg in Pennsylvanien.
20 *Briefe*, I, 305 (HKG).
21 Friedrich Nietzsche, *Werke* (Leipzig: A. Kröner, 1910–26), IX, 346.
22 *Briefe*, I, 284 (HKG).
23 Die historisch-kritische Gesamtausgabe gibt die Entstehungszeit leider nicht genauer an.
24 *Werke*, III' 126 (HKG).
25 Ebenda, 125.
26 Arnold Berger, *Martin Luther und die deutsche Kultur* (Berlin: E. Hofmann & Co., 1919), 558.
27 *Werke*, III, 126 (HKG).
28 A. Berger, a.a.O., 291.
29 Ebenda, 695.
30 Ricarda Huch, *Luthers Glaube* (Leipzig: Insel, 1920), 25.
31 James Mackinnon, *Luther and the Reformation* (London: Longmans, Green & Co., 1925–30), *passim*.
32 Rudolf Otto, *Das Heilige*, 12. Auflage (Gotha/Stuttgart: F.A. Perthes A.G., 1924), 69.
33 Arnold Berger, a.a.O., 232.
34 Vergleiche Fußnote 23 dieser Arbeit.
35 Friedrich Nietzsche, *Werke*, III, 128.
36 Ebenda, 126.
37 Emanuel Hirsch, a.a.O., 63 (Vergleiche Fußnote 4 dieser Arbeit).
38 Eine neue detaillierte Untersuchung T. Moody Campbells über "Nietzsche-Wagner, to January, 1872," *PMLA*, LVI, no. 2 (1941), 544–577, erkennt schon in der Endfassung der Geburt der Tragödie eine tiefgehende innere Abwendung von Wagner.
39 Friedrich Nietzsche, *Werke*, I, 161 (Kröner).
40 Ebenda, 161–162.
41 Ebenda, 162.
42 Ebenda, 165.
43 Ebenda, 164.
44 Friedrich Nietzsche, *Werke*, IX, 414 (Kröner).
45 Ebenda, 416.

46 Ebenda, 394.

47 Ebenda, 370.

48 Ebenda, 370—371.

49 Ebenda, 350.

50 Friedrich Nietzsche, *Werke*, I, 162 (Kröner).

51 Ebenda, 165.

52 Emanuel Hirsch, a.a.O., 64.

53 Arthur Drews, *Der Ideengehalt von Richard Wagners dramatischen Dichtungen im Zusammenhange mit seinem Leben und seiner Weltanschauung* (Leipzig: E. Pfeiffer, 1931). 337.

54 Ebenda, 338.

55 Ebenda, 338—339.

56 Richard Wagner, *Gesammelte Schriften und Dichtungen* (Berlin: Bong, o.J.), IX, 116.

57 Ebenda, 122.

58 Ebenda, 123.

59 Friedrich Nietzsche, *Werke*, I, 24 (Kröner).

60 Richard Wagner, a.a.O., 95.

61 Ebenda, 94.

62 Emanuel Hirsch, a.a.O., 64.

63 "Die Beethovenschrift ist im August und September 1870 verfaßt und erschien Ende November bei Fritzsch in Leipzig." Richard Wagner, a.a.O., X, 135 (Anmerkungen).

64 *Friedrich Nietzsches Briefwechsel mit Erwin Rohde*, 3. Auflage (Leipzig: Insel, 1923), 146.

65 In Nietzsches Briefen an verschiedene Personen finden sich manchmal dieselben Stellen. — Der nach der Fertigstellung meiner Arbeit die Yale Bibliothek erreichende 3. Briefband der HKG (1940) unterstützt meine Annahme der Identität der Bachstelle in den Briefen an Rohde und Cos. Wagner. Im Nachbericht bemerkt der Herausgeber W. Hoppe über den Bachpassus in dem Brief an Rohde: "aus einem Antwortbrief Cosima Wagners geht hervor, daß Nietzsche an sie in gleicher Weise über diese Komposition geschrieben hat (Cosima Wagner an Nietzsche 1, 47)," *Briefe*, III, 415 (HKG).

66 *Die Briefe Cosima Wagners an Friedrich Nietzsche* Altenburg: S. Geibel & Co., 1938), I. Teil (1869—71), 47.

67 Meine Theorie fällt selbstverständlich, wenn Nietzsches Brief an Cosima anders war als der an Erwin Rohde. — Vergleiche jetzt aber den zweiten Teil von Fußnote 65.

68 Cosima Wagner ist eine begeisterte Lutherverehrerin geblieben. In ihrem Briefwechsel mit H.S. Chamberlain finden sich viele Lutherstellen, die auf immer wachsendes Interesse an Luther hindeuten.

69 Friedrich Nietzsche, *Werke*, I, 307 (Kröner).

70 Ebenda, 308.

71 Emanuel Hirsch, a.a.O., 63.

72 "Buchsen und das Geschütz ist ein grausam, schädlich Instrument, zusprengt Mauren und Fels, und führt die Leute in die Luft. Ich gläube, daß des Teufels in der Hölle eigen Werk sei, der es erfunden hat, als der nicht streiten

kann sonst mit leiblichen Waffen und Fäusten. Gegen Büchsen hilft keine Stärke noch Mannheit, er ist todt, ehe man ihn siehet. Wenn Adam das Instrument gesehen hätte, das seine Kinder hätten gemacht, er wäre für Leide gestorben." Erlanger Ausgabe, LXII, 171 (Tischrede Nr. 2712).

73 Friedrich Nietzsche, *Werke*, I, 341 (Kröner).
74 Diese Worte sind eigentlich auf die deutsche Musik angewandt, dem Sinne und Zusammenhang nach passen sie jedoch auch für die Reformation.
75 Ebenda, 342.
76 Friedrich Nietzsche, *Werke*, X, 278 (Kröner).
77 Ebenda, 281.
78 Ebenda, 281–282.
79 Ebenda, 282.
80 Ebenda, 290.
81 Ebenda, 302.
82 Ebenda, 301.
83 Emanuel Hirsch, a.a.O., 64.
84 Friedrich Nietzsche, *Werke*, X, 519 (Kröner).
85 Ebenda, 433, Nr. 312.
86 Ebenda, 441, Nr. 327.
87 Ebenda, 446, Nr. 345.
88 Ebenda, 406, Nr. 263.
89 Wie übrigens sein Leben lang nach Ernst Bertram.
90 Vollständig ist dieser bisher nur zum Teil veröffentlichte Brief (*Nietzsches Briefwechsel mit Erwin Rohde*) zum ersten Mal abgedruckt in: *Die Briefe des Freiherrn Carl von Gersdorff an Friedrich Nietzsche* (Weimar: Nietzsche-Archiv, 1936), III, Teil, 81–82.
91 Arthur Drews, a.a.O., 407.
92 Vergleiche Fußnote 55 dieser Arbeit. Ebenfalls Arthur Drews, a.a.O., 412.
93 Friedrich Nietzsche, *Werke*, X, 458 (Kröner).
94 Friedrich Nietzsche, *Werke*, I, 554 (Kröner).
95 Ebenda, 5.
96 Friedrich Nietzsche, *Werke*, II, 224–225 (Kröner).
97 Emanuel Hirsch, a.a.O., 66.
98 Arnold Berger, a.a.O., 623. Vergleiche auch das anregende Buch von Hans Besch, *Johann Sebastian Bach, Frömmigkeit und Glaube. Band I: Deutung und Wirklichkeit. Das Bild Bachs im Wandel der deutschen Kirchen- und Geistesgeschichte* (Gütersloh: C. Bertelsmann, 1938), besonders S. 1, 144–145, 148, 184–186, 299.
99 *Friedrich Nietzsches Briefwechsel mit Erwin Rohde*, a.a.O., 146.

NIETZSCHE'S IDEA OF LUTHER IN
MENSCHLICHES, ALLZUMENSCHLICHES

Until 1876 Nietzsche paid Luther very high compliments. The works and letters of his first creative period abound with praise for the German reformer.[1] The youthful Nietzsche, professor of Greek and philosopher of culture, more than once expressed his intellectual indebtedness to the spirit of Wittenberg. In those early years he felt himself the heir of the Lutheran Reformation and the inveterate foe of Roman Catholicism. Though anything but an orthodox Protestant, he was nevertheless firmly convinced of the intellectual and moral superiority of Protestantism to the Church of Rome. As late as 1876 he looked upon Protestantism as a source of light and freedom and upon Roman Catholicism as the embodiment of darkness and intellectual bondage. However, all his complimentary utterances on Luther and the Reformation are scarcely based on an intimate knowledge of the man and the movement he inspired. They rather express little more than the idea of Luther held by most educated Protestants of that day. What he said reflects the general, favorable attitude characteristic of Protestant Germany: Luther the great hero of the Reformation, the first representative of modern culture, without whom the world in which we live would be quite unthinkable. In other words, Nietzsche identified himself as late as *Richard Wagner in Bayreuth* (1876) with the then prevalent Protestant opinion of the Reformation: "Halten wir an dem . . . Geiste fest, der sich in der deutschen Reformation . . . offenbart hat . . ."[2] (IV, 54).

After that, Nietzsche's views underwent a radical change. The man who had sung the praises of Martin Luther turned into one of his chief critics. Though his most violent statements date only from his third period (1883–88), the pronouncements made near the beginning of his second period (1876–82) can in no way be construed as coming from a friendly voice. The prophet and initiator of the modern world now emerges as the preserver and, what is still worse in Nietzsche's mind, actually the restorer of the mediaeval world. It is Luther who is charged with turning the clock back. His influence on Western civilization is considered as pernicious. It was he who so disastrously interfered with the great early flowering of the modern spirit, the Italian Renaissance. Instead of being the wholesome genius who prepared the way for modern man, Luther is henceforth attacked as the archfoe of all that is representative of modernity.

This change in the evaluation of as notable a figure as Martin Luther is so thoroughgoing that it calls for a somewhat detailed presentation and analysis. It is startling enough to demand close scrutiny.

The principal works to be examined in this paper are the First and Second Parts of *Menschliches, Allzumenschliches*. In addition, the philosophical notes and drafts as well as the correspondence of the period from 1876 to 1880 constitute important source material. It is wise to proceed as chronologically as the records permit in order to avoid certain pitfalls in the matter of external influences which so distinguished a scholar as Emanuel Hirsch did not wholly escape.[3]

Although the period as a whole (1876–80) is definitely characterized by an unmistakably negative attitude toward Luther and the Reformation, there is found among the philosophical notes of these years one isolated statement which recalls the appreciative remarks made in Nietzsche's writings from *Die Geburt der Tragödie* to *Richard Wagner in Bayreuth*. Since the present editorial status of these notes does not allow us to date them exactly, if indeed a close dating is really possible, we must be satisfied with saying that the utterance of interest to us here stems from between the end of 1875 and 1879. But even if the actual date cannot be more definitely established, the spirit and general tenor of the passage would seem to place it toward the beginning of the period. The paragraph in question is in essence an indictment of German materialism and worship of economic success of which Nietzsche had been accusing the empire Bismarck built ever since its founding. Severely he takes the Germans to task for having completely surrendered what he calls, significantly enough, "Schiller's und Goethe's Reformation" (IX, 465) and their pronounced idealism. What the age of Bismarck holds in high esteem is the very antithesis of what Goethe and Schiller taught. This passage, interesting in itself to be sure, is of special importance for us because of the intimate connection Nietzsche established between the ethical idealism of Weimar and that of Wittenberg. In fact, the Reformation is the high standard by which German Classicism is measured. That it is not found wanting in this respect is one of its chief distinctions in Nietzsche's view. As the Germans of the post-Reformation era relapsed into moral indifference, the Germans of the post-classical era failed to adhere to the wisdom of Goethe and the earnestness of Schiller. What is of primary concern to us in this connection is that the Reformation is regarded as representing one of the highest points of German ethical culture, which the Germans gave up to their own undoing. Luther is thus mentioned in the same breath with Goethe and Schiller as a spiritual leader of Germany: "Es ist den Deutschen *wieder* einmal so gegangen, wie nach der *Reformation*; ebenso haben sie jetzt Schiller's und Goethe's Reformation, den hohen Geist, in dem sie wirkten, völlig eingebüßt; alles, was jetzt gelobt wird, ist ein volles Gegenstück dazu, ..." (IX, 465).

This was to be Nietzsche's final whole-hearted tribute to the spiritual and intellectual genius of Martin Luther. Though we shall meet with occasional utterances recognizing if not praising some aspects of Luther's achievements, the prevailing tone of Nietzsche's coming attitude will have changed basically. Consonant with the general transvaluation of all values which makes itself felt in the course of 1876, practically all future statements on Luther and his work are going to be colored by the almost complete about-face of Nietzsche's thinking from *Menschliches, Allzumenschliches* on. As a matter of fact, the first major pronouncement on Luther in the published version of the First Part of *Menschliches, Allzumenschliches* reveals a radical change over against the views of Nietzsche's first period, the last remnant of which we found in the passage quoted above.

Contemporary readers of Nietzsche's early writings with their various approving statements on Luther must have been struck as by lightning when they came upon the severe arraignment of the Reformation in the first part of *Menschliches, Allzumenschliches*. Gone is the earlier appeal to the German people to hold fast to the spirit of Luther. Instead he is now, for the first time in Nietzsche's published works, accused of intellectual backwardness. He is called "schroff gewaltsam und fortreissend" (VIII, 42), but his bluntness and vehemence, which in themselves might be indifferent characteristics, were unfortunately facing in the wrong direction. Instead of employing his great power to push mankind forward, he succeeded in pushing men back into their dim religious past. Being essentially "ein zurückgebliebener Geist" (VIII, 42) he merely contrived to conjure up again a former phase of man's existence: "eine vergangene Phase der Menschheit noch einmal heraufbeschwören" (VIII, 42). Nietzsche goes so far as to see in Luther one of the arch-conspirators against human progress. Still, despite these serious charges against the man he had all but worshipped a year or so before, Nietzsche does not yet raise his voice in total condemnation of Luther. Interestingly enough for his point of view at this time, he suggests that the Renaissance itself was at least partly to blame for its temporary defeat by the Reformation. It was the weakness of the Renaissance which kept it from offering more determined resistance to its chief enemy, the Protestant Reformation. The early stirrings of intellectual freedom in the sixteenth century were too delicate not to be swept away by the onrush of the Reformation: "alle Regungen der Freiheit des Geistes noch unsicher, zart, jugendlich . . .; die Wissenschaft konnte noch nicht ihr Haupt erheben" (VIII, 42). Nietzsche observes with infinite regret that the first flowering of the modern world was almost snowed under by the ill-timed religious rebirth: "Ja die gesamte Renaissance erscheint wie ein erster Frühling, der fast wieder weggeschneit wird" (VIII, 42). There can be little doubt where Nietzsche's sympathy lies: the banner of the Enlightenment, with the names of Petrarch and Erasmus, is the one with which he identifies himself and which he for one, with the name of Voltaire added for good measure, is determined to carry forward: ". . . die Fahne der Aufklärung . . . von neuem weiter tragen" (VII, 43).

In a later passage of *Menschliches, Allzumenschliches I* Nietzsche's judgment of Luther is much more stringent. If it had been tempered somewhat, in the passage just discussed, by a certain historial insight into the relative strength of the Renaissance and the Reformation in the sixteenth century, all these guards are removed now and the attack becomes frontal and straighforward. The comparative frailty of the Renaissance is lost sight of and only the glory of its message is dwelt upon. The Italian Renaissance is now held to have harbored in itself all those forces to which we owe our modern culture: freedom of thought, contempt of authority, enthusiasm for philosophy and science, liberation of the individual, and a fervent desire for the truth (VIII, 211–212). Nietzsche feels that modern civilization down to his own time is still far from realizing all the promises inherent in the Renaissance. The reader is hardly surprised when Nietzsche sums up his boundless admiration of the Italian Renaissance in these strong words: "Es war das goldene Zeitalter dieses Jahrtausends . . ." (VIII, 212).

To this glowing tribute to the spirit of the Renaissance corresponds an equally vehement attack on the Reformation. The full course of the Renaissance was disastrously interfered with by the rise of the Reformation. The German Reformation, initiated as it was by "retrospective" and retrogressive men, saw fit to issue its loud and vigorous protest against the "prospective" and progressive movement of the age. Luther, a thoroughly untimely creature, was in no sense what he should have been, namely, sick and tired of the Middle Ages. His inordinate love of "die Weltanschauung des Mittelalters" (VIII, 212) induced him to throw the full weight of his formidable personality in the path of progress, all but blocking it for a long time. His cardinal sin according to Nietzsche was that he failed to recognize that the end of the Middle Ages had at last come and that he had no eyes to see the dawn of the new secular age as it was breaking all around him.

What now follows presupposes an interpretation of history which is singularly Nietzschean, though it had at least been suggested by no less an authority than Jacob Burckhardt himself. The decline of the Roman Church, manifest for some centuries before Luther, is passionately welcomed by Nietzsche as incontrovertible evidence that the mediaeval world view was, at long last, on its way to extinction. Jubilant that mediaeval man was obsolete at the beginning of the sixteenth century, Nietzsche vents the full fury of his anger and disappointment on the unfortunate German Reformer who, inopportunely and ill-advisedly, did his best to stop the inevitable. Instead of rejoicing, as he ought to have done, at "die außerordentliche Verflachung und Veräußerlichung des religiösen Lebens" (VIII, 212) in the church of his day, he was fool enough in Nietzsche's opinion to allow himself to be revolted by these unmistakable signs that the mediaeval world had run its course and was definitely breaking down. Nietzsche can scarcely find words strong enough to give expression to his disgust with the men of the Reformation: "Sie warfen mit ihrer nordischen Kraft und Halsstarrigkeit die Menschen wieder zurück" (VIII, 212). It is very important to bear in mind that this violent attack on the Reformation in no way implies a positive appreciation of Roman Catholicism. Nietzsche in fact welcomes the rapid externalization of the Roman Church during the later Middle Ages and the Renaissance,

230

inasmuch as this decline gave promise of an early arrival of the modern world. As a result of this attitude toward the weakness of the church he is horrified at the historical fact of the Counter Reformation in the second half of the sixteenth century. Nietzsche has not one iota of sympathy with the Roman Catholic Church so long as it was truly pious and so soon as it tended to become so again. The only period in the history of the church that appealed to Nietzsche was the interlude between the two "ages of faith" as it were: the interlude between the strictly mediaeval church and the "reformed" church after the Council of Trent. We must remember that he was as vigorously opposed to the post-Tridentine church as he was to its high mediaeval phase. In view of his declared preference for the most questionable period of the church it is not at all difficult to comprehend his intense hatred of Martin Luther, for it was the German Reformation which called forth by way of reaction the Catholic "reformation" and spiritual reorganization, effectively checking thereby the further decline and, perhaps, the ultimate dissolution of the Roman Church. Nietzsche cannot forgive Luther for forcing as it were the Counter Reformation upon what he asserts was an unwilling church and for thus bringing about, by his most untimely zeal, "ein katholisches Christentum der Notwehr" (VIII, 212). The Roman Church after Trent is to Nietzsche no more than the product of the violent siege ("Belagerungszustand") which the ill-advised Reformer laid to a dying religious body. The most regrettable result of Luther's unpardonable action was to delay for two or three centuries "das völlige Erwachen und Herrschen der Wissenschaften" (VIII, 212). The real outcome of the Lutheran Reformation was the sorry fact that the great mission of the Renaissance could not be fully carried out at the time: "Die grosse Aufgabe der Renaissance konnte nicht zu Ende gebracht werden" (VIII, 212). Relentlessly he dwells on the "guilt" of backward German culture for its refusal to espouse the progressive cause of Italian thought. The inability of the sixteenth-century Germans to keep pace with the Italian intellectual advance is tantamount to a cultural collapse of Germany, which in the High Middle Ages had been adventurous enough to cross the Alps repeatedly for her soul's salvation: "um immer und immer wieder zu seinem Heile über die Alpen zu steigen" (VIII, 212). There is no doubt that this unconventional reading of the meaning of European history served only to intensify Nietzsche's bitterness against Luther and his "belated" restoration of the Roman Church. Nietzsche is all the more disturbed because he was convinced that Luther's life was saved only because of historical circumstance. Nothing but the exigencies of the political situation allowed Luther's protest to gather momentum and to become a force to be reckoned with in history. Luther was little more than a convenient tool in the hands of pope and emperor, who managed to play him off against each other as their changing political fortunes demanded: "Es lag in dem Zufall einer außerordentlichen Constellation der Politik, daß damals Luther erhalten blieb und jener Protest Kraft gewann: denn der Kaiser schützte ihn, um seine Neuerung gegen den Papst als Werkzeug des

Druckes zu verwenden, und ebenfalls begünstigte ihn im Stillen der Papst, um die protestantischen Reichsfürsten als Gegengewicht gegen den Kaiser zu benutzen" (VIII, 212). If Luther had not profited from being a useful figure on the political chessboard, Nietzsche is convinced that he would have met the fate of earlier reformers: "Ohne diess seltsame Zusammenspiel der Absichten wäre Luther verbrannt worden wie Huss" (VIII, 212–213). So far as Nietzsche is concerned, the happy consequence of this burning would have been the speedier coming of the modern world: ". . . die Morgenröthe der Aufklärung [wäre] vielleicht etwas früher und mit schönerm Glanze, als wir jetzt ahnen können, aufgegangen" (VIII, 213). It was ultimately Martin Luther who obstructed human progress and restored the Roman Church which, together with orthodox Protestantism, stood in the way of man's intellectual advance for at least two centuries after that most regrettable and superfluous event – the German Reformation.

The general intellectual experiences behind such a harsh condemnation of the Protestant Reformation, and for that matter, of the Roman Counter Reformation are contained more fully in the third major pronouncement on Luther in the first part of *Menschliches, Allzumenschliches*. Nietzsche here expresses his contempt for the ruthless and brutal manner in which the Age of the Reformation conducted itself in its major religious differences of opinion. Though he is convinced that his own generation is fundamentally no better than the men of the sixteenth century, at least our age no longer avails itself of the harshest methods to attain desired ends. Nietzsche thoroughly disavows the violent language employed by all factions in the period under review: "Wer jetzt noch, in der Art der Reformations-Menschen, Meinungen mit Verdächtigungen, mit Wuthausbrüchen bekämpft und niederwirft, verräth deutlich, daß er seine Gegner verbrannt haben würde, falls er in anderen Zeiten gelebt hätte, und daß er zu allen Mitteln der Inquisition seine Zuflucht genommen haben würde, wenn er als Gegner der Reformation gelebt hätte" (VIII, 391). However much he disapproves of the methods here indicated, Nietzsche is willing to concede their relative justification in that century. He recognizes that men were then operating on an assumption that almost automatically made them behave as they did: Protestants and Catholics alike were convinced that they actually possessed the truth and that, consequently, it was their bounden duty to preserve it at any cost for the very salvation of mankind (VIII, 391). Nietzsche is ready to grant that this view, tenaciously held as it was, justified the most extreme means taken in its defense: any method that worked was fair to keep the "truth" inviolate.

Nietzsche contrasts the prevailing outlook of the modern world with the notions just outlined, and he naturally arrives at the conclusion that nobody, whoever he may be, has full access to the truth: ". . . die strengen Methoden der Forschung haben genug Mißtrauen und Vorsicht verbreitet, so daß Jeder, welcher gewaltthätig in Wort und Werk Meinungen vertritt, als ein Feind unserer jetzigen Cultur, mindestens als ein Zurückgebliebener empfunden wird" (VIII, 291–392). Luther and the Reformation as representatives of the sixteenth century are quite definitely antiquated, and their ideas no longer concern us in any responsible sense of the world. Our brave new world does not presume to have the truth; its resignation as well as its pride consists in knowing that it is just searching for it. Luther ist, without any question, "ein Zurückgebliebener."

The first section of the second part of *Menschliches, Allzumenschliches*, entitled *Vermischte Meinungen und Sprüche*, came out in March, 1879. Nietzsche had written it, on the basis of ideas collected since 1876, toward the end of 1878 and in the first week or weeks of 1879. The second section, *Der Wanderer und sein Schatten*, appeared early in 1880, the actual work on it having been done in the spring and summer of 1879. Both sections, which together make up the second part of *Menschliches, Allzumenschliches*, contain some interesting passages on Luther and the Reformation. We shall examine each section separately.

In *Vermischte Meinungen und Sprüche* we find one of Nietzsche's most important statements on Luther. It occurs in the chapter characteristically entitled "Tragikomödie von Regensburg." In 1541 a number of distinguished Catholic and Protestant delegates met at Regensburg to try to agree on the chief theological differences between the two groups. For the first time the Roman Catholic party decided to send, in a leading capacity, a man who was rather sympathetic with Luther's main religious dogma of justification by faith alone: Cardinal Contarini. A remarkable degree of agreement was reached, more so than ever before or ever after, but the conference finally broke down when it became apparent to the Protestants that, although some technically satisfactory formulations had been found, there was no genuine understanding to be reached. Still, despite the ultimate collapse of negotiations, the meeting at Regensburg came closest to a compromise between Wittenberg and Rome.

Nietzsche takes this general situation as a starting point for some stimulating if fanciful remarks. To him the proceedings at Regensburg are first of all another example of the rôle that chance plays in history: he chooses to see in the events of that conference "das Possenspiel der Fortuna mit einer erschreckenden Deutlichkeit" (IX, 119). The fate of centuries of European history was decided in this one place within a relatively short time: the state of mind of a single individual – "die Zustände und Stimmungen eines Kopfes" (IX, 119) – determined the course of the political and intellectual development of the future. A peaceful solution of the ethical and ecclesiastical conflict of the sixteenth century and a half as well as the Catholic Counter Reformation, so embarrassing from Nietzsche's point of view, could have been avoided at the conference. With practically the whole of German history at stake, Regensburg might easily have restored the political and religious unity of the German nation. There were moments at the meeting when a working agreement seemed almost within reach. Whatever favorable circumstances, never since repeated, existed at Regensburg were largely due, Nietzsche holds, to the apparent victory of the spirit of one man above all – Cardinal Contarini, whom Nietzsche cannot praise highly enough for his gentleness and profundity. Contarini is to him the finest representative of that "reifere italiänische Frömmigkeit, welche die Morgenröthe der geistigen Freiheit auf ihren Schwingen wiederstrahlte" (IX, 119).

The man who played havoc with all these hopes was none other than Martin Luther. It was he whom Nietzsche charges with spoiling the one golden opportunity which Europe had for peace and intellectual progress. Though the word itself does not actually occur in this context, Nietzsche's meaning is quite clear: the most backward mind of the most backward nation among the major European powers suceeded in blocking the way which, up to the moment of his interference, had appeared to be open for rapid advance toward a solution. One can almost feel the intense hatred that lies at the bottom of the following words about the man who ruined it all: "Aber der knöcherne Kopf Luther's voller Verdächtigungen und unheimlicher Aengste, sträubt sich" (IX, 119). The ensuing remarks are immensely suggestive of Nietzsche's general idea of Luther. The reason why Luther refused to be a party to the proposed compromise is said to have been an intensely personal one: his own inordinate pride did not allow him, Nietzsche asserts, to recognize that the Italians were theologically on the right track. Inasmuch as justification by faith and grace was regarded by Luther as his personal discovery, he could not make himself believe it could really be held by Italians (IX, 119). It was thus distrust and vainglory which induced him to turn down the reasonable proposals of the Italians at Regensburg. Nietzsche is fully convinced that Luther should by all means have taken the proffered hands of the Church of Rome, especially since the latter, under the intellectual leadership of Contarini, did not merely make conciliatory gestures at Regensburg but had actually come upon the doctrine of justification by faith alone much earlier, independently of Luther (IX, 119–120). Something very much like Luther's idea of justification, if not the identical view itself, had been quietly spreading throughout Italy, Nietzsche makes bold to claim. It was therefore Luther and Luther only who, for reasons of personal priority and arrogance, kept the Regensburg Conference from reaching a fair agreement which would have healed the breach between the churches. In the light of Nietzsche's previous remarks one is led to assume that it would also have allowed the Italian spirit of intellectual freedom to prevail. But Luther, intellectual reactionary that he was in Nietzsche's opinion, could see nothing but the wiles of the devil in the imminent agreement and did his best to disrupt it. Besides breaking up the religious settlement begun under such favorable auspices Luther, by this ill-considered action, also furthered the political intentions of Germany's enemies by sealing her national disunity.

We must not forget the title Nietzsche gave this chapter: "Tragikomödie von Regensburg." So far we have discussed the tragic implications only. The comic aspects of the drama that was unfolded at that conference are at least as important for Nietzsche's evaluation of Luther as its serious phases. The comedy of the whole affair is to be seen in the intellectual insignificance it really has for the modern world in Nietzsche's view. Whatever was discussed at Regensburg in 1541 is actually of no fundamental concern at all. Nor a single one of the various issues that came up at the conference has anything to do with reality and truth: original sin, redemption through the vicarious death of Christ, justification by faith have no claim to truth at all; they are in fact no longer even debatable (IX, 120). What is sad in this comedy of errors is that the world went up in flames because men could not agree on opinions which were in no sense rooted in reality. Much ado about nothing: that is the essence of Nietzsche's final criticism of the tragicomedy that was enacted in Regensburg. The part that Luther played in it all was that not only of a stiff-necked egotist but of a downright fool. He neither wanted to recognize others when they really agreed with him nor did he have even an inkling that "nothing at all" was at stake in the last analysis. It is difficult to condemn Luther more severely. Only Nietzsche himself, in his later works, succeeded in attacking Luther still more vehemently. Denifle and Grisar, Luther's Roman Catholic archfoes, are mere children compared to Nietzsche. Their criticism of Luther, while in some ways more venomous, stems from an altogether different realm of discourse.

There is one more utterance on Luther in *Vermischte Meinungen und Sprüche*. This is of unusual interest because it is a favorable judgment in a way. It is found in the chapter called "Die Musik als Spätling jeder Cultur." The main subject discussed is music, and Luther is touched upon only incidentally. In significance the positive evaluation contained in this chapter can scarcely be regarded as making up for the preceding total attack or even as modifying it in any appreciable sense. Nietzsche discusses music as a phenomenon of culture and, in order to prove his major point, he finds it convenient to make use of Luther as an illustration. Music, he holds, is that last of all the arts to appear in every historical culture; it comes to the fore in the waning of the civilization of which it is a part. At times it even speaks the language of a bygone age to the utter astonishment of the new age that has already begun. Nietzsche furnishes two examples of his thesis. Although only the second deals with Luther and the Reformation directly, it is very important, for a better understanding of all the implications of the passage on Luther, to mention the first illustration briefly. Not until Netherlandish music appeared did the soul of the Christian Middle Ages find its full resonance according to Nietzsche: "ihre Ton-Baukunst ist die nachgeborne, aber ächt- und ebenbürtige Schwester der Gotik" (IX, 171). The other example Nietzsche gives is strictly applicable to our problem: "Erst in Händel's Musik erklang das Beste von Luther's und seiner Verwandten Seele, der große jüdisch-heroische Zug, welcher die ganze Reformations-Bewegung schuf" (IX, 171).

This rather positive statement on Luther and the Reformation can be explained in several ways. First, it really says very little. Nietzsche does not commit himself to a great deal by stating that there is a great heroic trend in the Reformation. Second, it is perhaps more or less in the nature of a reminiscence of his former association of the music of Bach with the spirit of Christianity in general and with Protestantism in particular. The step from Bach to Händel is not a major one to take. In some respects the relation between Händel and Luther is perhaps even closer than that between Bach and Luther, which Cosima Wagner had first suggested to the youthful Nietzsche.[4] At any rate, the additional mention of Händel supplements and reinforces the earlier reference to Bach. Third, it is not impossible that we are dealing here with one of the oldest parts of *Menschliches, Allzumenschliches*, which after all goes back to ideas jotted down as early as 1876. Should this hypothesis be correct, we should be in the intellectual proximity to the predominantly favorable pronouncements on Luther found as late as the fourth *Unzeitgemässe Betrachtung* of the same year 1876. Fourth, one could account for this positive reference to Luther by its rather secondary use as just an illustration of a different primary idea. After all has been said and done, it seems that Nietzsche did not shrink from making a positive statement about Luther if the situation called for it. The fact remains that, characteristically enough, in a discussion of music Nietzsche can still bring himself, without any effort apparently, to say something quite favorable about Luther and the German Reformation. And yet, in the final and broader evaluation of this passage, one should always remember that it is in importance vastly less significant than the lengthy discussion of Luther and the Conference of Regensburg. The weight of that negative passage is far greater than that of the positive passage. In fact, the positive pronouncement just discussed almost falls out of line.

In *Der Wanderer und sein Schatten*, the second section of the second part of *Menschliches, Allzumenschliches*, there occur two short statements on Luther and the Reformation, both of them quite negative in tone. The first is in a short chapter entitled: "Was ist Wahrheit?" It is what seems to be an imaginary conversation between Luther and Melanchthon, obviously devised to show up Luther's fickleness of mind and coarseness. Melanchthon, somewhat depreciatingly called Schwarzert, remarks to Luther that one often preaches about faith when one has just lost it and is looking for it everywhere. He adds that under those conditions a preacher is by no means at his worst. Luther hastens to reply that Melanchthon speaks angelic truth. Thereupon Schwarzert is made to continue that this is an idea which Luther's enemies have advanced and that they are applying it to Luther himself. Luther, angered, retorts: "So war's eine Lüge aus des Teufels Hinterem" (IX, 216). Whatever the significance of this fictitious dialogue, it is anything but complimentary to Luther. It shows him readily accessible to flattery and subject to bad-mannered irascibility. The second passage on the Reformation is headed "Rauben und Sparen." It is to point out the economic basis of intellectual movements. Personal gain and personal loss are asserted to be the primary forces responsible for the spread of ideas. The claim is made by Nietzsche that those movements make quickest headway in the wake of which the leaders can have rich spoils and the followers can make substantial economies. This "fact" accounts in Nietzsche's opinion for the rapid success of the German Reformation (IX, 223). There is no qualification whatever for this sweeping statement. Economic advantages are held to have motivated the men of the Reformation indiscriminately. They embraced it because their pocketbook profited from it.

This completes Nietzsche's formal utterances on Luther in the first and second parts of *Menschliches, Allzumenschliches*. There is, however, a very interesting exchange of letters on the subject of Luther and the Reformation between Nietzsche and Peter Gast in the fall of 1879, after the completion of the MS. of *Der Wanderer und sein Schatten* and before its publication in January, 1880. This correspondence is of primary importance both for its own sake and for the rôle Nietzsche's share in it has played in previous investigations of Nietzsche's relation to Luther.

Peter Gast, ardent admirer of Nietzsche that he was, had taken it upon himself to make a fair copy of Nietzsche's MS. of *Der Wanderer und sein Schatten* in September, 1879 (IX, 489). Nietzsche, in very poor health, had sent him his MS. early in the month (I, 80).[5] On September 23 Gast returned to him slightly more than half of his fair copy (I, 84f.) and on October 1 the rest. It is in his covering letter of October 1 that Gast brings up the matter of Luther and the German Reformation. Nietzsche's scathing pronouncements appear to have been the chief cause of Gast's remarks. After informing Nietzsche that he has just finished copying the MS., Gast makes bold to mention "ein paar ganz persönliche Wünsche" (I, 85) with regard to Nietzsche's most recent work that it has just been his privilege to get ready for the printer. The first point he raises has to do with Luther and the Reformation.

It is obvious that Peter Gast was rather disappointed with Nietzsche's treatment of Martin Luther. In unmistakable opposition to Nietzsche he calls Luther "einen der *mächtigsten Förderer der Demokratisierung Europas*" (I, 85). Though in full sympathy with Nietzsche's general intellectual position in *Menschliches, Allzumenschliches*, Gast was apparently disturbed if not upset by the various remarks on Luther which we have collected in this paper. That is probably why instead of asking for a further elaboration of Nietzsche's view of Luther he hastens to present, by way of self-defense as it were, his own ideas on the subject. Quite naïvely Gast almost prescribes to Nietzsche how he should have proceeded to picture Luther as one of the heroes of the gradual European political enlightenment. Without entering upon Nietzsche's conception of Luther for the time being he launches forth into a presentation of his own view that Luther is one of the most influential promoters of the democratization of Europe. With the power of conviction Gast makes himself the spokesman for Luther in this process: "es ist ganz unberechenbar, was wir ihm da verdanken" (I, 85). There must be a definite enlightenment of the masses if we really wish to avoid "*aller*orten eine dumpfe Luft wie in Russland" (I, 86). It is the Reformation which is largely responsible for what he calls the "Hellerwerden der Köpfe." After stating the case for the Reformation with such fervor Gast finally informs Nietzsche that he does not share the latter's faith in the efficacy of the Renaissance all by itself: "Ihre Hoffnungen, die Sie in die Helligkeit der Renaissance, in die Möglichkeit einer Aufklärung auch ohne die Reformation setzten, theile ich nicht mehr." Gast denies some of the intellectual accomplishments of the Renaissance as Nietzsche had praised them. He calls them "reiner Muthwille" and insists: "auf wissenschaftlicher Grundlage ruhte Nichts." Angrily he refers to the Italian humanists as "Lumpen von oben bis unten," and he doubts very strongly that the scientific spirit emerged directly from the Renaissance. The best intellectual achievements of the Renaissance he finds in its earlier manifestations. Whatever intellectual power it did have he believes to have been on the decline before the birth of the Reformation. Gast puts his fundamental difference of opinion with Nietzsche into these words: "ich glaube nicht daran, daß die Reformation irgendwelche höhere geistige Strömung in Italien gestört hat" (I, 86). Reverting to his original contention that the Reformation helped to intellectualize the European masses, Gast designates Luther as their real leader: "Der ganze zuckende unbewußte Bauernstand-Leib bekommt in Luther auf einmal einen Kopf und fängt an, mit den höhern Ständen zu sprechen, Aufforderung zu Verträgen" (I, 87). In addition, Gast urges Nietzsche to observe the effect Luther's action had in France in particular as well as in the rest of the world: "Kurzum ich glaube, daß von Luther aus einer der kräftigsten Schritte in der Demokratisierung der Welt geschah." With this idea constantly before his mind, Gast tersely sums up his general attitude toward Luther in a way that shows his fundamental divergence from Nietzsche's estimate: "Ich sage gern: Achtung vor Luther, dem großen gewaltigen Menschen mit dem mächtigen Gemüth! In ihm war der Zug zur Wahrheit, wenn er auch nicht so einsichtig sein konnte, die Wahrheit zu erkennen!" (I, 87).

This important letter, which has so far been completely neglected by students of Nietzsche's relation to Luther, is full of admiration of Nietzsche and yet very critical of Nietzsche's view of Luther and the Reformation. It is doubly important because it became the occasion for a significant counterstatement by Nietzsche on Luther in his next letter to Gast, which he sent to him within a few days. Nietzsche thanks him warmly and writes that he wishes he could oblige him: "Könnte ich nur nun auch Ihren Wünschen entsprechen."[6] Since the principal of Gast's wishes concerned Nietzsche's pronouncements on Luther in *Menschliches, Allzumenschliches*, Nietzsche took the trouble to reply at some length on this point. He is obviously somewhat embarrassed at his friend's remarks. Though it is quite evident that he has no desire to offend him, still he must record his considerable difference of opinion. He starts out by confessing frankly that for some time now he has been unable to make any honest favorable comment on Luther: "über Luther bin ich seit längerer Zeit außer Stande, in *ehrlicher* Weise etwas Verehrendes zu sagen" (p. 25). This he says is the after-

238

effect of a comprehensive collection of facts about Luther to which Jacob Burckhardt had called his attention. The author he refers to is none other than Johannes Janssen, the second volume of whose *Geschichte des deutschen Volkes* had come out in the same year, 1879. Nietzsche had actually bought it on the recommendation of Jacob Burckhardt. He summarizes briefly what the reading of Janssen's second volume had meant to him. What appears to have impressed Nietzsche chiefly was the angle from which Janssen approached Luther and the Reformation: "Hier redet einmal n i c h t die verfälschte p r o t e s t a n t i - s c h e Geschichtsconstruktion, an welche wir zu glauben angelernt worden sind." Nietzsche, who had become increasingly aware since 1876 of the relativity of every phase of life and thought, was clearly attracted by an iconoclastic way of seeing Protestantism and its chief hero. Brought up in an atmosphere of lavishing uncritical praise on Luther, to which he had made his own contributions in his early works, he was more than ready to try the opposite point of view. At least he was willing to be impartial to Luther's main opponent: "Augenblicklich scheint es mir nichts mehr, als Sache des n a t i o n a l e n Geschmacks in Norden und Süden, daß w i r Luther als Menschen dem Ignaz Loyola v o r z i e h e n!". Besides, Luther's coarseness has filled him with disgust: "Die gräßliche hochmüthige gallig-neidische Schimpfteufelei Luther's, dem gar nicht wohl wurde, wenn er nicht vor Wuth auf jemanden speien konnte, hat mich zu sehr angeekelt" (p. 25). Nietzsche grudgingly admits that Gast is right in looking upon Luther as a promoter of European democracy, but he is very quick to add that he was one of its most involuntary promoters, for he was in reality a wrathful foe of the peasants: he had them slain like mad dogs and he admonished the princes to kill them in order to inherit the kingdom of heaven. After unburdening himself of these strong statements, Nietzsche says that he is probably unfair to Luther at this time: "Übrigens sind S i e in der billigeren Stimmung gegen ihn. Geben Sie mir Zeit!" (p. 26). To anticipate the future development of Nietzsche's attitude toward Luther, Nietzsche never really changed his opinion, except that he became still more negative in the pronouncements that were to follow in the later years of his life.

This exchange of letters on Luther is interesting beyond its factual contents. Emanuel Hirsch, the author of an important and highly influential essay on Nietzsche and Luther, made the charge, often repeated after him, that it was the reading of Janssen's second volume which is solely responsible for Nietzsche's negative reaction to Luther: "Und es ist beschämend für Nietzsche, aber unbestreitbar, sie (d.h. die negativen Urteile) sind nichts als ein Echo aus dem berüchtigten zweiten Bande der 'Geschichte des deutschen Volkes,' die der katholische Priester Janssen geschrieben hat."[7] Ernst Benz was the first to question the correctness of this view.[8] He stated, legitimately in my opinion, that there is a gulf between the basic attitudes of Nietzsche and Janssen toward Luther. Janssen turned against Luther as the enemy of the Roman Church, as the revolutionary mind bent upon breaking up the mediæval philosophy of life.

Nietzsche on the other hand regarded Luther as the restorer of mediaevalism and the archfoe of the progressive Renaissance. But what Benz appears to have completely overlooked is that, even from the viewpoint of chronology, there cannot very well be any fundamental influence of Janssen upon Nietzsche at this time. How can Janssen be credited with the radical change in Nietzsche's evaluation of Luther when that charge, as has been shown in this paper, was essentially complete in *Menschliches, Allzumenschliches* before Nietzsche got hold of Janssen? The First Part of *Menschliches, Allzumenschliches* appeared in print in 1878, the Second Part, first section, early in 1879. It is conceivable that the second section of the Second Part could have been influenced by Janssen, since Nietzsche worked on it in the spring and summer of 1879. But the passages on Luther, most poignantly characteristic of Nietzsche's new attitude, are contained in those portions of *Menschliches, Allzumenschliches* which clearly antedate the publication of Janssen's book. What is really and unquestionably influenced by Janssen is Nietzsche's letter to Gast of October 5, 1879. But the severe attrack on Luther occurred earlier, before Nietzsche could have read Janssen's volume.

If, in conclusion, we try to sum up the results of this investigation, we can state that Nietzsche certainly changed his idea of Luther and the German Reformation radically between the publication of *Richard Wagner in Bayreuth* in 1876 and *Menschliches, Allzumenschliches* from 1878 to 1880. Luther, in the first half of Nietzsche's second period, is definitely felt to be a backward spirit blocking intellectual progress. The emphasis in Nietzsche's thinking is now on the Renaissance, which becomes almost the sole criterion by which Nietzsche accepts or rejects other men and movements. Besides applying the arbitrary standard of his understanding of the Renaissance, Nietzsche also approaches the Reformation on the basis of a curious conception of the Roman Church which he holds to have been in the vanguard of the secularizing tendencies of the late fifteenth and early sixteenth centuries. At the same time he believes that the chief tenet of the Reformation, justification by faith alone, was also discovered independently in Italy, even before Luther. What is difficult to reconcile for the critical reader is the simultaneous acceptance of the religion of *sola fides* and of the progressive secularization, both of which Nietzsche claimed he discovered in the Church of Rome. Many will think that they are mutually exclusive.

One may fairly conclude that Nietzsche's negative attitude toward Luther rests on rather shifting ground. It is perhaps only just to say that the attack on Luther from 1878 to 1880 is no more firmly established than the praise of Luther from 1871 to 1876. Lacking real information and disappointingly subject to the whims of arbitrary likes and dislikes, Nietzsche's view of Luther is at times as dazzling as is his whole outlook on life, but it does not rest on a firm foundation of solid knowledge and responsible interpretation. It is fancy rather than fact, prejudice rather than scholarship.

NOTES

1 Heinz Bluhm, "Das Lutherbild des jungen Nietzsche," *PMLA*, LVIII (1943), 264–288.
2 All references to *Menschliches, Allzumenschliches* are to the *Gesammelte Werke* (München: Musarion Verlag, 1921–29).
3 "Nietzsche und Luther," *Jahrbuch der Luther-Gesellschaft*, II–III (1920/21), 61–106.
4 Bluhm, *op.cit.* (n. 1), p. 279.
5 All references to Gast's correspondence are to *Die Briefe Peter Gasts an Friedrich Nietzsche* (München: Verlag der Nietzsche-Gesellschaft, zwei Bände, 1923, 1924).
6 References to Nietzsche's correspondence are to *Friedrich Nietzsche's Briefe an Peter Gast* (Leipzig: Insel-Verlag, 1908), p. 24.
7 Hirsch, *op.cit.* (n. 2), p. 67.
8 "Nietzsches Ideen zur Geschichte des Christentums," *Zeitschrift für Kirchengeschichte*, LVI (1937), 169–313.

NIETZSCHE'S VIEW OF LUTHER AND THE REFORMATION IN
MORGENRÖTHE AND *DIE FRÖHLICHE WISSENSCHAFT*

This paper is a continuation of two earlier articles on Nietzsche's attitude toward Luther.[1] In his first creative period ending with *Richard Wagner in Bayreuth*, Nietzsche had sung the praises of Luther and the Reformation. Martin Luther was one of his proudly acknowledged heroes, together with such men as Richard Wagner and Arthur Schopenhauer. Nietzsche chose to see in Luther one of his spiritual forebears and in the Reformation a definite harbinger of modern culture. Strongly opposed to Roman Catholicism, young Nietzsche let all the light fall on Protestantism and especially upon its fountainhead, Martin Luther. He was convinced that a progressive spirit manifested itself in sixteenth-century Protestant Germany. He thoroughly approved of it and admonished his contemporaries to ally themselves with the mind that was in Martin Luther and to hold fast to the heritage of the German Reformation.

The very high regard in which Nietzsche held Luther as late as the last of his *Unzeitgemäße Betrachtungen* of 1876 underwent a radical change within the next two years. By the time *Menschliches, Allzumenschliches* began to appear in 1878, Martin Luther and the Reformation had been catapulted from the high position they had so far occupied in Nietzsche's scale of intellectual and historical values. Instead of being the father, or at least one of the creators, of modern thought, Luther is now branded as its archfoe. When, in Nietzsche's new opinion, he should have aligned himself with the progressive men of the Renaissance, he preferred to become the leader of reactionary forces and the chief restorer of the medieval view of life.

It is against this shifting background of successive light and darkness, of the divergent evaluations of *Unzeitgemäße Betrachtungen* (1872–76) and of *Menschliches, Allzumenschliches* (1878–80), that Nietzsche's picture of Luther in the later works of his second creative period should be seen, in *Morgenröthe* and *Die fröhliche Wissenschaft*, the important publications from 1880 to 1882.

Generally speaking, Nietzsche's attitude in the second half of his second period is a continuation and even an intensification of the views expressed in the first half of the second period. In other words, it is predominantly negative, though some positive statements are not lacking. What chiefly distinguishes Nietzsche's idea of Luther in *Menschliches, Allzumenschliches* from *Morgenröthe* and *Die fröhliche Wissenschaft* is the rather more systematic treatment accorded Luther in the later works.

In contradistinction to the somewhat aphoristic nature of the remarks on Luther in *Menschliches, Allzumenschliches*, larger and fundamental problems of the Reformation are discussed in *Morgenröthe* and *Die fröhliche Wissenschaft*. At least two very important, central aspects of the Reformer's life and thought are singled out by Nietzsche for fairly detailed consideration. First, Luther's religious development is examined at some length. Secondly, Luther's most famous and characteristic single doctrine, justification by faith alone, is discussed and subjected to severe criticism. Whatever the value of Nietzsche's relevant remarks, the significant fact remains that Nietzsche concentrated, for the first time in his writings, on fundamental issues of the German Reformation. No matter whether Nietzsche's views are found wanting or not, we know at least where he stood on basic problems. Let us first consider Nietzsche's opinion of Luther's spiritual evolution.

In one of the most arresting sections of *Morgenröthe* Nietzsche discusses how Luther became what he was. He puts the Reformer in a large frame of reference. The place of Luther within the entire structure of Christian thought is determined by Nietzsche. As he sees it, there is only one other figure comparable to Luther, in the whole range and history of Christian experience. This other man is the Apostle Paul. There is no one else, between Paul and Luther, whom Nietzsche seems to hold worthy to be mentioned in the same breath. The reason why Augustine, often admitted to this select company, is not considered a star of the first magnitude is perhaps that he did not arrive at his firm opposition to Pelagianism and the general views implied in Pelagianism until toward the later stages of his career. In the case of Paul and Luther the decisive experience came rather more near the beginning of their creative life. Thus Paul is said to have had only one really distinguished disciple of comparable stature: Martin Luther. Though Augustine did arrive at a similar religious position, he did so fairly late in life. This would seem to indicate that the experience in question probably did not run as deep as with Paul and Luther and that it surely did not mould the whole of his private thinking and public action as thoroughly as it did Paul's and Luther's. What was this fundamental experience?

To begin with Paul, whom Nietzsche characteristically enough regards as the real founder of Christianity: Paul, he asserts, was troubled by the perturbing, ever-present question of the proper fulfillment of the law. From his youth Paul had been consumed by the burning desire to live up to its requirements as completely as possible. He was most anxious to achieve the highest goal imaginable in the Jewish tradition. Nietzsche thus grants readily that Paul began as an ethical idealist of supreme rank because the Jews had developed an extraordinarily exalted view of moral perfection. It was the Jews who in Nietzsche's opinion had outstripped all other peoples in the creation of a god of holiness. It was they who taught that human sin is a crime against this god of inexpressible holiness. In the course of his boundless devotion to such moral ideas and ideals Paul had soon become a fanatic defender of this god and of his law, always on the lookout for, and embattled against, transgressors and doubters. Nietzsche suggests that in the midst of his zeal he came to realize that he himself was unable to fulfill the law, that something within him compelled him to transgress it and that he was powerless to resist this impulse. He began to wonder whether it was really sensuality which made him constantly break the law. After much introspection it dawned on him that the trouble was probably with the law itself: the idea impressed itself upon Paul that the law as given by God simply could not be fulfilled. Here was the crux of the matter, and here a "new" religious insight was born.

In his genuine distress of soul Paul was searching for a way out. Though he had begun as a lover of the law, he was now a hater of the law, according to Nietzsche. He was filled with resentment against it, and he was determined to annihilate it in order not to have to fulfill it any more. In a flash the saving idea descended upon him: Christ, whom he had hated thus far and whose followers he had persecuted, must be completely reinterpreted! This was the answer to Paul's religious problem: Christ, by fulfilling the law, was the annihilator of the law so far as man is concerned. With one stroke, Paul's moral despair was resolved into triumph because the moral demands upon him were now fulfilled by another, by Christ on the cross. The vast implications of this idea made Paul's head swim. All of a sudden he had become the happiest of men — the fate not only of the Jews but of all mankind was held to be tied to this idea, which had come to him in a fraction of a second of insight and inspiration; in his own hands he now has the key which opens the mystery of the law. History will henceforth revolve around him and this idea. From now on Paul looks upon himself as the annihilator of the law, as the teacher of the annihilation of the law, to put it more exactly. God, he feels, would never have decreed the death and resurrection of his only son if the fulfillment of his inexorable law had been possible without it. Paul's intoxication is at its height with this realization. It was this breath-taking realization which made him, in Nietzsche's view, the "first Christian, the inventor of 'Christianness'."[2]

We have presented Nietzsche's idea of the spiritual development of the Apostle Paul at some length for the light it throws on his picture of Luther. This he paints with but a few strokes of the brush. The full design emerges only when seen against the larger and more carefully executed portrait of Paul. We are now ready for a look at Nietzsche's sketch of Luther.

Luther's basic experiences, we are told, were similar to Paul's. He too began as a moral perfectionist. It was with the same ardent desire to become spiritually perfect that Luther entered the monastic life: "er wollte der vollkommene Mensch des geistlichen Ideals in seinem Kloster werden" (X, 63). This ideal broke down completely in the process of trying to live up to it. Both Paul and Luther went as far as they could on the arduous road toward perfection. Then they abruptly turned against the unfulfillable law and "destroyed" it and all that it implies, root and branch.

Luther's change is described as follows by Nietzsche: "One day Luther began to hate the spiritual ideal and the pope and the saints and the whole clergy, and that with a downright deadly hatred which was the more deadly the less he dared to admit it to himself" (X, 63).

It is necessary to analyze this hard-hitting passage somewhat more closely. First of all, there is the element of time. According to Nietzsche, it was a sudden insight which came upon Luther like a flash. Altough recent Luther scholarship inclines toward the view that the new insight was gained rather more slowly and gradually, the fact remains that Luther himself referred to the final stage when he saw the light as a definite, specific experience. The very terms still used by Luther scholars, *Durchbruch* and *Turmerlebnis*, suggest a more or less sudden, localized realization and apprehension of the new idea. So far as the time element is concerned, Nietzsche's interpretation can scarcely be summarily rejected. Whether or nor it is quite in accord with more recent views, he was surely in agreement with the Luther scholars of his time.

Secondly, Nietzsche's claim of the various things which Luther decided to hate "one day" is a different matter. It is an oversimplified picture to state that Luther's wrath suddenly descended upon the pope, the saints, the entire clergy, and the whole spiritual ideal as such. The actual events did not happen as fast and furiously as all that. Here the evolution of Luther's thought was considerably more gradual. Still, if we allow, as we perhaps should, that Nietzsche was never interested in what he called antiquarian historiography, we may grant that from a large, synoptic point of view all the things enumerated by Nietzsche in this context underwent a thorough revaluation: there emerged from the Lutheran Reformation new concepts of, and new attitudes toward, the spiritual ideal, the pope, the saints, and the clergy.

Thirdly, there is Nietzsche's charge that the underlying emotional response toward these issues was inspired by powerful and unrelieved hatred. It is here that Nietzsche's interpretation of Luther (and of Paul for that matter) diverges materially and significantly from traditional views. At first sight it might seem as if Nietzsche had moved over into the camp of older Roman Catholic criticism of Luther. In the light of Nietzsche's own admission that he was really impressed by Janssen's picture of Luther and the Reformation one might be tempted to ascribe Nietzsche's explanation to such a source as this. But a more searching consideration will scarcely permit such an easy way out of the difficulty, even though as important a scholar as Emanuel Hirsch in a highly influencial essay on "Nietzsche und Luther"[3] tended to attribute all of Nietzsche's indictment of Luther to Roman Catholic sources, particularly to Johannes Janssen. The Roman Catholic attitude toward Luther and the Reformation, from Cochlaeus via Janssen to Denifle and even to Grisar, convinced as it was of the essential correctness of the Church of Rome, could not really conceive of any other principal motivation of Luther's revolution except intense hatred of the Roman Church. It is obvious that the basis of Nietzsche's approach is altogether different: though – as we shall soon point out – he saw more practical wisdom in

246

some Roman than in some Protestant teachings, he never, never identified himself with the Roman doctrine of the virtual infallibility of its view of life, from which so much of the older Catholic attack on Luther stems. Nietzsche, it is safe to say, did not have the slightest interest in Luther's "hatred" of the pope and the Roman Church on dogmatic grounds. That was a battlefield he had not only long forsaken but had never actually occupied. His ascription of "hatred" of Roman institutions to Martin Luther comes from an altogether different realm. As Ludwig Klages has shown more convincingly than anyone else, Nietzsche was intensely interested in psychology in his second period, from *Menschliches, Allzumenschliches* on. It is this pervasive interest in the psychological origin of attitudes, in the psychology of men and movements, that is the principal reason for Nietzsche's charging Luther with deadly hatred of Roman institutions and ideals. Luther's deepseated opposition, he implies, was not so much theological or even sociological but primarily psychological. After throwing overboard a whole view of life imbued with Roman Catholicism, Luther quite naturally, Nietzsche would seem to argue, fell into the opposite evaluation: from intense love and ardent devotion he turned, in the twinkling of an eye, to bitter hatred and contempt. He was more than ready to burn what he had thus far worshipped. What intrigued Nietzsche was the psychology of the change. To him it was above everything else a violent reaction against a former state of mind.

What about the soundness and value of Nietzsche's interpretation? Nietzsche is right in saying that Luther's early ideal was to become the perfect monk. He is on less safe ground when he insists on the extreme suddenness of the change. The weakest link in Nietzsche's view is probably the idea that Luther was primarily, even exclusively, motivated by hatred. It is legitimate to speak of anger, of the righteous anger of the prophet; it is incorrect to speak of hatred to the extent of calling that the basic force in Luther's anti-Roman thought and personality. Although Nietzsche is primarily interested in Luther's psychology, it is nevertheless true that his words sound very much like those of Roman Catholic detractors of the Reformer. Whether Luther is charged with hatred of the Roman Church because one is devoted to that church or because one holds that hatred is the best psychological interpretation of what one thinks went on in Luther's mind irrespective of one's attitude toward that church, the simple fact remains that Nietzsche accused Luther, somewhat glibly and falsely, of hatred when he should have spoken, more fairly and rightly, of sincere anger against a then secularized institution.

Although Nietzsche presented, in brilliant language, his view of Luther's change from a firm belief in the law to a thorough defection from the law, the reader soon realizes that Nietzsche is not interested in the problem from any theological or philosophical point of view. His sympathies most definitely do not lie with the solution that Luther found to his problem. Neither does Nietzsche align himself theologically with Roman Catholicism. Theology was something he had discarded long ago. But what he found himself in basic agreement

247

with was the psychology that lay behind Roman Catholic emphasis on fulfilling the law and doing good works. Nietzsche feels very strongly that both Paul and Luther arrived at their conclusion of the "annihilation" of the law all too quickly if not downright rashly. In fact, what Luther and Paul did was an ill-considered, immature act, in Nietzsche's opinion. He accuses them of not really knowing what they were doing when they undertook their disastrous step of undermining the old simple and straightforward way to the moral life.

Nietzsche's position becomes clearer when one examines another major utterance on Luther in *Morgenröthe*. Significantly enough, this section is entitled *Werke und Glaube*. There can be little doubt that this very phrase calls attention to the fundamental conflict between Luther and the Church of Rome. It is also clear, from the title itself, where Nietzsche stands in this clash of opinions: by putting the word *Werke* before the word *Glaube* Nietzsche indicated that he preferred the old order to the new. We must always bear in mind of course that he did not do so on strictly theological but merely on psychological grounds. He was psychologically convinced that the stress on works and the law corresponded much more to the actual situation of man's moral life than Paul's and Luther's stress on faith as the primary requisite. It is important to consider the chapter *Werke und Glaube* in some detail.

Nietzsche starts out by designating the central doctrine of the Reformation, salvation by faith alone, as a fundamental error — "Grundirrtum." He is doubly unhappy because he believes that Protestants still, after more than three centuries, adhere to this cardinal dogma: "Immer noch wird durch die protestantischen Lehrer jener Grundirrtum fortgepflanzt" (X, 28). Nietzsche is shocked both by Luther's original view and, perhaps even more, by what he thought was modern Protestantism's continuing espousal of it, by its apparent refusal to discard this doctrine. It must be said in fairness to Nietzsche that he understood the dogma of *sola fides* correctly. He stated its two constituent parts as follows: first, only faith matters, secondly, works must of necessity flow from such faith. No fault can be found with this formulation.

After describing the nature and the implications of this fundamental Protestant doctrine Nietzsche proceeds to attack it without mercy. He categorically denies its truth and validity: "Dieß ist schlechterdings nicht wahr" (X, 28). But though Nietzsche rejects it completely, he is nonetheless fully aware of the fascination that such a view, generously construed, has exerted upon the imagination of mankind. He calls it so captivating — "verführerisch" — that it led astray thinkers of the rank of Socrates and Plato, not only Luther. In order to establish this surprising parallelism Nietzsche has to broaden his basis of operation: he is now talking not only about faith but also about knowledge. Thus, for the purposes of his analysis, Nietzsche sees fit to lump together the faith of Luther and the idea of knowledge as held by Plato's Socrates. Nietzsche denies emphatically that works or deeds flow from faith or knowledge. His chief argument against Luther's and Socrates' view is the experience of everyday life: "der

Augenschein aller Erfahrungen aller Tage spricht dagegen." Nietzsche insists that the most robust faith and the most certain knowledge cannot and do not of themselves lead to action: "Das zuversichtlichste Wissen oder Glauben kann nicht die Kraft zur That, noch die Gewandtheit zur That geben" (X, 29). It is a basic error to hope for such totally unwarranted results from knowledge or faith. Instead of faith or knowledge Nietzsche stresses the mechanics of repeated action which finally becomes flesh and blood, second nature. Enthusiastically he speaks of the necessity of ceaseless practice preceding action and the translation of an idea into an act: "Das . . . Wissen oder Glauben . . . kann nicht die Uebung jenes feinen, vieltheiligen Mechanismus ersetzen, welche vorhergegangen sein muss, damit irgend Etwas aus einer Vorstellung sich in Action verwandeln könne." That is why Nietzsche puts all the emphasis on works and again works: "Vor Allem und zuerst die Werke! Das heisst Uebung, Uebung, Uebung!" Nietzsche can scarcely show his low opinion of faith more tellingly than by adding, somewhat contemptuously: "Der dazu gehörige Glaube wird sich schon einstellen, – dessen seid versichert!" (X, 29).

Luther is thus branded as a naive, all-too-naive thinker. The fact that Socrates and Plato held the same "mistaken" view does not excuse Luther but also reveals and proves to Nietzsche that this fundamental error is much more common than is usually assumed. Nietzsche takes great pains to point out that the gulf between idea and action is not bridged as easily as Luther and Plato thought. In other words, Nietzsche does not hesitate to accuse these men of being poor psychologists. This is the point of departure of Nietzsche's criticism. It will be recalled that his account of the evolution of Paul's and Luther's basic convictions was similarly inspired by emphasis on the psychological element. What intrigues Nietzsche is the psychological background of these men and the movements they initiated. It is as a psychologist that Nietzsche presumes to attack Luther's and Socrates' view that faith and knowledge lead to works. Again it is not really theological issues that are at stake but psychological ones or, more exactly, the psychological implications of theological and philosophical assumptions. So far as Luther and the Lutheran Church are concerned, Nietzsche believes that the Church of Rome with its emphasis on good works is the wiser, more practical body. Psychologically speaking, its stress on works is said to be more effective than the Lutheran emphasis on the primacy of faith. It goes without saying that Nietzsche speaks on purely human, empirical grounds and that he implicitly if not explicitly completely rejects divine revelation, which was of course the only basis on which Luther rested his case for the efficacy of faith. But Nietzsche did not have the slightest interest in such theological foundations. As a psychologist he was interested in what "works." From that point of view Nietzsche thought and taught that Luther's cardinal belief was belied by actual experience, by the world of hard facts. One might add that Luther himself, especially the aging and disillusioned Luther, would have agreed with Nietzsche on purely rational and empirical grounds.

Nietzsche's severe attack on Luther's most important single idea would seem to suggest that Nietzsche saw little good in the German Reformer. If a man's basic insight and belief are questioned as seriously as Luther's are by Nietzsche, there would appear to be little left that could be praised or at least acknowledged as somehow a positive contribution. The student of Nietzsche, who has digested the shattering assault on what one might rephrase as the *articulus stantis et cadentis Lutheri*, is therefore not a little surprised to come upon a chapter in *Morgenröthe* entitled "Luther der grosse Wohltäter." The reader may at first refuse to believe his eyes and suspect some kind of Nietzschean irony and sarcasm in this heading. But this is not the case at all. Nietzsche is quite serious. There ia an aspect of Luther's work which he can honestly praise as late as 1880.

The achievement that Nietzsche credits Luther with and that he hastens to record with approval is what he calls the Lutheran destruction of the medieval contempt of secular life and of the laity. Nietzsche goes so far as to designate this as the most important thing that Luther ever accomplished. He speaks, approvingly, of the basic distrust which Luther awakened with reference to so-called saints and the whole Christian conception of the contemplative life. The word that Nietzsche stresses in this connection is *Christian*. It would be a fatal misunderstanding of Nietzsche to ascribe to him derogatory remarks about the contemplative life as such. Christian contemplation is but one species of the larger genus contemplation as a whole. In the Middle Ages it tried to swallow up, within itself, any other manifestion of contemplation. By discrediting monasticism, the chief form of Christian contemplation, Luther was the first to open up the road to non-Christian, secular concepts of the contemplative life. He did this of course against his will, but the historical fact remains that by destroying monasticism Luther made possible the development of the philosophical over against the theological life of contemplation. This significant forward step Nietzsche assumes to have been a byproduct of Luther's general restoration of secular activity. By putting a stop to the medieval contempt of the laity Luther, by implication though not with intention, removed the theological obstacle blocking the rebirth of responsible secularism, which includes for Nietzsche the non-religiously inspired life of reflection. It is in this vital respect that Nietzsche is willing and happy to call Luther a great benefactor.

After thus showering praise on Luther as one of the founders of a modern philosophy of life, Nietzsche cannot resist the urge to furnish a psychological interpretation of Luther's attack on saints and monks. There is a deep gulf between Luther's historic achievement of the destruction of monasticism and the ideas and experiences behind this major accomplishment in the intellectual history of Europe. Nietzsche respects and lauds the achievement but he is rather skeptical of its psychological and personal motivation.

In a fairly condescending way he insists that Luther remained basically a miner's son, constitutionally impervious to the ideas and ideals of monastic existence. When he had been "locked up" in the monastery, as Nietzsche puts it quite unceremoniously, Luther really continued the miner's life: in default of actual mines into which he could have dug his way he chose to descend into the depths of his own soul and proceeded to horribly dark alleys (X, 80). At last he came to the hard realization that a holy life of contemplation was impossible for him and that his natural and native "activity" would ruin him body and soul if he persevered on his monastic road to perfection. But he was not the man to give up the pursuit of the life of holiness easily or quickly. For a long time he endeavored, in all earnestness and sincerity, to find the way to sanctification through personal chastisement. He was not successful, no matter how hard he tried. At long last, after much travail, he arrived at a decision and announced bluntly that the contemplative life does not really exist at all. Nietzsche makes Luther say that the *vita contemplativa* is actually based on a fraud. The saints never really amounted to very much and were in no way superior to the rest of us. Once Luther had made up his mind that saints and the monastic life were on the wrong track he had relatively clear sailing. It is obvious that Nietzsche considers this a rather coarse approach and solution of his personal difficulties. But he admits at the same time that this was the right and even the only way to impress the Germans of the sixteenth century. These men and women were delighted and even edified to read in their catechism that outside the Ten Commandments there is no good work which could please God and that the vaunted works of the saints are wholly man-made and man-imposed and of no avail before God.

There is a direct attack on German mentality implied in the statement that the Germans were in large numbers pleased with Luther's defense of the ordinary man and his assault on the saints. In other words, Nietzsche sees a fundamental similarity between Luther and the German approach to life. Luther is to him a true son of the German people, a man who could catch their heavy and earthy imagination and express their deepest longings and desires. Nietzsche charges Luther with not lifting his Germans above their limitations but rather with appealing to their more ordinary selves by living wholly within these limitations himself.

One of the things which the Germans seem to need desperately is some force or power to which they can declare their whole-hearted allegiance. Germans as long as they are only Germans must have something which they can obey unconditionally. Submitting and following, whether in public or in private – that is a German characteristic, Nietzsche believes (X, 197). It was from this basic need of the German soul that Luther is said to have derived his proof of the existence of God. Nietzsche makes Luther argue as follows: there must exist a Being whom man can trust implicitly and unconditionally. Less refined and more a man of the people than Kant, Luther insisted on unconditional obedience, not to a concept as Kant did in his Categorical Imperative, but to a person, with all the simplicity of mind that this implies and entails. Nietzsche deprecates this craving for the unconditional, this jumping to conclusions. What he regrets is the apparent lack of even a suggestion of skepticism in such typical and representative Germans as Kant and Luther. He was on the other side of the fence. Greeks, Romans, and the men of the Renaissance, whom Nietzsche strongly preferred to the Germans, would have derided the German conclusion that there must be, in deference to human need and desire, a Being that inspires unconditional obedience. It is part and parcel of intellectual freedom to decline all absolute trust and to retain a certain degree of skepticism against all things whatsoever, whether they be God or man or an idea. Luther and the Germans in general fell far short of this ideal of the mature Nietzsche. That is one of the chief reasons why he is so critical of Luther even if he does recognize the Reformer's achievement in restoring a measure of secularism over against the Middle Ages proper.

What all this amounts to is that Luther was a fanatic in his heart of hearts. As Nietzsche understands this term, Luther did not allow himself to be moved primarily by the ideals of truth and intellectual honesty. He goes so far as to charge that the devil who approached Luther and whom Luther warded off in such an uncouth manner was none other than intellectual honesty personified (X, 318). Intellectual honesty gives fanatics a chance and approaches them as in the case of Luther. But all real fanatics including Luther send this "temptress" away when they should yield and hold on to her at any price. Instead of that Luther, running true to form, threw the inkwell at truth and intellectual honesty and chased them away.

Nietzsche, it is obvious, does not like Luther's personality. He resents and rejects what he calls his spiritual attack on unsuspecting and more philosophical minds. Luther he feels makes a highly personal appeal to the individual, seizes him by the hand as it were and shouts that he has to come to terms with his teaching: "Your very life is at stake!" (X, 76). But Nietzsche disdainfully rejects such personal pressure by insisting that it is our privilege not to have an opinion on what Luther took for inescapable issues. He accuses Luther of not recognizimg that these matters are our own affair and that it is within our right to withhold judgment and commitment whenever we so choose. Things as they are do not force us to come to definite decisions; only fanatics such as Luther would have us think so. Nietzsche turns him back indignantly.

Despite all these reservations toward Luther, Nietzsche has to accept the undeniable fact that Luther did after all initiate the Reformation. This is a historical event that cannot be explained away. There must have been a reason for the Reformation. This simple reason was that the late medieval church was really in a bad way.

Before admitting as much or rather as little as that, Nietzsche makes the fairly sweeping statement that the princes of the church both before and after the Reformation were fascinating, powerful, and refined men (X, 57). Whenever the leaders of the church had been men of this kind, i.e., most of the time with the exception of the late fifteenth and early sixteenth centuries, the people at large were generally convinced that the church possessed the truth and was the truth. Only in the age of Luther was this picture radically different. At that time in particular the highest members of the hierarchy did not live on what Nietzsche calls the traditional high moral plane they had attained in earlier centuries and which they reached again after the Catholic Reformation. Nietzsche does not mince words when speaking of the moral decline of the clergy in the days of Martin Luther. He speaks of a "temporary brutalization of the clergy" (X, 57). It was this abandonment of their former high standards of conduct that caused the people to become doubtful whether the church really did teach the truth after all. Although he does not say it in so many words, Nietzsche obviously implies that Luther was successful chiefly if not exclusively because he lived in a period of the decadence of the church. The very least Nietzsche would claim is that this chance historical fact aided and abetted the Reformation immeasurably. Thus Nietzsche holds that Luther's partial success was based not so much on valid, positive ideas as on the accident of a transient decline of the church at that time. The Reformation was neither justified nor successful on its own merit, as it were. As a matter of fact, its principal "new" idea, that of salvation by faith alone, is considered by Nietzsche to have been an immature notion worthy of being forgotten as quickly as possible. The Reformation would not have gone off as well as it did if the European church had not been on the downgrade. Had the church been flourishing morally, the Reformation would have failed from the very start: it would not have had a chance, according to Nietzsche. The implication is that the church needed no basic reform in doctrines.

It seems that what interested Nietzsche primarily in the figure of Luther was the psychology of the Reformer. He wondered what ideas and emotions moved him, and Nietzsche came up with the announcement that it was the love of power. Luther to be sure was not the exception but the rule in this respect. What Nietzsche meant to say was that even religious leaders including Luther are motivated by the same fundamental drives as secular men and women. All of them, without distinction, are actuated by the will to power. Nietzsche believes that Luther expressed this basic fact of life better than he himself could in the famous lines of his best-known hymn:

> And take they our life,
> Goods, fame, child, and wife;
> Let these all be gone —
> The kingdom ours remaineth.

It is the last line that Nietzsche singles out for special consideration: "das Reich muss uns doch bleiben!" To this Nietzsche adds the exclamation: "Ja! Ja! Das 'Reich'!" (X, 223).

This is clearly a bold reinterpretation of Luther's view. We need not labor the point that Luther of course had the kingdom of God in mind. What caught Nietzsche's fancy, besides his desire to psychologize Luther to himself and to others, was the word "Reich." This term, especially after 1871, was charged with so much contemporary political significance that Nietzsche, sensitive to language and ever on the lookout for the well-turned phrase, simply had to make use of such a universally known line as "das Reich muß uns doch bleiben."

This concludes Nietzsche's more important utterances on Luther in the body of *Morgenröthe*. There are two more interesting observations on Luther which Nietzsche did not see fit to incorporate in the book itself. Both are rather critical of Luther.

Although he is not specifically mentioned by name in the first of the two relevant passages, it is fairly obvious that Nietzsche includes him among the men who have been instrumental in disseminating religions. There never has been a single distinguished mind or an intellectually honest man among all those who founded and helped spread religions. Religions, which Nietzsche terms mob-passions, are invariably started on their ill-starred way by the least refined, by the coarsest minds, by men who had a blind, animal-like faith in themselves. This is the company Luther kept and to which he belonged (XII, 62).

The second passage on Luther is an interpretation of the Reformer's well-known love of music. Nietzsche readily grants that music was an integral part of Luther's life. But music is one of the undisciplined arts. In this way he attributes what he calls Luther's deficient, fanatical reason and his unrestrained hatred and cursing to his fondness for music. It would appear that Nietzsche's strong opposition to Richard Wagner made him forget that the music of other men such as Bach and Händel can scarcely be held to be associated with, or to spring from, an indisciplined mind. Here Nietzsche apparently let his own antagonism to Wagner blind him to all historical and personal differences. Luther's well-known devotion to polyphonic music, especially to Josquin des Prés, cannot really be said to have originated from lack of mental discipline. There was very much discipline in the great polyphonic music of the sixteenth century.

The general tenor of Nietzsche's approach to Luther does not change materially in his next formal work, *Die fröhliche Wissenschaft*. Although Nietzsche had praised Luther's attack on monasticism in *Morgenröthe*, he still felt as he had as early as *Menschliches, Allzumenschliches* that the Reformation as a whole was not a forward-looking movement. Nietzsche rather accuses it of having been a restoration, a "reduplication" as it were, of the medieval mind (XII, 71). This he regards as a double offense. To begin with, it was a return to medievalism. That was bad enough in and by itself. But the Reformation was something worse than a simple restoration. It re-medievalized the world at a time when it was no longer intellectually permissible to advocate and, what is infinitely worse, to implement such a rebirth. Nietzsche asserts that the medieval spirit was disastrously out of date in the sixteenth century. He admits by implication that, before the Renaissance, the medieval outlook was historically justified. But he insists most emphatically that it no longer had "a good conscience" after 1500. What increases his hostility to the Reformation is that it was its recognized leader who thus turned the clock back. Nietzsche charges that his was a backward mind bent on retrogression to an intellectual view long outmoded.

Luther is thus held to be unwilling or unable or both to come to terms with the true spirit of the times in which he lived. Instead of joining wholeheartedly with the men of the Renaissance, which he should and would have done if his had been a progressive mind, he proceeded to attack them vehemently and without ceasing. But the fact cannot be denied, even by Nietzsche, that Luther's action met with success, though only partial success. It is this very question of the partial success of the Reformation which intrigues Nietzsche. He decided to make use of this historical fact to launch a severe assault on northern Europe. As contrasted with the southern rejection of the Reformation the northern acceptance of it fits in very well with his wider views on culture. The very success Luther met with in the north of Europe spells to Nietzsche its cultural inferiority and lag just as the failure of the Reformation in the south of Europe proves to him its cultural superiority and leadership. Only the north, still simple and undifferentiated intellectually and spiritually, fell victim to the pleading of the great simplifier who succeeded in oversimplifying things at a time when the more advanced south had already begun to recognize the complexity of things: "Daß Luther's Refomation im Norden gelang, ist ein Zeichen dafür, daß der Norden gegen den Süden Europa's zurückgeblieben war und noch ziemlich einartige und einfarbige Bedürfnisse kannte" (XII, 170).

This realization leads Nietzsche to another charge on a much vaster scale than that of the Reformation alone. He asserts that the original Christianization of Europe should never have happened and would never have happened if the higher civilization of the south had not been vitiated and barbarized by an excessive admixture of Germanic blood and had thus lost its cultural preponderance (XII, 171). It was the Germans then who twice stood in the way of higher culture, and who twice broke up something much to be preferred to what they had to offer. First, they are held responsible for the intellectual collapse which alone made the introduction of Christianity possible in the West. Secondly, when the culture of the south raised its head again, after the long medieval night, in the age of the Renaissance, it was again a German and the Germanic north that called an untimely halt to the second flourishing of the civilization of the south.

Students of Nietzsche and of Luther are bound to ask the question of the influence of Johannes Janssen's *Geschichte des deutschen Volkes* on Nietzsche's attitude toward Luther and the Reformation. Ever since Emanuel Hirsch first called attention to the importance of Janssen's decidedly and militantly Roman Catholic picture of Luther, Janssen's book has been held responsible for Nietzsche's anti-Protestant views. I was able to show in a previous article that Nietzsche's negative ideas on Luther antedate the publication of Janssen's relevant volume and that there are basic disagreements between Nietzsche and Janssen despite some similarities of a more superficial kind. So far, in the present examination of *Morgenröthe* and *Die fröhliche Wissenschaft*, we have not come across any views that can be assumed to have been inspired by Johannes Janssen. There is, however, one paragraph in *Die fröhliche Wissenschaft* which could easily stem from Janssen's ideas on the German Reformation. Since this is the only passage in which I can detect Janssen's influence, it is important for us to examine it closely.

It will be recalled that Nietzsche had earlier spoken of a temporary brutalization of the clergy as characteristic of the Roman Church immediately prior to the German Reformation. Nietzsche now, in *Die fröhliche Wissenschaft*, insists that the German branch of the church was least affected by the widespread ecclesiastical corruption: "Zur Zeit der grossen Kirchen-Verderbniß war in Deutschland die Kirche am wenigsten verdorben" (XII, 169). It is in fact for this very reason that he maintains that the reformation of the church originated in Germany. In this least corrupted member of the European church even the first stirrings of corruption were felt to be unbearable. Nietzsche even claims that, relatively speaking, no nation was more devoutly and sincerely Christian at that time than the Germans.

After these statements, with which some historians might agree at least partially, follows the crucial passage which could readily have been suggested by his reading of Janssen: The Christian culture of Germany was on the point of breaking forth into magnificent bloom when Martin Luther's ill-advised action ruined it all and prevented the flowering. Nietzsche almost waxes lyrical in his description: only a single night was still lacking before the full glory of spring would reveal itself, but this night brought the violent storm which put an untimely end to all of this budding splendor (XII, 170).

Nietzsche's view is that the appearance of Luther on the German scene all of a sudden broke up the highest point of development that the most religious of all European national churches had seen or was about to see. This assertion would seem to stem from Janssen's book. We know that Nietzsche read the relevant sections of Janssen's *magnum opus*. Letters to Peter Gast (October 1879) and Franz Overbeck (October 1882) make that abundantly clear. The real question, however, is not so much whether he was one of the many readers of Janssen's work but in what way Janssen influenced Nietzsche's picture of Luther and the Reformation. This question has not yet found a satisfactory answer.

What is clear is that both Nietzsche and Janssen have a negative attitude toward Martin Luther. Both rejected the Reformation in no uncertain terms. But the agreement was highly selective. There was at least one aspect of Luther's achievement which Nietzsche thoroughly approved of and which Janssen could

256

not help but attack severely: Luther's break with monasticism and consequent strengthening of the laity and "secular" life in general.

There is another fundamental disagreement between Nietzsche and Janssen. This concerns a most important matter: what is to take the place of the Lutheran Reformation which both Nietzsche and Janssen decline? Janssen has but a single goal as a Catholic: he wishes to bring about a complete restoration of the Roman church. It would be ludicrous to assume that Nietzsche could have had any such aim. As an agnostic he was bent on wiping the entire Christian church, Roman as well as Protestant, off the intellectual map and on replacing it by an uncompromising humanism. This is the prevailing tenor of his remarks on Luther. He cannot forgive him for stopping the onward march of the Renaissance and the self-dissolution of the Roman church under the Renaissance popes. Luther, instead of facing toward a secular future such as the most advanced thought of the age envisioned, decided to look back, founded a new Christian church and became the man chiefly responsible for the reformation even of the old church at the Council of Trent.

This concludes the longer discussions of Luther found in *Die fröhliche Wissenschaft*. There are two more brief references to Luther in this work, which we shall only touch upon. In a paragraph entitled *On the Loquacity of Writers* Nietzsche describes various kinds of loquacity. He speaks of the loquacity of anger in the case of Luther and also of Schopenhauer (XII, 123). This is a correct if not altogether original observation. The second reference to Luther is of decidedly more consequence. It is found in a paragraph superscribed *The Conditions of God*. Nietzsche quotes Luther as saying that God Himself cannot exist without wise men. This is not a profound enough statement for Nietzsche. He turns it around and says that God can exist still less without unwise or foolish men. To this remark he adds rather condescendingly that good old Luther could of course not be expected to rise to the height of a sophisticated statement like that! (XII, 160–161).

With the exception of the single passage perhaps inspired by Janssen, the picture of Luther as presented in *Morgenröthe* and *Die fröhliche Wissenschaft* is strikingly uniform. Compared with Nietzsche's idea of Luther in *Menschliches, Allzumenschliches* it is rather more extensive and coherent. This greater systematic approach to Luther and the Reformation from 1880 to 1882 makes one rather eager to investigate carefully Nietzsche's views on Luther in the great works of Nietzsche's last period, from 1883 to 1888.

NOTES

1 Heinz Bluhm, "Das Lutherbild des jungen Nietzsche," *PMLA*, LVIII (1943), 264–288, and "Nietzsche's Idea of Luther in *Menschliches, Allzumenschliches*," *PMLA*, LXV (1950), 1053–68.

2 X, 62–65. All references are to Nietzsche's *Gesammelte Werke* (München: Musarion Verlag, 1921–29).

3 *Jahrbuch der Luther-Gesellschaft*, II–III (1920/21), 61–106.

NIETZSCHE'S FINAL VIEW OF LUTHER AND
THE REFORMATION

Nietzsche began as an admirer of Luther and the German Reformation. The age of Luther ranked as high in his early opinion as the age of Goethe and Beethoven. From *Menschliches, Allzumenschliches* on, this favorable attitude toward Luther underwent a strong transformation. In the five years from 1878 to 1883, Nietzsche's second creative period, Luther emerged as a highly questionable figure, even as a most regrettable event in the history of German and European thought and civilization. But all these severe pronouncements on Luther were only a prelude to the scathing denunciations to come in Nietzsche's post-Zarathustra writings.[1]

In these last years of his literary life, when Nietzsche's ultimate philosophy had evolved as fully as his tragic circumstances allowed, his picture of Luther is similarly as completely developed as his brief career permitted. Whatever we may think of Nietsche's final view of Luther, it is as full and definite as any reader could expect. We know exactly where Nietzsche stands. He expressed himself in such vigorous and unmistakable terms that the student of Nietzsche can hope to present something like a definitive story of Nietzsche's exciting if unbalanced relationship to one of the abiding figures of the Christian tradition.

More than is true of his intermediate period, Nietzsche in his final period sees and evaluated Luther against a vast background of human civilization as a whole, at least so far as Nietzsche's view of man and culture extended. All questions of detail are somehow subordinated to Nietzsche's main consideration of how Luther fits into the largest scheme of things which Nietzsche could survey.

Whoever is but moderately familiar with the wider implications of Nietzsche's philosophy can almost anticipate his final attitude toward Luther and the Reformation. The man who subjected Christianity to one of the most violent intellectual attacks it has yet endured could not but launch a withering assault on one of the most distinguished and influential representatives of this religion. What is, briefly, Nietzsche's fundamental view of Christianity? It is first of all just one of many historical religions. It has no claim to special consideration and occupies no favored place among them. It is as perishable as any other past, present, or future religion. It too is made of earthly stuff. But beyond this impermanence and relativity there is another factor in Nietzsche's picture of Christianity. He feels that it is in unalterable opposition to all values that are close to his heart. It is basically against making this earth the only place that

259

matters in man's destiny. Christianity refuses to let human life rest on its own merits by supplying a metaphysical framework. It is the entire Christian interpretation of existence which called forth from Nietzsche some of the severest objections ever expressed in the Western tradition.

Seen against the background of such a hostile attitude toward Christianity as a whole, the Reformation as an integral part of Christian thought cannot be expected to be treated less harshly by the mature Nietzsche. As a matter of fact, the Reformation fares even worse, if that is really possible. It held the fate of modern Europe in its hands and failed miserably. At a time when the Renaissance was in full swing, the Reformation, this unfortunate "recrudescence of Christian barbarism" (XVIII, 68),[2] turned the clock back and spoiled the victory of the reborn ancient world over the decaying medieval outlook. The backward men of the backward north of Europe were not ready to follow the exciting leadership of the forward-looking men of the progressive south. Instead, they rebelled against it and, what is worse, they succeeded in re-Christianizing re-paganized Europe. Nietzsche outdoes himself in heaping invectives upon such an unhappy event, such boorish resumption of a "dead" past.

It goes almost without saying that such a negative approach to the Reformation bodes ill for Nietzsche's final view of its protagonist, Martin Luther. Nietzsche would have been far less interested in Luther if the Reformer had been a less influential figure. He really pays him a very high compliment, indirectly and unwillingly to be sure, by crediting him with achieving, single-handed at the beginning, what amounted to a complete reversal of the direction in which Renaissance Europe was going. Nietzsche believed sufficiently in the decisive significance and power of individual genius to be convinced that it was the iron will of one man that was ultimately responsible for this comeback of medievalism. He seems to assume that the Reformation might never have happened if it had not been for the dynamic personality and incredible perseverance of one man. That is why Nietzsche singles him out with such violence and pounces upon him with such vehemence. When he attacks Martin Luther he is attacking the man who above all others killed, for several centuries at least, the magnificent flowering of the modern spirit that was bursting out all over Europe except in the hopelessly retarded barbarous north.

Thus Luther is selected by Nietzsche to bear the brunt of his vicious and thoroughgoing assault on the historical fact of the re-christianization of Europe in the sixteenth century. So far as Nietzsche is concerned, there are but two preeminent figures in the entire history of Christianity: Paul and Luther. The former is for him the real initiator of historic Christianity, the man who succeeded in putting Christianity on the map. The latter is its chief restorer after it had practically run its course in Europe and paganism was re-triumphant in the Renaissance. Nietzsche hates both for what they perpetrated. While Paul would seem to bear the greater responsibility for having started it all, Nietzsche is actually just as hard, if indeed not harder, on Luther for having revived what he calls a dying movement. Paul and Luther are held to be in fundamental agreement in all basic issues. After the gradual weakening of Paul's concepts of grace and faith in the course of the Middle Ages, Luther not merely restored but even intensified the full Pauline message, eliminating the various concessions to reason made by Albertus Magnus and Thomas Aquinas. What Paul and Luther stressed in unison was the utter and complete indispensability of divine grace to the exclusion of human achievement. It is this rigorous depreciation of man's unaided effort that Nietzsche scores in the strongest terms. He is less incensed at the Roman Catholic doctrine of grace *and* works, which allows some freedom to the human element in the process. The Pauline and Lutheran rejection of even this limited freedom of moral man cannot but be anathema to the thinker who had eliminated the divine agent completely and given the reins wholly to the human agent.

Nietzsche was utterly opposed to the idea of grace. This attitude is of course consistent with his final philosophy. His conception of man was that of a self-sufficient, self-determining individual, who is definitely and irrevocably committed to running his own life. Nietzsche's ideal in the final stages of his thought was what he called "die vornehme Seele." This human aristocrat is inordinately proud of his independence and autonomy. He cannot brook any interference with it. Grace, on the other hand, implies human inadequacy and theonomy, looking for help from some other, divine source. The aristocratic soul, sure of its own adequacy, refuses pointblank to accept the gift of grace: "Geschenke von Oben her gleichsam über sich ergehen zu lassen und . . . durstig aufzutrinken: . . . für diese . . . Gebärde hat die vornehme Seele kein Geschick" (XV, 239). This attitude is in consonance with its deep-rooted tendency of not looking "up" in the first place: "sie blickt ungern überhaupt nach 'Oben'." The aristocratic soul has an invincible desire to look straight ahead or down below: "entweder *vor* sich . . . oder hinab." What inspires this position is the aristocrat's proud realization that it is he who occupies the heights from which to survey the world. He is not in the habit of looking up but of being looked up to. The most he is willing to do is to recognize equals: these he looks squarely in the face. The majority of men he looks down upon. There is no one, either "god" or man, that he looks up to: "Die vornehme Seele . . . weiß sich in der Höhe." It is therefore in permanent and inevitable conflict with the Lutheran view, according to which the highest things in life are humanly unattainable and must hence be appropriated as gifts from above, as grace: "hier gilt das Höchste als unerreichbar, als Geschenk, als 'Gnade'" (XVII, 191). This essential depreciation of man Nietzsche finds utterly unacceptable. Since it found its greatest and most influential "modern" Christian representative in Martin Luther, Nietzsche felt constrained to take him to task for thus undermining the place of man on earth.

Closely related to grace is faith. Faith, in Luther's view, is the human response to divine grace. Thus faith can escape Nietzsche's censure as little as grace.

What both have in common is a fundamental distrust of human reason and human achievement. The man of reason must studiously eschew the non-rational realm of grace and faith. He must see in them according to Nietzsche the very antithesis of human dignity and autarchy. Luther, he charges, failed to accept reason as an adequate guide in all matters affecting man. Reason, when fully applied, cannot but find the tenets of revealed religion totally unacceptable. It cannot grasp such things as the incarnation and redemption. Faith is an indispensable requirement to have access to these. In order to appropriate them faith in what is rationally absurd cannot be circumvented. Nietzsche charges all men of faith, including Martin Luther, with a total collapse of their rational faculties: they end, whether they are fully aware of it or not, by espousing Tertullian's well-known principle of *credo quia absurdum* (XXI, 151). Faith is a dangerous shortcut, a procedure not permissible to rational minds eager for truth. "Der Glaube ist eine Eselsbrücke" (XVIII, 142). Mature men would not be seen on it. They prefer their longer and more circuitous road to truth.

But Nietzsche is not satisfied with heaping abuse on Luther on intellectual grounds alone. He finds moral deficiencies in him that contributed materially to his choice of faith over reason, over good works. Nietzsche accuses Luther of being far less capable of achieving good works than other Christians who placed less emphasis on faith than he did. In other words, a major cause for Luther's praising faith to the skies is his pronounced inability to produce moral deeds. Faith, for him, was but a convenient way of disguising his powerful passions, passions more violent than those felt by the less "faithful" men of pre-Reformation Christianity. Nietzsche insists that Luther was ruled by the lowest instincts. These made it next to impossible for him to achieve even a modicum of ethical living. Nietzsche goes so far as to claim that Luther, in a realistic analysis of himself, reached the conclusion that he needed a different prescription from the traditional one to cure the ills from which he and his fellow-reformers were suffering. The solution he found was faith, faith alone, *sola fides*. But this, Nietzsche insists, was but a cloak, a curtain, behind which Luther's unbridled passions continued their dominion over him: "Der Glaube war . . . bei Luther nur ein Mantel, ein Vorwand, ein Vorhang, hinter dem die Instinkte ihr Spiel spielten, – eine kluge *Blindheit* über die Herrschaft gewisser Instinkte" (XVII, 216). In this "interpretation" Luther the man of faith emerges as the man who was really and fundamentally without good works. Faith with him did not lead to good works; it merely covered up for their conspicuous absence in Luther's life, a life characterized by uncontrolled and uncontrollable passions.

On the face of it this pitiless attack on Luther might appear to be in flat contradiction with Nietzsche's next charge that Luther was essentially a moral fanatic. But this is not necessarily the case. Even though he was uncommonly subject to violent passions, he was nonetheless somehow concerned with morality and moral problems, Nietzsche is willing to grant. Nietzsche admits that it was just because of Luther's self-confessed inability to live up personally to the demands of the moral law that he called upon divine grace for help. It was this realization of the unattainability of the moral life that drove him to take refuge with a gracious God (XVI, 323). Luther fooled himself, it is true. His mind played a trick on him in that he really thereby escaped the difficulty of good works, but he himself was probably sincere in looking for a way out of his peculiarly harassing situation.

There is another reason why Nietzsche looked upon Luther as a moral fanatic. The Reformer fully accepted the moral ideals of the past and in no way made a philosophical analysis of the problem of morality as such. In other words, Luther's fault was that he did not anticipate Nietzsche! He mentions him in the same breath with Plato and Savonarola (XIX, 177), men who adhered to strict views on morality. Thus this particular attack is not so much an attack on Luther individually but an attack on Luther as a man standing in a long tradition of more or less established or even intensified ethical values. Nietzsche hates Luther for his traditional conscience, which is to him a sign of disease and clear evidence of the collapse of an aristocratic approach to the whole problem (XIV, 220). Luther was troubled by anxieties, by insecurity, and self-contempt (XVI, 323), inner difficulties characteristic of non-aristocratic man. Only such a despicable person could descend to the depth of accusing the Renaissance of being the "non plus ultra der Corruption" (XIX, 177). The unsparing vehemence of this assault can be grasped only if one is aware of Nietzsche's evaluation of the Renaissance as one of the highest points of human development. His bitterness against Luther knows no bounds just because he restored, successfully at that, a moral view of things. The fact that he himself was torn by violent passions did not alter his concern with established moral values. The gist of Nietzsche's attack lies in the latter concern rather than in the former "fact." Luther's passions are a personal foible pointed up by Nietzsche; but it was Luther's ideal of morality as the supreme goal of life that influenced the world of the sixteenth century and broke up the "immoral" Renaissance. It is this turning back of the clock that Nietzsche can never forgive.

The root of the trouble is the simple fact that Luther was a priest. Now the priest is for Nietzsche an unfortunate but dangerous individual, ill-adjusted, clamoring for redemption. The priest commits the sin of sins: he despises himself. Luther ran true to form. Nietzsche fully identifies Luther's deepest feeling with Pascal's dictum of "Le Moi est haïssable." Whoever is seeing himself in such a light can have but one aspiration in life: to get away from himself. This attitude is the complete antithesis of what Nietzsche stressed as desirable: to accept the ego in ever fuller terms. Luther failed to do justice to man. He did not dare to look at himself without prejudice and was thus guilty of a profound intellectual dishonesty, an accusation that Nietzsche hurled against priests as a body (XII, 179).

Nietzsche clearly turned against Luther as one of the most influential of all Christian leaders. This is somehow the burden of the charge. Nietzsche rejected him as the rejected Christianity itself as the most unfortunate and distressing incident in the history of man. But in addition Nietzsche attacked Luther also on less exalted, more restricted grounds. Luther was, he claims, in some ways less mature than the wiser and more experienced Roman church. He was really an immature romantic dreamer who played havoc with the carefully devised realism of the older church. It was irresponsible romanticism to undermine good works and to put faith on the pinnacle. Nietzsche grants of course that Luther did not actually plan to interfere with good works when he introduced this "innovation." But Nietzsche is primarily concerned with the practical results of this primary postulate of the Reformation. He is surely on solid ground here, and the aging Luther himself would have agreed that he was a sadder and wiser man after the Reformation had been initiated and there was little evidence that the emphasis on faith led to any visible increase of good works. As a corollary of this basic matter, Nietzsche also scores Luther's depreciation of saints: when the stress on works is removed, the primary agents of good works also find the ground slipping from under them. Again the outcome was a steadily diminishing emphasis on serious Christian living.

Nietzsche was also of the opinion that it was a grave error of judgment on the part of Luther to give as much freedom and decision to the individual as he did. Luther was guilty of overestimating the intellectual and spiritual responsibility of the man with whom he was dealing. He failed to see that he was really dealing with the mob, thus far held in check by the church. By mistaking the herd for responsible individuals, which they so obviously were not, he let loose a reign of irresponsibles who were in no way ready for the difficult rôle Luther had in mind for them. They could not maintain the relative freedom Luther handed over to them but fell prey to another master, a master perhaps worse than the one they served before. Liberated from servitude to the church they surrendered to the state and the princes, petty and wretched rulers of largely ignoble interests (XVI, 327).

These then are the main points of the record. They are negative from the most comprehensive viewpoint, that of human civilization, and from the much more restricted viewpoint of organized Christianity. There was no health in Luther so far as Nietzsche is concerned.

However, this negative attitude does not prevent Nietzsche from wanting to examine the psychology of Luther. He was intensely interested in determining how Luther became what he was. Luther, he insisted, was a victim of his "profession." As a Christian and particularly a priest he inherited powerful feelings of guilt and an equally strong experience of the holiness of God. This was his professional equipment. He took the guilt of man and the purity of God as seriously as possible, going as far in these matters as Paul and farther than Augustine. A man coming from this tradition and appropriating it as fully as he did would have to be the very opposite of what Nietzsche held precious and desirable. It is the related pair of human guilt and divine holiness, stretched to their utmost, which accounts for Luther's personality and outlook. In addition to this tremendous burden he was carrying Luther had other persistent problems and characteristics: there was a large measure of cruelty in his makeup. Again he was but the victim of his priestly calling. Nietzsche holds that in Christianity it is no longer external cruelty which is primary as in older stages of religion. Cruelty has become internalized. It is no longer so much man against man as man against himself. Luther is represented by Nietzsche as torn between the demands of reason and faith. Only with the utmost cruelty is Luther said to have suppressed his rational nature. But living wholly in the religious tradition as formulated by Nietzsche he probably took some delight in this otherwise painful process. This conflict, a strange mixture of pain and pleasure, inevitably led to the formation of a personality completely warped by the continuous efforts to subject reason to the unyielding demands of faith. Besides this permanent inner struggle between irreconcilable claims, there is in Luther the basic human impulse of the will to power, and this was present in him in an unusually high degree. Again this did not find normal outlets but had to run a devious subterranean course as it does in all priests officially dedicated to humility. All these factors — guilt of man, holiness of God, cruelty against self, will to power — could not but contribute to produce the strange and erratic figure that Luther was for Nietzsche.

And yet, in spite of all these defects from Nietzsche's point of view, there are aspects of Luther which very much appealed to his bitter critic. Nietzsche never denied that Luther was after all one of the Western world's mightiest figures, a man very highly endowed and supremely gifted. But this grudging recognition of Luther's genius does not prevent Nietzsche from attacking him ferociously for what he did, or rather did not do, with the marvelous intellectual and volitional powers at his disposal. Nietzsche cannot escape a sense of keen disappointment and even futility in looking upon what seemed to him an utter waste of superb native and acquired ability. A great intellect and a powerful will were literally thrown away on matters of absolutely no significance in Nietzsche's interpretation of the world. Seldom, he complains, has a man of comparable stature used his extraordinary gifts on more inconsequential problems: "was für abgeschmackte Hinterwäldler-Probleme" (XVIII, 256). A potential *Übermensch* gone astray because of his ill-fated religious heritage and background! Nietzsche is almost beside himself with disappointment and rage when he compares sixteenth-century Germany with sixteenth-century France: Germany's Luther turning the clock back toward the religious past, on the one hand, and, on the other, France's Montaigne resolutely facing the irreligious future and helping to shape it himself. Luther is definitely to be counted among the reactionary forces of the world.

However, there is one aspect of Luther's achievement on which Nietzsche was always ready to shower lavish praise. From his earliest utterances on Luther to the very end Nietzsche expressed his great admiration for the supreme master of the German language. In a famous letter to Erwin Rohde (22 February 1884) Nietzsche tried to sum up his view of his own place in the artistic development of the German language. There are three major stages, the last of which Nietzsche assigned to himself. Luther and Goethe he recognized as his two most distinguished predecessors in the task of shaping the marvelous tool for expression which this language has finally become. Nietzsche never wavered in his appreciation of Luther's mastery of his native language, though he did remark in the letter to Rohde that Luther tended to be rather too boisterous at times. Luther's Bible is the best German book thus far produced. Compared with this work all other books written in German are somehow inferior: so far only Luther's Bible has really impressed itself upon German hearts (XV, 205–206). It is primarily Luther's matchless German which produced this fact, which Nietzsche does not like but which he recognized just the same.

Language and a powerful though warped personality — these are things which Nietzsche was quite prepared to accept, with restrictions to be sure. Beyond these two large areas there is one single event in Luther's life that Nietzsche also approved of heartily. This was an act by which Luther took himself right out of the medieval world and placed himself into the new age. The man of the Reformation for once behaved like a man of the Renaissance. What Nietzsche admired was Luther's marriage. He credits Luther with sufficient courage to recognize the sensual part of his nature and to provide for its satisfaction. It is this deed which Nietzsche calls one of the most influential and significant steps Luther ever took. Here the Reformer showed himself as "wohlgeraten, wohlgemut" (XV, 372), a man who broke through the medieval contempt of the body. This was for Nietzsche one of Luther's few exemplary actions.

It is obvious that, taken as a whole, Luther's demerits far outweigh his merits for Nietzsche. Despite his unquestioned literary eminence and his mighty personality, which was potentially of Renaissance dimensions, Luther emerges in Nietzsche's final estimate as the greatest single force that ruined Europe's most important chance of throwing off the Christian yoke it had borne for more than a thousand years. Since Christianity is in Nietzsche's view essentially an affair of the mob ("Pöbelangelegenheit," XVI, 33), and since Nietzsche is violently opposed to the mob, it goes without saying that the man who restored a basic aspect of mob-life must be after all a mob-man himself and must therefore be considered one of the most backward and fatal of all influential European figures. He held the fate of Europe in his hands, and he chose to regress rather than to progress. He was really a sick man looking for a cure, not a healthy man eager to live more abundantly on this earth. He and the movement he saved and reinitiated are a blot upon the intellectual record of Europe. Without

266

Luther and the Reformation Europe would have started much earlier on its road to intellectual independence which to Nietzsche lay in the direction of Montaigne rather than of Luther. The worst that Nietzsche could say about Luther was that he blocked the way toward the *Übermensch* for the space of a century or so.

NOTES

1   My previous articles on this general topic are: "Das Lutherbild des jungen Nietzsche," *PMLA*, LVIII (1943), 264–288; "Nietzsche's Idea of Luther in *Menschliches, Allzumenschliches*," *PMLA*, LXV (1950), 1053–68; "Nietzsche's View of Luther and the Reformation in *Morgenröthe* and *Die fröhliche Wissenschaft*," *PMLA*, LXVIII (1953), 111–127.
2   All quotations are from Friedrich Nietzsche, *Gesammelte Werke* (München: Musarion Verlag, 1922ff.).